考古学经典丛书

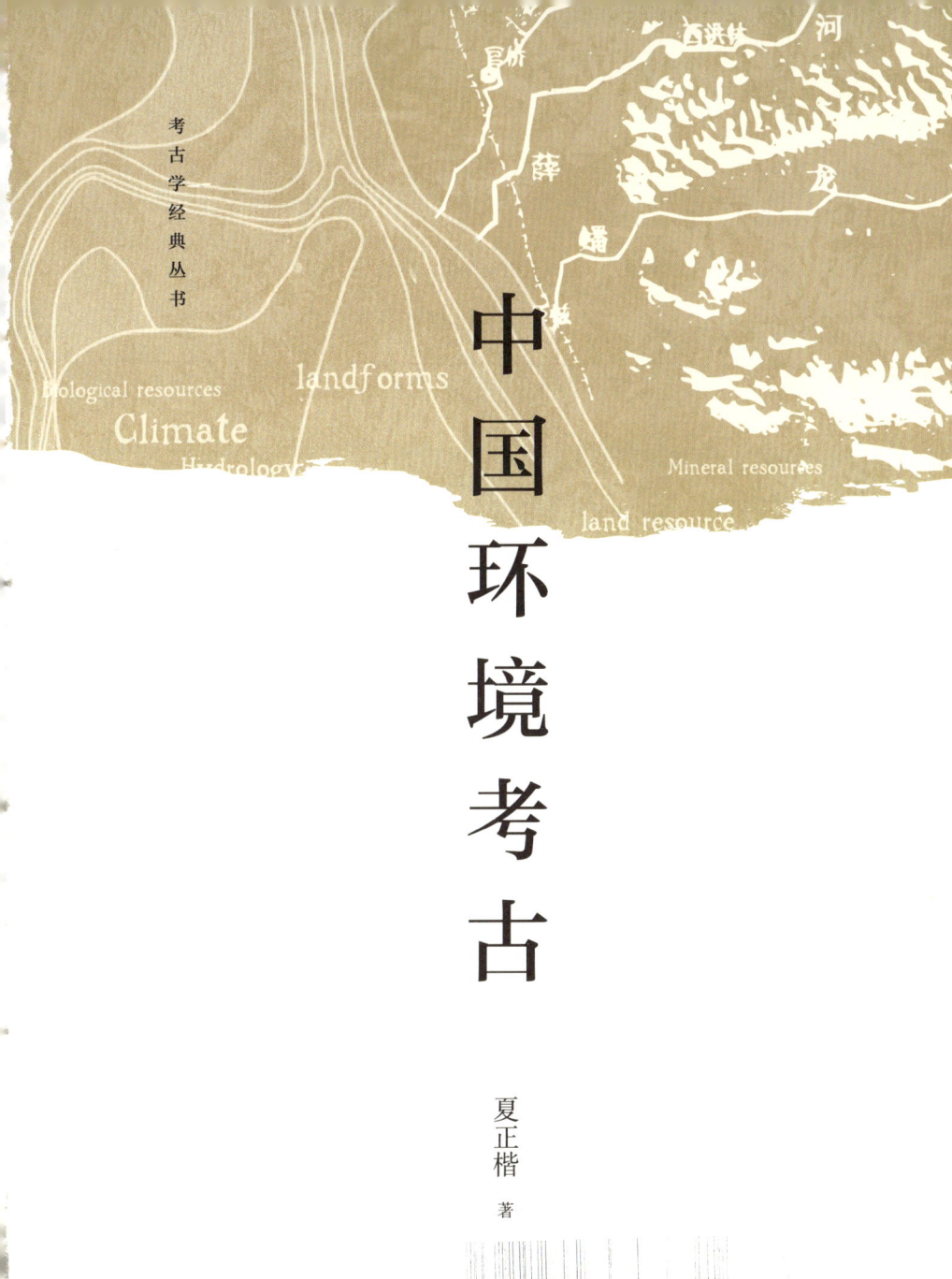

中国环境考古

夏正楷 著

巴蜀书社

图书在版编目（CIP）数据

中国环境考古/夏正楷著. -- 成都：巴蜀书社，2023.6
ISBN 978-7-5531-1792-8

Ⅰ.①中… Ⅱ.①夏… Ⅲ.①考古学—中国—文集 Ⅳ.①K87-53

中国版本图书馆CIP数据核字（2022）第176707号

ZHONGGUO HUANJING KAOGU
中 国 环 境 考 古

夏正楷 著

责任编辑	吴焕姣　徐雨田
特约编辑	李　蕾
封面设计	陆红强
内文设计	四川胜翔数码印务设计有限公司
出　　版	巴蜀书社
	四川省成都市锦江区三色路238号新华之星A座36楼
	邮编：610023　总编室电话：（028）86361843
网　　址	www.bsbook.com
发　　行	巴蜀书社
	发行科电话：（028）86361852　86361847
经　　销	新华书店
印　　刷	成都东江印务有限公司
版　　次	2023年6月第1版
印　　次	2023年6月第1次印刷
开　　本	155mm×230mm
印　　张	20.75
字　　数	240千
书　　号	ISBN 978-7-5531-1792-8
定　　价	88.00元

本书若出现印装质量问题，请与工厂联系调换

考|古|学|经|典|丛|书

总　序

王仁湘

考古学集结了一批又一批老少学者,他们中的老一辈将毕生献给了这门学问,年轻一代则是孜孜不倦,贡献着自己的智慧。他们人数很少,能量却很大,常常有惊天动地的发现。

亲近这些学者时,你会深切感受到他们的满腔激情,他们是那么热爱这门科学。阅读他们的著述,感受到他们的聪明才智,是考古学家们架起了连通古今的桥梁,他们为之献出青春以致生命。这座桥,我觉得可称之为"考古长桥"。

这是一座宏伟的长桥,我们由这桥上走过,后学都非常想了解这长桥的构建过程。考古学知识体系庞大,有许多分门别类的学问,它们就像是这桥上的诸多构件,不可或缺,质量也是上乘。现在由巴蜀书社呈现出来的这一套考古学家的自选集,就是我说的"考古长桥"。考古后来人,有自己的使命,要为这桥梁更新部件,为这智慧产品更新贡献心力。这一套书,值得你收藏,值得你阅读。

本系列的各位作者,自己精选了他们凝聚心血之作,这都是"考古长桥"的部件,值得珍惜,值得宝藏。

我曾将考古学家比作现代社会派去往古的使者，考古人回归文明长河，直入到历史层面，去获取我们已然忘却的信息，穿越时空去旅行与采风，将从前的事物与消息带给现代人，也带给未来人。是考古人带我们赏鉴和感触文明长河的浪花，让我们的心灵与过去和未来世界相通。

近年来突然间觉得冷门的考古学正在变作显学，在阅读那些普及著作的同时，我们还要了解原著，了解学者们从事科研的心路历程，了解这长桥的建造过程。尤其是正在或者即将入行的考古人，收藏与阅读给你们带来的乐趣一定是不可估量的。

目录

001　自序

理论与方法

003　中国环境考古学的兴起、发展和展望
028　史前聚落与聚落环境分析
049　新石器时代环境考古

区域环境考古

075　内蒙古西拉木伦河流域史前考古文化演变的地貌背景分析
090　山东薛河流域全新世地貌演变
114　豫西—晋南地区华夏文明形成过程的环境背景研究
133　黄河流域华夏文明起源与史前大洪水
151　河南二里头遗址的古代地理环境

| 遗址环境考古 |

191　郑州织机洞遗址MIS3阶段古人类活动的环境背景
209　黄河中游地区末次冰消期新旧石器文化过渡的气候背景
217　距今10000年前后北京斋堂东胡林人的生态环境分析
239　我国北方泥河湾盆地新—旧石器文化过渡的环境背景
254　乌兹别克斯坦Kyzyltepa城堡遗址的古地貌环境分析

| 事件环境考古 |

271　青海喇家遗址史前遗址灾难事件
283　我国中原地区3500 aB.P.前后的异常洪水事件及其气候背景
299　北京大学校园内埋藏古树的发现及其意义
307　河南荥阳薛村商代前期（公元前1500—前1260年）
　　　埋藏古地震遗迹的发现及其意义

自　序

我上大学的时候，学的是地貌与第四纪地质，毕业后的前二十年，干的也是第四纪地质研究、地质填图和普查找矿等工作。从20世纪80年代开始，突然转向做环境考古，很多老朋友和老同学都感到奇怪，见面时常常问我：你后来搞环境考古是不是受到家庭的影响？我想，有影响是必然的，但也不尽然。这里最主要的还是学科发展和个人兴趣。

记得大学二年级时，有一次周末跟随老师去周口店猿人洞参观，老师指着眼前那座杂草丛生、满坡荆棘的小山告诉我们，几十万前，这里曾生活过一群古老的猿人。当时我就感到十分困惑和惊奇：这些猿人是从哪里来的？他们为什么会出现在这里？靠什么生活？怎么生活？后来又到哪里去啦？1964年，我和我的同学又来到著名的泥河湾盆地做毕业实习。通过一个多月的野外调查，完成了我的本科毕业论文《阳原盆地早更新世古地理》，论文描绘了远古时期盆地中湖水浩荡，鱼儿游弋，湖滨植被茂密，时有动物出没的自然景观。由于当时这里还没有发现古人活动的遗迹，所以我在论文的写作过程中，在着力描述古代自然景观的同时，也不由自主地想到，这么好的地方怎么会没有古人来此活动？我想人类是不会放过这块人间乐土的。赶巧，在我们毕业的那一年夏天，古脊椎所的考古学家在这里发现了古人使用过的石器，用事实证明我的想法是有道理的。由此，我产生一个观念，人类永远都不会离开适宜的生存环境。

1968年，地质学家周昆叔先生从国外引进了环境考古的概念，提出在考古工作中要加强对人类生存环境的研究，要把历来注重古环境研究的地貌学、第四纪地质学、古气候学等自然科学，与考古学中的古人类演变、史前文化发展和演替等研究结合起来，共同探讨过去的人地关系。20世纪90年代，考古学家严文明先生进一步提出了聚落考古的概念，认为古代人类聚落的研究应该包括两部分的内容，一部分是文化信息的获取，一部分是自然环境的重建。其中自然环境的重建就是环境考古的工作。不言而喻，这些论述加深了我对人类与环境的关系，也就是古代人地关系的认识。

90年代初，我有幸参加了夏商周断代工程和中华文明探源工程的工作，作为这两项国家项目的重要内容之一，环境考古被提到重要议程上来。围绕考古学家提出的一系列重大问题，诸如人类起源、新旧石器文化过渡、文明起源等，我开始关注考古学中涉及的人类文化与地理环境的相互关系，把研究重点从地貌和第四纪环境转移到古代人地关系，也就是环境考古上来。

2000年，考古学家叶茂林先生在青海发现了青海喇家史前灾难的现场，我当即选定喇家遗址作为开展环境考古工作的起点。我在考古学家的配合下，和我的博士生一起，在这里进行了历时两年多的实地调查，证实在距今4000年前后，喇家遗址经历了一场由黄河洪水、沟谷泥石流和大地震共同引发的巨大灾难，房屋倒塌、耕地淹没、居民死亡、遗址毁灭。联想到大禹治水的传说，人们不禁要问：喇家距今4000年前发生的这场大洪水，是不是也会出现在黄河流域的其他地域？带着这一问题，在随后的几年中，我们沿河而下，从黄河上游到中游，一直追索到下游，沿途考察了几十个文化遗址，发现这些遗址在距今4000年前后，几乎都受到过黄河及其支流洪水的侵袭，有的文化层被淹没，有的城墙被毁，有的遗址被冲毁。大量的地质和考古证据表明，黄河流域当时确实发生过一场旷世的史前大洪水，面对滔滔洪水，华夏儿女奋起抗争，并通过与洪水的争斗，最终促成了华夏文明的诞生。

喇家遗址的工作给我们最大的启示是环境考古要从具体的遗址入手，通过分析遗址的形成、发展和衰落过程，从中寻找自然环境方面的因素，进而由点到面，探讨一个区域或流域内人类文化形成和演替的自然环境背景。喇家遗址工作的另一个重要启示是遗址分析的切入点应该是人与水的关系。众所周知，人离不了水，虽然昔日的河流早已无影无踪，不知去向，但我们可以通过对古地貌和相关河流堆积物的分析，来重现古代水文状况，揭示古水文及其变化对人类的影响。喇家遗址是如此，其他遗址也是如此。通过遗址的环境考古工作，一个个古人生活的聚落活生生地呈现在我们面前，从中不但可以看到人类聚落的面貌和格局，而且也可以看到聚落的变迁。当我们把一个流域、一个区域的遗址聚集在一起加以综合分析的时候，区域内人类的文化特征以及它与周围环境的关系就昭然若揭，十分清楚了。

三十年过去，在考古界朋友的支持和帮助下，我跑了不少地区，考察了逾百个旧石器时期和新石器时期的文化遗址，还有部分青铜时期和历史时期的遗址。在这个过程中，我逐步体会到由于各地在地貌、气候、水文和植被等方面的差异，不同地区的考古学文化会出现不同的面貌和演替过程，其核心实际上就是考古学文化与地理环境的关系，也就是古代人地关系。环境考古的最终目的就是要揭开古代人地关系的神秘面纱，探求其内在的机制。

近三十多年来，中国考古学得到蓬勃发展，这无疑带动了环境考古这一分支学科在中国的出现。通过大家的努力，环境考古已经成为当今我国考古学中的热门课题。现在，在所有的考古发掘和调查中，都要求开展环境考古的工作。在考古学的有关重大研究课题中，也都专门设有环境考古的内容或专题。不仅考古学家普遍开始关心古代人类的生存环境，关心古代环境对古文化的影响，而且不少自然科学方面的专家也纷纷进入这一研究领域，试图从更大的角度，更加深入地了解古代人地关系的内涵，揭示人类与环境相互作用的本质。

我是搞地球科学的，从学生时代开始，就对探讨人类与地球环境的关系有着浓厚的兴趣，较早开始投入这一研究领域。学术生涯数十载，始终乐此不疲，沉湎于其中而不能自拔，并从中得到了人生最大的满足和快乐，人生如此，足矣。

2020年在四川成都开会，报到时王仁湘先生找我，说已与巴蜀书社谈好，准备组织考古学各分支学科的专家，分别编辑各自的论文集，最后以丛书的形式出版。其中环境考古论文集的任务就交给了我，让我从历年的论文中选择若干，单独汇集成册。我想这是一件大好事，便欣然同意。回京后，我从自己历年的文章中，精心挑选了17篇，包括环境考古的基本理论和不同时期环境考古的实践。这些文章，主要来自学术刊物、考古报告和会议论文集，大部分是已公开发表的，有个别是未公开发表的。在出版社的大力支持下，经过编辑们的精心打磨，这一论文集将在近期出版，我衷心感谢他们的努力，也希望环境考古的爱好者能从中有所受益。

2021年7月

于北大肖家河教师住宅二区

理论与方法

中国环境考古

中国环境考古学的兴起、发展和展望
◎ 夏正楷　张俊娜

一、环境考古学的定义、内容和研究意义

（一）环境考古学的定义

环境考古学是以人类生态学（Human Ecology）为理论基础，采用文理科相结合的方式，探讨古代人类与环境之间的相互关系，阐述人类及其文化形成、发展和演变的环境背景的一门学科。

传统考古学是根据人类遗留下来的实物研究古代社会历史的一门学科，在解释许多考古现象时，考古学家注意到自然环境在人类文化发展中所起的重要作用。于是，环境考古学（Environmental Archaeology）应运而生，并逐渐成为考古学的重要组成部分。它诞生于20世纪20年代，着重研究古代人类和生存环境之间的动态关系。如果说古地理学的研究核心是地质时期的古地理面貌，地理学研究的核心是当今的地理面貌和人地关系，那么环境考古学研究的核心就是第四纪以来的地理面貌和史前人地关系。

著名考古学家俞伟超先生提出要把"分析特定文化得以发生的环境条件及其对文化进程制约作用；研究环境与特定的技术、行为方式和观念形态的相互影响作为环境考古学的基本任务"（俞伟

超，1991）。这里明确地给环境考古学提出了两项最主要的任务：一是分析特定文化得以发生的环境条件及其对文化进程的制约作用，由于环境对特定文化的产生和发展具有正负两方面的作用，适宜的自然环境可以为特定文化的产生提供必要的条件，有助于文化的发展；相反，不利的自然环境则会影响和制约文化的发展，因此，环境考古学的首要任务就是回答特定文化得以产生和发展的环境背景，分析环境对文化进程的制约作用。二是研究环境与特定的技术、行为方式和观念形态的相互影响，一定的文化具有特有的技术、行为方式和观念形态，文化与自然环境有密切的关系，是人类适应环境的产物，环境考古学要回答人类是如何去适应环境的。

（二）环境考古学的研究内容

环境考古学研究主要包括以下几个方面的内容：

1. 古代人类的生存环境

从古到今，自然环境都是人类得以生存和发展的物质基础，因此，古代人类的生存环境一直是考古学家关心的问题。环境考古学应该结合考古工作，借助各种自然科学的手段和方法，多渠道提取古地理、古环境和古生态的信息，重建古代人类的生存环境，为探讨古代人地关系提供环境背景材料。

2. 自然环境对人类的影响

人生活在一定的自然环境之中，自然环境给予人类以重要的影响，这些影响涉及人类的各个方面，包括人类的诞生和发展、人类的体质学特征、人类的文化特色、生产生活方式、社会经济形态、意识形态和宗教信仰等，可以说，在这些方面都或多或少地打上自然环境的烙印。其中尤其是环境的变化，会给人类带来明显的影响。自然环境对人类及其文化的影响是环境考古学研究的主要内容之一。

3. 古代人类对环境的适应

地球环境存在有时空变化，面对多种多样的环境，人类主动地创造不同的文化去适应环境的变化，以求得自身的生存和发展。不同的地区由于环境的差异会出现不同的文化，而当同一地区环境发生变化时，人类或改变自己的生活方式和生产方式，以适应新的环境；或迁移到其他适应生存的地区。揭示古代人类对环境变化做出的文化响应，是环境考古研究的最终目标之一。

4. 古代人类活动对环境的影响

人类活动对环境的影响日益受到人们的高度重视，直至今日人类已经成为影响地球表层系统运行的第三驱动力。实际上，人类活动对环境的影响自古有之，并且随着人类自身能力的不断发展和提高，他对自然环境施加影响的程度和范围也在不断加强。寻找古代人类活动的踪迹，研究古代人类如何影响环境，而变化的环境反过来又如何影响人类，这也应该是环境考古学的重要内容。

（三）环境考古学研究的意义

作为考古学的重要分支，环境考古学主要研究古代人类与环境的关系，人类与环境的关系不仅影响着人类自身的发展，而且也影响人类文化的发展。

藉助于自然科学和考古学相结合的方法，环境考古学不但可以获取有关古代人类生存环境的丰富信息，而且可以获取自然环境对人类施加影响以及人类如何做出响应的大量证据，这将有助于加深对人类起源和演进过程中的环境背景；不同文化形成、发展和交流的环境因素；人类及其文化（包括生产方式和生活方式等）对环境的适应等一系列重大问题的理解。

人地关系是当代整个人类社会普遍关注的重大问题，今天的人地关系是地球历史长期演变的结果。因此要了解今天的人地关系，必须要了解古代的人地关系，要了解人地关系的演变历史。以研究古代人类与环境的相互关系为宗旨的环境考古学，对于人们深化对人地关系及其演化历史的理解，也具有重要的意义。

二、环境考古学的发展历史

作为考古学与古环境学（古地理学）的新型交叉学科，环境考古学的出现始于20世纪初，通过近一个世纪的摸索和实践，环境考古学得到迅速的发展，在理论和方法上日趋成熟，并得到考古学家的广泛认同。现在，环境考古学已经成为现代考古学的重要组成部分，在解释古代人类的行为及其文化的形成、发展和演变过程中发挥着重要作用。

（一）环境考古学的诞生

环境考古学的诞生是考古学发展到一定阶段的产物。根据欧美国家和我国的考古学进程，俞伟超将考古学的发展划分为三大阶段，即以美术考古和古物学研究为基础的考古学萌芽阶段、以考古地层学和考古类型学为方法支柱的传统考古学阶段以及20世纪60年代开始的新考古学阶段（俞伟超）。新考古学把考古学研究的内涵扩大到了物质文化、精神文明和社会关系等人类活动的主要方面，提出要把了解人类行为的过程，探索人类文化的进程及其动力作为考古学的研究目标（即所谓"过程考古学"），他们依据文化生态学的观点，十分强调生态环境对人类活动的制约作用，把人类文化的形成和演变归结于人类对环境的适应。于是就出现了环境考古学，试图承担从环境的角度来解释人类文化过程动力学的任务。

新考古学由于过分强调自然环境对人类的作用而受到人们的质疑，继而出现的一些新的学派，形成所谓的"后过程考古学"。这一阶段的重要特点就是关注社会和个人的意识形态对社会演变过程所发挥的作用，认为人类的思想和他们生存的环境对于造就人类文化具有同等的重要地位。通常他们并不强调文化系统的功能，也不试图去回答文化系统如何运转以适应生存环境，而是追求破译主宰考古遗存的法则，以了解该文化观察世界的方式。而这一时期再次兴起的马克思主义考古学，提出了与新考古学以文化生态学为基础的"环境适应论"不同的观点，他们强调人类的认知能力和意识形态的作用，强调系统内部的冲突、竞争，认为社会内部矛盾是社会文化演变的主要动力，并不一定需要外界的"刺激"。环境考古学受"后过程考古学"阶段各种思想的影响，也在不断地修正和完善自己的理论，并逐渐摆脱"环境适应论"的束缚，开始正确评价环境在造就人类文化中的作用。

（二）环境考古学的发展阶段

回顾环境考古学的发展历程，大致可以划分为以下三个阶段：

1. 早期萌芽阶段（20世纪初期—中期）

环境考古最早出现于20世纪初。当时一些考古学家在自己的工作中发现，古代人类的活动与环境有着密切的关系，因此，他们开始注意对古代环境的恢复和试图从古环境上寻找对古代文化的某种合理解释。最早的工作出现在1905年，当时R.Pumperlly在主持中亚土库曼地区的考古发掘时，曾经尝试进行了史前遗址古环境的重建，并预言在未来的考古发掘中，遗址古环境的研究必将成为必然。随后，一些学者也开展了这一方面的工作，例如，1939年地理学家E.Huntington在美洲进行的研究向人们展示了怎样利用地形和考古遗存来发现环境和气候的变化；1939年Huzayyin为解释古埃及农业的起源，开展了对尼罗河流域地貌和水文状况的调查；1942年J.T.Hack就美国西南地区气候变化对印第安人史前农业活动的影响进行了探讨，等等。这些工作无疑推动了早期环境考古工作的开展。

虽然当时人们已经意识到文化与环境之间存在有一定的联系，但这种联系只是被理解为环境与文化之间的一种简单的线性关系：环境作用于文化，使文化发生变化；反过来，文化影响了环境，环境也会发生变化。基于这种认识，人们把环境考古工作视为对古环境的恢复，以满足人们对古代人类生存环境的了解。有人把环境考古学发展的这一阶段称之为线形模式阶段。

尽管这一阶段环境考古工作主要属于少数考古学家的尝试性工作，缺乏系统的理论体系和完善的工作方法，但这些尝试对于阐述和解释考古学研究中遇到的问题，仍具有积极的现实意义，它不仅使考古学家看到了环境在古代人类文化形成和发展中的作用，而且也为开展系统的环境考古学研究提供了经验。

2. 学科形成阶段（20世纪中期—晚期）

在20世纪60年代，考古学出现了一系列理论和方法的变革，一些新思路，尤其是"文化生态学"（斯图尔特Julian Steward J.H.,

1955）的提出对环境考古学的形成和发展起到了重要的推动作用，这一理论从文化和环境及其他制约因素相互作用的观点来看待文化历史，把生态环境视为制约文化演变的重要原因。1962年Binford L.R. *Archaeology as Anthropology*（《作为人类学的考古学》）一书的问世，更是把生态环境对人类活动的制约作用，视为影响人类文化进程及其动力的主要原因。

受这一思想的影响，古环境研究作为探寻古环境和古文化之间相互关系的基础性工作受到广泛的关注，环境考古学在这一时期逐渐被人们所接受，越来越多的考古学者在考古调查和发掘中开始关注古环境的研究，并以此为根据来思考史前人类行为的环境背景。

随着环境考古理论的发展和实践的不断积累，一个新的学科分支——环境考古学（Environmental Archaeology）应运而生。Butzer K.W.的*Archaeology as Human Ecology*（《作为人类生态学的考古学》）作为这一阶段的代表作，比较全面地阐述了古代人类与环境的关系，为环境考古学的发展奠定了重要的理论基础。

在这一阶段，人们对环境与文化之间相互关系的认识有了新的发展，开始由早期的"线形模式"发展到"系统模式"。在系统模式中，人类社会被看作是生态系统的一部分，并与生态系统的其他要素共同组成一个统一的文化生态系统。在文化生态系统中，人类社会的主体由技术系统、社会系统和意识系统组成，其中技术系统被认为是理解人类如何适应环境的关键，通过技术系统的分析研究，可以复原人类生存系统和揭示人类的文化适应过程，进而解释许多考古学现象。1967年Coe M.D.和Flannery K.V.对墨西哥高地生态系统与聚落系统之间的关系研究，标志着文化生态系统研究模式的形成。环境考古学研究进入"系统模式"阶段。

在这一阶段环境考古学的不足在于，文化完全被视为人类对自然环境的一种适应手段，所以在系统模式中，人总是被动的，文化的发展总是受环境的制约。实际上，人类文化本身在文化演变过程中也起着重要的作用，文化的许多变化虽然首先出现在技术系统和意识形态中，但随后可以引起整个文化生态系统的变化。

3. 发展阶段（20世纪90年代至今）

从20世纪90年代开始，环境考古学无论在实践上还是在理论上，都进入一个蓬勃发展的新阶段。在考古学家和古环境学家的共同努力下，环境考古工作逐渐成为考古调查与研究的组成部分，并贯穿于考古工作的始终。

这一阶段环境考古学理论发展的最大特点是在文化生态系统的研究中，特别强调环境与人的互动。Fedele F.G.（1976）建立了一般人类生态系统模型（图1），试图揭示文化与自然环境、社会环境之间的动态关系；Reitz E.J.（1996）等将环境考古定义为研究人类与其

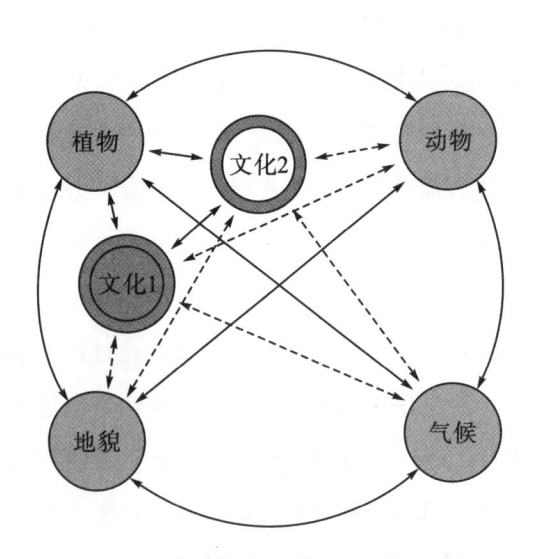

图1 一般人类生态系统模型（据Fedele,1976）

生活的生态系统之间的动态（互动）关系。这些观点和理论的出现标志着环境考古学研究开始进入"系统动态模式"阶段。

在这一时期，环境考古学者已经认识到，自然环境是古代人类生态系统的重要组成部分，是与古代人类社会发展关系十分密切的、但不是唯一的动态因素。环境考古学家的任务就是通过研究古代人类社会和所处自然环境之间的相互作用，来探讨影响人类文化形成和发展的环境因素，为考古学家解释人类行为提供环境背景方面的依据。

在这一时期，有关环境考古方面的研究成果倍增。据不完全统计，20世纪30年代至60年代有关环境考古的文章和专著才30篇左右，70年代至80年代增至约530篇，而仅90年代就达到了430篇左右。Mannion M.A.（1997）《全球环境变化》（*Global Environmental Change*）；Herz N.（1998）《用于考古学的地质学方法》（*Geological Methods for Archaeology*）；Dincauze D.F.（2000）《环境考古学》（*Environmental Archaeology*）等著作的问世，标志着环境考古学在理论和方法上的日趋成熟。这一时期的专著不仅数量更多，而且讨论的问题也更加深入、更加广泛，其中不仅涉及环境考古学的定义、研究对象、学科定位等基本理论问题，而且也涉及地理环境诸要素，如气候、地形等对古代人类活动的影响，人类行为本身与环境之间的联系等具体问题，此外，还涉及到环境考古学的具体研究方法问题，显示出环境考古学者试图建立环境考古学完整的学科理论体系和方法论的努力。

作为学科蓬勃发展的另一个重要标志，在这一时期有关环境考古的学术团体纷纷成立，学者们几乎每年都要举行有关环境考古的国际会议，进行广泛的学术交流。一部分大学的人类学系和考古学系，为满足人才培养的需求，开设环境考古学的相关课程，并制定相应的研究生培养计划。

（三）我国环境考古学的发展历史

在我国，环境考古学萌芽于20世纪20年代，经过长时间的摸索和实践，并借鉴国外环境考古学的理论和方法，从20世纪80年代开始，环境考古研究在我国进入一个迅速发展的阶段，成为考古学研究中一个必不可少的重要领域。

根据不同时期学科发展的特征，我国的环境考古学大致经历了如下三个阶段：

1. 萌芽时期（20世纪20年代—60年代）

我国老一辈考古学家历来十分重视对古代人类生存环境的重建，关注考古文化与环境的关系。例如历史学家顾颉刚先生曾提倡在历史学研究中要关注环境对古文化的影响，在《禹贡》中把环境比作是人类活动的"舞台"；地质学家李四光先生也十分重视环境对人的重要性，早在1923年，他就在《风水之另一种解释》一文中，深入分析了人与环境的关系，指出"我们现在敢下一个断案，那就是地下的种种情况有左右地上居民的势力。那种势力的作用，常连亘不断。它的影响虽然不能见于朝夕，然而积久则伟大而不可抗。"他所构建的人、自然、社会三者之间的关系示意图，对于今天的环境考古工作仍具有重要的指导意义（图2）；考古学家裴文中先生反复强调重建古环境在古生物和古文化研究中的重要性，认为研究原始人类的生活环境，不能只依靠人类化石本身，还必须研究人类化石发现的地层，研究堆积的情况，他利用我国出土的哺乳动物化石，进行了深入的生态型分析，探讨了各个时期不同地区的古代人类生存环境（裴文中，1960）；考古学家夏鼐先生在60年代就提出在考古工作中要重视物质文化与自然环境的相互作用，他十分重视考古发掘中古动物和古植被的研究，并鼓励尽量采用我们拥有的最先进方法以及采取与生态环境有关的各种标本，以便更确切地鉴定人类生存的年代及古地理、古气候状况，以及人类文化的影响（石兴邦，1991）；气候学家竺可桢先生1972年发表的《中国近五千年来气候变迁的初步研究》一文，首次就中国5000年来的气候变化及其对古文化的影响做了精辟的分析（竺可桢，1972）；而古地理学家周廷儒先生也曾指出，人类遗址的分布规律与地貌格局有密切的关系，并且在他的《古地理学》一书中，详细阐述了古代人类文化的发展及其对自然界的影响（周廷儒，1982）。这些认识对于我国环境考古工作的起步无疑起了重要的推动作用。

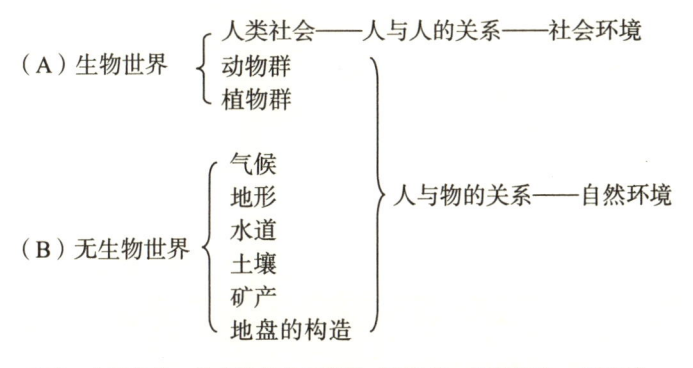

```
（A）生物世界 ┌ 人类社会──人与人的关系──社会环境
             │ 动物群
             └ 植物群 ┐
                     │
（B）无生物世界 ┌ 气候 │
              │ 地形 │
              │ 水道 ├ 人与物的关系──自然环境
              │ 土壤 │
              │ 矿产 │
              └ 地盘的构造 ┘
```

图2　人与自然、社会的关系示意图（李仲揆，即李四光，1923）

源于考古学家对古代人类生存环境的关注，这一阶段的工作主要是采用各种自然科学的方法来重建遗址的古环境。其中瑞典人安特生（J.G.Andersson）1921年在河南仰韶村的工作应属首例（图3）。在该遗址的发掘过程中，他通过对遗址东西两条冲沟中所见地层及沉积物的分析，推断仰韶居民生活于平原上浅缓的河流周围（Andersson，1923）。而更大规模的涉及古代人类生存环境的研究有20世纪50年代的半坡遗址发掘、60年代围绕蓝田猿人的综合研究和80年代北京周口店猿人遗址的综合研究，当时人们从不同的学科出发，采用了地貌分析、沉积物分析、哺乳动物化石和孢子花粉分析等手段，力图重建古代人类遗址的地貌条件、气候环境、动植物面貌和水文状况等。这些工作虽然满足了当时人们对古代人类生存环境的关注，但是也存在明显的不足，没有更进一步去探讨生态环境对古代人类活动的影响。

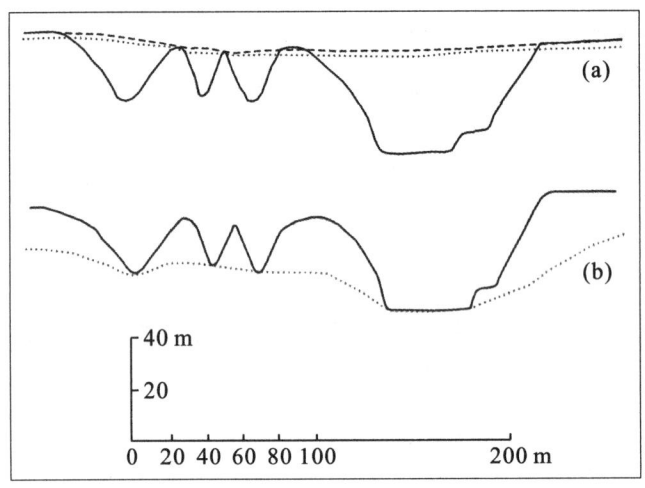

图3 仰韶遗址的古今水位变化（安特生，1934）
（上图为仰韶时期的水位，下图为今天的水位）
实线代表现代地貌面，虚线代表仰韶时期地貌面，点线代表水位线

2. 发展时期（20世纪70年代—90年代）

受国际考古学理论发展的影响，并随着国内田野考古工作的深入和考古学文化序列的建立，从20世纪70年代开始，我国的考古学

家开始着手考虑促进史前文化演进的原因,除了文化本身的因素之外,气候环境成了考古学家首先考虑的重要外来因素,他们希望古环境学家在这方面能够提供相应的气候背景资料。1987年周昆叔受著名历史地理学家侯仁之先生之邀,在北京上宅遗址开展了相应的古环境研究,在研究中他首次引入"环境考古"的概念,并得到侯仁之先生的肯定。"环境考古"这一概念的引进,给我国的古环境研究带来了新的理念,促进了环境考古学在中国的蓬勃发展。

随之,在"过去全球气候变化"研究的背景下,一大批地理学家和第四纪地质学家进入环境考古这一新的领域,开始探讨古代人类与自然环境,尤其是气候变化与人类活动的关系,他们采用地理学、地质学、地球化学和地球物理学等多学科的研究方法和工作手段,致力于建立遗址所在区域不同时间尺度的古气候变化曲线,试图通过文化序列和气候变化序列的对比,寻找气候变化与文化更替之间的对应关系。

在考古学家和地质地理学家的共同努力下,这一时期我国的环境考古工作得到蓬勃的发展,不但工作区域几乎覆盖了内蒙古西辽河流域、黄河中下游地区和长江中下游地区等我国史前文化遗址的主要分布区,而且研究的时段也从旧石器时期、新旧石器过渡时期、新石器时期一直延伸到夏商周三代。许多最新的测试手段,如沉积物的粒度分析、孢粉分析、植硅石分析和稳定同位素分析、有机地球化学分析以及磁化率分析等在环境考古中得到广泛的运用。

大量的研究结果表明,从旧石器文化到新石器文化时期,我国的考古文化和气候之间似乎存在有密切的耦合关系,尤其是重大的历史事件往往与气候的变化有一定的对应关系。但是在如何解释这种耦合关系时,研究者往往容易陷入"气候好,文化就发展;气候不好，文化就衰退"的单一模式，把气候视为导致文化演变的主要原因。实际上人类文化的形成、发展和更替是一个复杂的过程，它不仅与气候有关，而且也与自然环境的其他要素以及人类社会自身的发展有关。因此，仅仅根据文化序列与气候序列的简单对比，很难真正揭示古文化和环境之间的内在联系，再加上由于测年的问题，文化序列与气候序列在时间分辨率上存在有一定的差别，因此，尽管这一时期的环境考古学家做了大量的工作，但环境考古与考古学研究之间存在着所谓"两张皮"的严重脱节现象，环境考古远远不能满足考古学家的要求。

3. 新的发展阶段（21世纪以来）

从20世纪末到21世纪初开始，我国的环境考古学研究进入一个新的发展阶段。

一方面，人类生态系统的提出为环境考古学的发展提供了坚实的理论基础。人类生态系统认为人类与周围的环境（包括自然环境和社会经济环境）通过物质循环、能量流动和信息传递形成了相互作用、相互联系和相互依存的人类生态功能单位。在这个人类生态功能单位中，人类与自然环境的关系占有重要的地位。人类生态系统的形成和发展过程离不开人类与自然环境的相互作用。人类生态系统的理论把人地关系的研究提高到地球系统科学的层次，全面考虑人类与地球系统各要素之间的相互作用，这对于揭示当代乃至古代人地关系的特征和机制具有重大的意义。

另一方面，随着考古学的发展，中国的考古学家在继续研究古文化的同时，开始全面地思考古代文化形成、发展和更替的驱动机制，除了人类演进的自身原因之外，外部因素，尤其是环境因素，正在成为考古学家关注的重要问题。在诸如人类起源、MIS3阶段旧石器晚期文化革命、新旧石器文化过渡以及农业起源、文明起源等一系列考古学关键问题的研究中，考古学家给环境考古提出了明确的要求：通过对古代人类生存环境的全面分析，揭示人类文化演变的自然环境背景，探讨其内在的原因。这一要求恰好符合环境考古的中心任务，两者不谋而合。

这一时期，中国考古学的重大进步是引进了"聚落考古"的概念。聚落是人类聚居的地方，聚落形态包括聚落的文化系统、社会系统和生态系统三方面的内容。史前聚落形成、发展和衰落的过程，是人类和自然和谐统一的产物。除了文化系统、社会系统对聚落形态的影响之外，生态系统，包括地貌环境、气候条件、生物资源和水系格局等自然因素也在相当程度上影响着聚落的形态。因此，聚落考古的兴起为环境考古工作提出了更加明确的研究目标，使考古学与古环境学更加紧密地结合在一起（图4）

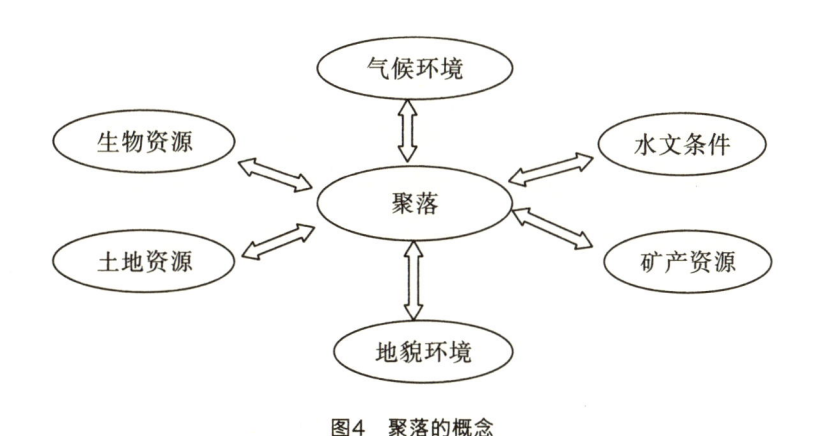

图4 聚落的概念

中国的环境考古学家以极大的热情参加了这些工作，围绕环境问题做了大量的考古工作，取得了丰富的研究成果。这些研究成果不仅对于解决考古学家提出的问题起了重要的作用，得到了考古学家的认同，而且也推动了环境考古学自身的发展。中国环境考古学进入一个以人类生态系统理论为指导，以聚落环境考古为基础，以解决考古学关键问题为目标的新时期。

三、环境考古学研究方法的确立

环境考古学主要研究古代人类和环境之间的关系，它在研究方法上强调人文科学与自然科学的结合，特别是考古学与第四纪环境学的结合，具体表现为地理学的区域分析与考古学文化的分区研究相结合；环境变化的时间序列分析与考古学的文化序列研究相结合；环境因素分析与文化因素分析相结合。

（一）区域分析与考古学文化分区研究相结合

地理环境的重要特征之一是它的区域性。受纬度地带性的控制和海陆分布、地势起伏等多种因素的影响，地球上的自然地理面貌，具有明显的区域性差异，形成不同等级的地理单元。例如我国就可以划分为四大地理区域，每个地理区域还可以进一步划分为次一级的自然地理亚带和更次一级的小区。不同的地理单元之间在人类生存环境上存在有明显的差别，而同一个地理单元内部，人类生存环境具有明显的一致性。由于自然环境对古代文化的形成和发展具有直接的影响，地理单元内部自然环境的一致性和不同地理单元之间自然环境的差异性，将导致不同地区在文化特征和演进模式上存在有一定的差别。由于区域差异在人类文化多样性的形成中起着重要的作用，因此，在环境考古研究中，必须突出地理环境的区域分析。

考虑一定区域内自然环境的共性和差异对于不同地区古代文化的形成具有重要作用，严文明先生提出有关环境考古的研究层次问题，他把环境考古学研究划分为小尺度、中尺度、大尺度和特大尺度等四个不同的层次，不同层次的环境考古研究所涉及的空间范围（地理单元）有所不同，每个层次的研究内容也有所不同。结合自然区的等级划分，我们可以认为小尺度的环境考古的研究对象是单个遗址，揭示遗址的文化内涵与周围环境之间的关系；中尺度环境考古的研究对象是一个特定地理单元内的若干个遗址（或聚落），探讨特定的文化类型与其分布区域自然环境之间的关系；大尺度环境考古的具体对象是大自然区（如我国的东部季风区、西北干旱半干旱区和青藏高原区三大自然区）内的若干种不同的文化类型，研究由不同的文化类型组成的文化区与环境之间的关系；而特大尺度环境考古研究的是大自然地理区的若干个文化区，探讨古文化与大自然地理带环境的关系。

（二）环境变化的时间序列分析与考古学的文化序列研究相结合

地理环境的另一个特征是它一直处于不断的变化之中。变化的时间尺度有长短之别。不同时间尺度的环境变化对人类有不同的影响，人类也相应会做出不同的响应，形成文化演替的时间序列。

长时间尺度：指十万年尺度的环境演变。由于时间尺度比较长，因此这一尺度的环境变化只对旧石器时代的古代人类产生影响，尤其是由猿到人的进化和由早期猿人到晚期猿人的进化过程，都受到长时间尺度环境演变的直接影响，包括人类身体结构和人类行为的变化、人类大脑和肢体的不断进步、工具的制造和火的使用，等等，都是远古人类对环境变化的适应结果。

中时间尺度：指万年尺度的环境演变。这一尺度的环境变化对于旧石器时代的人类来讲应该存在有一定的影响，但限于考古资料的不足，目前主要见于旧石器时代晚期，在晚期猿人向现代人过渡、旧石器晚期革命和新旧石器文化过渡的过程中都可以见到中时间尺度环境演变的影响。

短时间尺度：指千或百年尺度的环境演变。这一尺度的环境变化对于旧石器时期人类的影响目前尚难以察觉，而对于新石器时代的人类来讲，短时间尺度环境变化的影响十分显著，在人类社会的经济形态、社会结构和意识形态等各个方面，都可以见到短时间尺度环境变化的影响。人类通过不断改变自己的生产和生活方式来适应短时间尺度的环境变化。

（三）环境因素分析与文化因素分析相结合

人类及其文化的演进是一个非常复杂的过程，它不仅受制于外部的环境因素，而且也受制于内在的文化因素，外部因素必须要通过内部因素才能起作用。因此，在环境考古研究中，为了揭示古代人类与自然环境之间的相互关系，应该始终贯彻环境因素分析与文化因素分析相结合的二元论，只有这样才能真正揭示古代人类文化和社会演进的原因。

在以往的环境考古研究中，受研究者专业领域的限制，或偏重于环境因素的分析，或偏重于人文因素的分析，由此造成研究工作的片面性，尤其是目前从事这一研究领域的人员大都出身于自然科学，对于人文科学了解甚少，对于考古学更是一知半解。因此，比较习惯于用环境变化来解释文化的更替，容易给读者造成"环境决定论"的假象。

环境考古主要研究古代人类与环境的关系，包括环境对人类的影响和人类对环境的响应两个方面，这两方面的研究是一个统一的整体，其核心是人，是具有社会性的人。无论是环境对人类影响的范围和程度，还是人类对环境的响应，都与当时人类文化和社会的特征及发展水平有密切的关系，没有对古代人类文化和社会的深入了解，就不可能有真正的环境考古学研究。

四、今后工作要求

随着近年来我国考古事业的蓬勃发展，新发现的古代人类遗址如雨后春笋，出土的文化遗物令人目不暇接，这为环境考古工作的开展提供了难得的机遇，近一二十年来，广大的环境考古工作者围绕国家目标做了大量的工作，并取得了丰硕的成果，标志着我国的环境考古学研究已经进入一个新的发展时期。

（一）进一步加强环境考古学的理论研究

从引进环境考古学的概念开始，通过三十多年的实践，我们已经逐渐理清了环境考古学的学科性质，大家基本达成共识：环境考古学的目标不是简单的重建古代自然环境，而是通过古代人类生存环境的重建，探讨人类文化形成、发展和演变的环境要素。尽管我国的环境考古学研究已经开始摆脱早期环境考古工作与考古学脱节的情况，正在由所谓的"两张皮"逐渐变成"一张皮"。但在两者的结合上仍然存在许多欠缺之处，普遍存在单纯用气候变化来解释文化演变的现象，其根本原因在于对环境考古的基本理论，尤其对人地关系的基本理论缺乏了解。今后，环境考古学应进一步加强理论研究，以理论指导环境考古学研究，提高环境考古学家的研究水平，使环境考古学研究真正融入到考古学研究之中。

（二）突出聚落环境考古工作

尽管近年来环境考古学的研究已经从单个遗址分析扩大到区域研究，开始涉猎一些全球性的考古学问题，无疑，这对于提高环境考古的整体研究水平，加深人们对人地关系及其演变历史的认识，具有重要意义。但聚落分析（或遗址分析）仍是环境考古研究的基础工作。

作为人类对自然和社会环境的适应方式，聚落形态受周围各种自然和人为因素的影响，对内反映了当时的社会结构及其相互关系，对外则反映了人类利用自己的技术对周边生态环境的适应。通过聚落环境分析，可以全面了解史前聚落形成、发展和衰落的生态环境背景。了解生态系统，包括地貌环境、气候条件、生物资源和水系格局等自然因素在何种程度上影响着聚落的形态。只有在具体分析单个聚落的基础上，通过不断积累，积少成多，才能由点到面，逐渐归纳出不同区域、不同尺度的人地关系发展规律，才可能进行全球性问题的深入探讨。

（三）扩展环境考古学研究的内容

环境考古学研究的最终目标是揭示古代人地关系，探讨人地关系的演变过程。为了实现这一目标，必须不断扩展环境考古学研究的内容。环境考古不能仅限于对单个聚落或遗址的分析，要站在区域、大洲甚至全球的视角来全面考察人地关系。要涉猎人类起源、旧石器晚期革命、新旧石器文化过渡、农业起源和文明起源等当代考古学研究的国际重大课题。近年来，中国环境考古学家利用自身的地域优势和文化优势，开始积极投入这些领域，诸如从全球气候变化、地貌变化等角度探讨古人类的起源和迁移的环境背景；从分析MIS3阶段的环境特征入手，探讨旧石器晚期革命出现的外部原因；根据晚冰期结束前后的气候变化和地貌演变，分析新旧石器文化过渡的生态环境背景；通过对全新世气候过程的分析，探讨与农业起源、文明起源有关的环境机制等。这些工作，不但为考古学研究的深入和关键性问题的解决做出了重大的贡献，而且也促进了环境考古学的迅速发展。

（四）加强与相关学科的结合

环境考古学涉及的学科比较广泛，采用的手段也比较多样。因此，加强与有关学科的结合，是进一步提高环境考古研究水平的关键。

当前除了考古学、人类学的发展之外，与环境考古有关的其他学科，如第四纪环境学、科技考古、动物考古、植物考古等的发展也非常迅速，要及时引进它们的研究成果，为我所用，不断提高自身的研究水平。

至于实验室手段的进步更是迅速，新的测试方法不断改进，新的仪器设备不断涌现，为改善环境考古工作中长期存在的测年数据可靠性差、微体生物化石分辨率不够以及沉积物分析结构的多解性等问题，要尽量采用先进的技术和手段，保证我们所获得的信息更加全面、更加精确、更加可靠。

参考文献

[1] 安特生：中华远古之文化，地质汇报，1923(5)，11~12。[Andersson J G. An Early Chinese Culture. *Paleogeography. Geological report*, no. 5 (1923), pp. 11~12.]

[2]〔加〕布鲁斯·G·特里格著，陈淳译：考古学思想史，北京：中国人民大学出版社，2010年，298~316。[Bruce Trigg, Translated by Chen C. *History of Archaeological Thought*. Beijing: China Renmin University Press, 2011, pp. 298~316.]

[3] 顾颉刚：古史辨，上海：上海古籍出版社，1982年。[Gu J G. *Discrimination of Ancient History*. Shanghai: Shanghai Guji Publishing House, 1982.]

[4] 李四光：《风水之另一种解释》的演讲，见李四光：李四光全集，武汉：湖北人民出版社，1996年。[Li S G. Speech on "Chinese Fengshui". In: Li S G. *The Complete Works of Li Siguang*. Wuhan: Hubei Renmin Press, 1923.]

[5] 裴文中：中国原始人类的生活环境，古脊椎动物学报，1960(1)，11~23。[Pei W Z. Living Environment of Chinese Primitive Human. *Vertebrata Palasiatica*, no. 1 (1960), pp. 11~23.]

［6］石兴邦：论古文化与古环境研究，见周昆叔、巩启明：环境考古研究（第一辑），北京：科学出版社，1991年，4~6。［Shi X B. Discussion on Ancient Cultural and Ancient Environment. In: Zhou K S, Gong Q M eds. *Environmental Archaeology (1st edition)*. Beijing: Science Press, 1991, pp. 4~6.］

［7］汤卓炜：环境考古学，北京：科学出版社，2004年，2、5。［Tang Z W. *Environmental Archaeology*. Beijing: Science Press, 2004, pp. 2,5.］

［8］〔美〕托马斯·C·帕特森著，何国强译：马克思的幽灵:和考古学家会话，北京：社会科学文献出版社，2011年。［Thomas C. Patterson, Translated by He G Q. *Marx's Ghost: Conversations with Archaeologists*. Beijing: Social Sciences Academic Press, 2011.］

［9］严文明：环境考古研究的展望。见严文明：走向21世纪的考古学，西安：三秦出版社，1997年，123~128。［Yan W M. *Prospect of Environmental Archaeology Research*. In: Yan W M ed. *The 21th Century Archaeology*, Xi'an: Sanqin Press, 1997, pp. 123~128.］

［10］杨晓燕：环境考古学发展回顾与展望，北京大学学报(自然科学版)，2005(2)，329~334。［Yang X Y. Retrospect and Prospect of Environmental Archaeology. *Acta Scientiarum Naturalium Universitatis Pekinensis*, no.2 (2005), pp. 329~334.］

［11］伊恩·霍德、司格特·哈特森著，徐坚译：阅读过去，长沙：岳麓书社，2005年。［Hod I, Hartson S, Translated by Xu J, *Reading Past*. Changsha: Yuelu Press, 2005.］

［12］俞伟超：中国历史文化的殿堂，中国国家博物馆馆刊，1991(00)，4~6。［Yu W C. The Hall of Chinese History and Culture.

Journal of National Museum of China, no. 00 (1991), pp. 4~6.]

[13] 俞伟超：思潮的变化，见王然主编：考古学是什么？俞伟超考古学理论文选，北京：中国社会科学出版社，1991年，154~163。[Yu W C. Change of Thought. In: Wang R ed. *What is archaeology? Yu Weichao's Selected Works of Archaeology*. Beijing: China Social Science Press, 1991, pp. 154~163.]

[14] 周昆叔：上宅新石器文化遗址环境考古，中原文物，2007(2)，19~24。[Zhou K S. Environmental Archaeology of Shangzhai Neolithic Site. *Cultural Relics of Central China*, no.2 (2007), pp. 19~24.]

[15] 周廷儒：古地理学，北京：北京师范大学出版社，1982年。[Zhou T R. *Paleogeography*. Beijing: Beijing Normal University Publishing House, 1982.]

[16] 竺可桢：中国近5000年来气候变迁的初步研究，考古学报，1972(1)，15~38。[Zu K Z. A Preliminary Study on Climate Change in China in the Past 5,000 Years. *Acta Archaeologica Sinica*, no. 1 (1972), pp. 15~38.]

[17] Andersson, J G. *Children of the Yellow Earth: Studies in Prehistoric China*, Cambridge:MIT Press, 1934. Binford L R. Archaeology as Anthropology. *American Antiquity*, no. 2 (1962), pp. 217~225.

[18] Butzer K W. *Archaeology as Human Ecology*. Cambridge: Cambridge University Press, 1982, p. 363.

[19] Coe M D, Flannery K V. *Early Cultures and Human Ecology in South Coastal Guatemala*. Washington: Smithsonian Press, 1967, p. 136.

[20] Fedele F G. Sediments as Paleo-Lland Segments: The Excavation Side of Study. In: Davidson D A, Shackley M L, eds., *Geoarchaeology: Earth*

Science and the Past. London: Duckworth, 1976, pp. 23~48.

［21］Herz N, Garrison E G. *Geological Methods for Archaeology*. New York, Oxford: Oxford University Press, 1998, p. 293.

［22］Park R E. American T, Jul N. Human Ecology. *American Journal of Sociology*, no. 1 (1936), pp. 1~15.

［23］Reitz E J, Newsom L A, Scudder S J. Issues in Environmental Archaeology. In: Reitz E J, Newsom L A, Scudder S J, eds. *Case Studies in Environmental Archaeology*. New York and London: Plenum Press, 1996, pp. 1~16.

［24］Steward J H. *Theory of Culture Change: the Methodology of Multilinear Evolution*. Urbana: University of Illinois Press, 1955, p. 244.

原载：古地理学报, 2019, 21（1）:175~188

史前聚落与聚落环境分析
◎ 夏正楷

以器物为中心来定义考古学文化，有一定的局限性，美国考古学家霍克斯就曾指出，器物分析所能揭示的大抵限于人类活动中层次较低的生存方面信息，而非人类所特有的社会特征。为了全面地了解人类社会的特征，研究者开始把注意力转向人类的聚落形态。

一、聚落与聚落形态

聚落作为人类各种形式的居住场所，它不仅是房屋的集合体，而且也包括与居住地有关的其他生活设施和生产设施，是人类活动的中心。

所谓"聚落形态"，指的就是人类的居址形态。"它们反映了自然环境、建造者作用于环境的技术层次以及由文化维持的各种机构的社会互动和控制"。聚落形态一方面可以最大限度地反映出当时人类社会的特征，另一方面也可以反映出决定聚落形态的多种要素（包括自然要素和人文要素）的共同作用，这些要素彼此互动，导致了社会群体在空间上的组合。美国考古学家戈登·威利在秘鲁维鲁的工作被视为聚落形态研究的范例，被誉为"考古学文化功能性阐述的战略性起点"。

目前，对聚落形态的研究一般采用两种途径，一种是生态学研究，主要用来考察聚落形态如何反映一个社会及其技术对环境的适应；另一种是通过聚落形态对史前文化的社会、政治和宗教结构进行推断，包括单一聚落的社会文化系统（微观结构）和由多聚落（聚落群）组成的社会文化系统（宏观结构）。

二、聚落考古

严文明指出，所谓聚落考古，实际上就是一种手段，它以聚落遗址为对象，研究其具体形态及其所反映的社会形态，进而研究聚落形态演变所反映的社会形态的发展轨迹。之所以选择聚落作为研究的主要对象，一方面是物质遗存中能够观察到的有形的社会单元就是聚落，另一方面，聚落形态也与所处的自然环境有密不可分的关系。

聚落考古研究
- 单个聚落形态和内部结构
  - 整体形状
  - 聚落内各种遗迹的形态
  - 聚落内部布局（或各种遗迹相互关系的方式）
- 聚落分布和聚落之间关系
  - 聚落分布格局
  - 聚落间的关系
- 聚落形态的历史演变
  - 单个聚落的历史演变
  - 聚落群的历史沿革

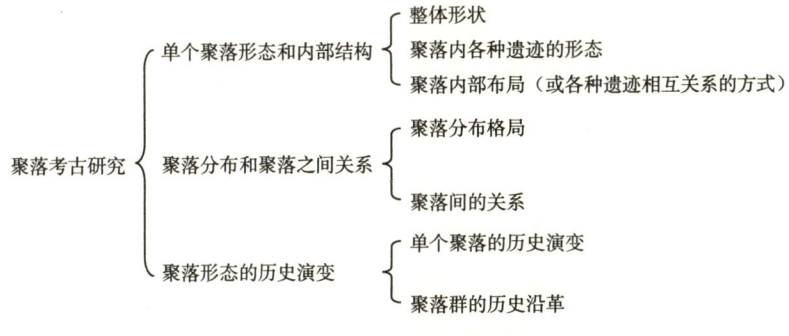

图1　聚落考古研究的主要内容

聚落考古一般应包括单个聚落形态和内部结构（包括单个建筑）、聚落分布和聚落之间关系以及聚落形态历史演变等三个方面的研究内容（图1）。

通过这三方面的研究，可以了解：

1. 聚落的生态系统——包括聚落周围的自然环境，包括地貌、气候、水文、生物和可利用的资源等，这是聚落得以形成和发展的物质基础；

2. 聚落的文化系统——包括聚落本身具有的经济形态、精神文化、科学技术等，它受制于自身文化的传承和发展，外来因素的加入和影响，同时，也受到来自生态系统的影响；

3. 聚落的社会系统——包括聚落本身具有的社会机构、社会分工和等级等，它受社会发展规律的制约，同时也受本地文化发展的制约。在一定的情况下，来自生态系统的影响也可以起一定的作用。

考古学从器物分析转向聚落分析，被认为是20世纪考古学研究方法变革的重要标志，它也为环境考古学的研究开辟了一个新的途径。

三、聚落形态分析

大量的考古资料证明，地理环境是史前文化和社会发展的重要因素，由地貌环境、气候条件、生物资源和水系格局等自然因素组成的聚落生态系统，在相当程度上影响着人类文化系统和人类社会系统的特征和发展。作为人类对自然和社会环境的适应方式，聚落形态受各种自然和人为的因素影响，对内反映了社会结构及其相互关系，对外则反映了人类利用自己的技术对周边生态环境做出的适应。因此，通过对整个聚落形态的全面剖析，包括个别建筑、社区布局和区域形态三个层次的分析，不仅可以深入了解考古学文化的面貌，而且可以进一步揭示生态环境对人类的影响以及人类对环境的适应。

（一）单个建筑分析

单个建筑包括营地、房屋、庙宇、墓葬和宫殿等，是聚落的基本单元。因此，要了解聚落形态，就要从组成聚落的单个建筑入手，涉及建筑物的形制和室内各种遗物、遗迹的空间关系，在这个层面上主要表现的是经济形态上的生存模式和社会层面上的家庭结构，也有人称之为"微观研究"（图2）。

单个建筑
- 建筑
  - 形制：形状、规格、大小、结构
  - 位置：朝向、地貌
  - 功能：居住、公共活动、储存
- 遗物
  - 生活用品：器物的类型和数量、摆放
  - 生产工具：工具的类型和功能、使用状况
  - 食物残存：动物残骸和碳化的谷物的种类和数量
- 遗迹
  - 灰坑：灰坑的形状、大小和堆积物厚度
  - 窖藏：窖藏的形状、大小和堆积物厚度
  - 火塘：类型、大小和包含物
  - 柱洞：形状、大小和排列
  - 门道：位置、宽度
  - 自然遗迹：灾害遗迹

图2 聚落内单个建筑的研究内容

房屋的类型首先体现的是家庭的结构和社会的功能。有人认为，我国新石器早期房屋的形制以圆形比较流行，形制比较单一，主要用于男女分开居住，反映了群婚社会的特征。到新石器中晚期，随着家庭单元的出现，圆形房屋被方形房屋所取代，则反映了对偶婚社会的特征。随着社会经济的发展和复杂化，不但房屋的功能呈现多样化，而且方形房屋的规格、大小以及结构也逐渐变得复杂起来。墓葬的形式和规格也出现同样的变化趋势，早期为男女分区葬、同性合葬、集体葬，中晚期转变为男女合葬，而且随着地位和财富的不同，墓葬规格的差异也愈来愈明显。

单个建筑的另一方面也体现出它对环境的适应。在旧石器时期，人们从事采集和狩猎活动，营地的选择完全取决于人类的采集和狩猎地点。由于食物来源的不稳定性和流动性，人类建造的居所大多为临时营地，一般比较简陋，只有在自然条件较好、食物来源丰富、驻地安全的地方，人类才能做较长时间的停留，形成中心营地，并遗留下较厚的文化堆积。在大多数情况下，人类需要不断迁徙，依靠季节性营地来持续地获取生活资源。到新石器时期，人类从事农业活动，定居成为主要的生活方式，人类为适应定居地的气候与环境条件，包括温度、雨量和气流的变化，以及周围所能提供的建筑材料的性能，他们构建了与环境相适应的房屋建筑，这些建筑反映了人类对环境和资源的认知，以及他们具备的建筑技术。例如，广布在我国黄土高原的地穴和半地穴式窝棚建筑，比较适宜于我国北方半干旱的气候环境和地势平坦的黄土地貌环境；而干栏建筑则适宜于我国南方潮湿多水的气候环境和湿地发育的生态环境（图3）。

至于房屋中遗物和遗迹的类型和分布也是聚落考古重要的研究

图3　仰韶的半地穴式房屋建筑（左）和河姆渡的干栏式房屋建筑（右）

内容。遗物和遗迹的类型和数量可以反映家庭的主要生产方式和生活方式，以及他们的地位和富有程度；遗物和遗迹的分布可以反映人类的行为和习性。通过对遗物和遗迹的观察，不但可以了解当时的家庭和社会结构，而且还可以进一步了解当地自然环境的特征以及人类的适应行为。

火塘是人类活动的重要遗迹，它的位置、结构和残留物包含有人类行为和人地关系方面的大量信息。早期火塘比较简单，随意性强，到旧石器晚期，火塘结构开始复杂化，被认为是"旧石器晚期革命"的重要标志之一。1921年Mallol通过对坦桑尼亚现代土著居民火塘的长期研究，根据火塘的结构划分出低投入火塘（平地直接燃烧或挖浅坑燃烧的火塘）和高投入火塘（包括岩石垒砌火塘、原木垒砌火塘和烤箱型火塘等），并分出至少9种不同的功能（表1）。Mallol的研究说明，从火塘遗迹的分析中，可以获取有关人类用火的目的、行为和方式以及燃料的种类等内容，这些内容反映了人类对周围自然环境环境的认知、适应和利用。单个建筑中往往还保存有自然灾害，包括洪水、地震、泥石流、火灾、流砂等的大量遗迹，这些遗迹可以为我们直接提供各种自然灾害对人类的危害以及人类所做出的响应。

表1 坦桑尼亚土著居民火塘的类型、功能和包含物（引自周振宇，2012）

结构分类		功能分类		包含物
类型	结构特征	类型	功能特征	
低投入火塘	平地或浅坑，边缘界线不清晰。	临时处理食物火塘	采集狩猎中临时加工食物。	炭屑、烧骨
^	^	狩猎火塘	用于野外采集狩猎中临时用火，如清理地面、驱赶毒蛇等。	炭屑
^	^	蹲守火塘	猎人在野外埋伏狩猎时取暖御寒。	炭屑
^	^	引火型火塘	用于临时引燃火把等。	炭屑
^	^	劈裂原料火塘	用于对大石料进行加热，使石料劈裂成适当的大小石块。	炭屑、石制品、石料
高投入火塘	石块或原木垒砌，烤箱型，边缘界线清晰。	家庭营地火塘	主要用于烹煮食物，长期保持燃烧，易复燃。	炭屑、烧骨、石制品
^	^	睡觉取暖火塘	用于睡觉时取暖和驱赶野兽，较低温度燃烧。	炭屑、烧骨、石制品
^	^	公用火塘	公共用火，如烹煮食物、加工工具及聚会时取暖。	炭屑、烧骨、石制品
^	^	热处理火塘	对石料进行热处理，改善石料性能。	炭屑、石制品、石料

（二）单个聚落形态分析

单个建筑因人类的血缘关系和经济活动聚集在一起，就形成了聚落（Settlement）。一个聚落不仅包括房屋，而且也应该包括与聚落相关的各种水利设施、道路和耕地等。聚落形态涉及聚落的位置和空间展布，各类建筑物的分布，各种器物的放置空间，公共活动场所和公共设施（如道路、水井等）的位置，以及土地利用方式等，主要表现的是聚落内部不同人群之间的社会和文化关系。

1. 聚落的位置

聚落选址的理由比较复杂,有自然条件方面的原因,也有经济社会等方面的原因,有时还有宗教或风水方面的原因。其中自然方面的原因在聚落选址中占有重要的地位。农夫和牧民由于从事不同的经济活动,他们对于聚落选址有不同的要求。从事农业生产的农夫注重土地的肥力和水源条件,因此,农业聚落多位于地势平坦,土质疏松,易耕作,土壤肥沃,靠近水源,但又不受水涝灾害的地方。他们通常会比较长时间地定居在一个固定的地方,从事播种到储存的全过程,年复一年地完成自己的生活周期。而从事畜牧业的牧民,则更加关心水草繁茂的程度,他们的居址常常会随着草场的变化而不断的迁移,并有夏冬营地之分。

2. 聚落内建筑的分布格局

聚落内建筑的分布格局主要受制于血缘关系和社会经济的影响。在早期社会中,建筑格局受血缘关系的影响较大,家族中最年长者(或地位最高的)的建筑通常占据聚落的中央位置,且规格最高;而其他人的建筑则集聚在它的周围,规格也较低。随着社会的复杂化,社会分工、等级、财富和宗教等因素在聚落建筑的分布格局上起了主要的作用。

我国姜寨遗址的聚落布局可以反映出当时的社会结构和生存系统。聚落位于河流阶地上,一面以河流为天然屏障,其他三面都挖有围壕,整体呈椭圆状。可以分为居住区、制陶区和墓地三部分。其中居住

图4 姜寨遗址半坡时期聚落的复原图

区以广场为中心，100多座房屋分为5组围绕广场作向心分布，每组由一座大房子和几十座中小房屋构成，房屋周围分布有地窖群、家畜圈栏和儿童瓮棺葬。制陶区位于河边，陶窑沿河岸排列，以方便用水。公共墓地位于东围壕外之外，分为三片约400多个墓葬（图4）。

地形条件对于聚落建筑的分布格局有重要的影响，人们会结合地势的高低起伏和开阔程度来规划房址的布局。我国西南山区少数民族地区沿山坡建筑的山寨与建造在河谷平原的村寨，两者内部建筑的分布格局就存在有明显的区别。

3. 聚落域分析

聚落域是指聚落居民活动的范围，也就是维持本聚落居民生存所需要的觅食空间。居民对聚落域内自然资源的利用程度以及领地内资源状况对聚落规模的制约，都会直接影响到聚落的规模、聚落间的距离和分布密度。

聚落域属于聚落管辖的领地，只有这一范围内的资源才属于本聚落居民所有。这一领地内的自然条件，包括森林草原的面积、水域的大小、动（植）物性食物的种类和数量，以及可耕地的数量、肥力，等等，都会影响到聚落的规模、人口、经济形态和发展的潜力。通常，史前采集狩猎者活动的范围一般在步行2小时（10公里）的半径范围内，而农耕者的活动范围一般在步行1小时（5公里）的半径范围内，显然，农耕部落的活动范围要比采集狩猎者的活动范围小许多。通常，一个聚落的活动范围不会超出这块领地的范围，其他聚落的居民也不会进入这个领地。只有当需要一些必不可少，而本地又缺少的资源时，居民才可能到聚落以外的地方去获取。随着经济的发展、聚落规模的扩大和聚落间的兼并，聚落域的范围也会扩大，通过对聚落中出土物的源头分析，参照周围的自然环境，可以查清聚落域的大致范围，进而了解当时居民对自然资源的利用状况和开发程度（表2）。

表2　二里头大型都邑遗址（聚落）的遗址域分析

包含物	产地或可能的产地	距离
谷物	伊洛河平原及周边的黄土台塬区	周围
陶土	嵩山山地和邙山山麓广泛分布的黄土	2千米~3千米
木材	南边的嵩山山地	10千米~20千米
石料	伊洛河砾石堆积和嵩山山地	10千米~20千米
瓷土（高岭土）	附近的含煤地层（巩义和伊川出产）	40千米~50千米
玉器	陕西蓝田和河南南阳自古出玉	300千米
食盐	晋南盐池	200千米
青铜器	秦岭商洛地区和山西中条山	200千米~300千米
绿松石	秦巴山地（湖北郧县、陕西白河出产）	300千米

4. 聚落的兴衰

采集—狩猎部落的聚落一般流动性较大，由于食物来源的季节性变化，他们经常改变自己的驻地，很少发现有长期使用的遗址（或聚落）。而对于一个农业社会来讲，食物来源比较稳定，聚落形成以后有一个相当长的稳定时期，可以在一个地方存在很长时间，而不会出现大的变化。在一些自然环境比较优越的地区，考古发掘经常会遇到在一个遗址出现不同时期文化层叠置的情况，说明这里是长期被不同时代人类使用的聚落。但是，在一些自然环境相对比较恶劣的地方，考古学家在一个遗址可能只遇到一个不厚的文化层，说明这个聚落使用时间不长，很快就被人类所废弃。

造成聚落废弃的原因是多方面的，因地而异，有自然方面的原因，也有人文方面的原因。

自然方面的原因主要包括旱涝灾害、滑坡泥石流、土地沙化、海啸、火山地震以及瘟疫、病虫害等自然灾害，这些灾害不但可以直接造成居民的大量死亡和聚落建筑的破坏，也可以通过破坏周围的自然环境间接影响人类的生存环境，最终导致聚落的废弃。

社会经济方面的原因主要源于对资源的不合理利用和战争。资源的不合理利用，对于聚落周围的自然环境和资源有很大的破坏作用，在一些资源原本就不够丰富的地区，人类的长期活动也会造成资源的枯竭，人类只好被迫迁移。战争对于聚落的破坏作用更为显著。

（三）聚落群形态分析

聚落群是指在一定的区域内有序分布的一组聚落，这些聚落因血缘关系、社会经济关系，或因其他某种利害关系有机地组合在一起，形成聚落群。聚落群形态一方面受家庭、社会和经济等因素的影响，另一方面，特定的自然环境也是影响聚落群形态的重要因素。

1. 聚落群的分布和大小

聚落群的最初出现可能与人口的增加有关，人口的增加使得聚落周围的资源压力不断加大，于是家族中的一些家庭就会离开原聚落去寻找生态环境类似、资源比较丰富的地方另立门户，建立新的聚落。如此下去，就逐渐形成一个聚落群，这个聚落群由多个生态环境相似、生产活动相同或相互关联、具有类同的社会结构和意识形态的聚落组成，聚落之间具有密切的血缘关系，并可以通过交通道路来保持彼此间的联系。

因此，聚落群的分布通常与一定的地理区域相一致，它们往往占据一个自然景观基本相同的地域，如冲积平原、河谷平原、山间盆地、黄土台塬（台地），或者在平原上呈不规则面状展布，或者沿河流呈条带状和树枝状展布，而山地、河流、湖泊、沼泽等地理障碍通常可以成为聚落群分布的天然边界。

聚落群的大小取决于人口增加的速度和所处的地理环境。在地形开阔、资源丰富的地方，聚落数目和大型聚落较多，而且聚落间距离较小，聚落密度较大；反之，在空间狭小、资源比较贫乏的地方，聚落的数量和规模都要小一些，而且聚落间距离比较远，聚落密度也小。

2. 聚落群的结构

在新石器早期，原始的农耕活动收获甚低，难以维持生计，还要靠采集和狩猎来补充食物来源，属于封闭的自给自足经济，聚落规模比较均等，差别不大，主要以小型聚落居多，它们孤立地分布一个区域，主要依靠血缘和家族关系构成一个松散的、彼此间关联不甚密切的原始聚落群。这一时期的聚落群形态主要取决于生态环境，聚落的布局主要取决于社会对环境的适应，但在一定程度上也反映出家庭和家族的大小和结构。

到新石器中晚期，聚落群形态更多地取决于经济和政治因素，而不是生态环境因素。经济的发展带来人口的增多和社会的复杂化，由于家族、人口、经济、社会和宗教等方面的原因，以及地理位置和所占有资源的差异，不同聚落因为其重要程度的不同，或社会分工（职能）的不同，会出现明显的等级差别。随着聚落间对资源和土地的竞争不断加剧，为应对资源和人口的压力，以及由于各种利害关系引发的冲突，高等级的聚落扩大成为中心聚落，这个中心聚落往往具有管辖、贸易和祭祀的功能，其周围出现一批从属于这个中心聚落的中小聚落，并最终发展成为以中心聚落为核心，由中心聚落、次中心聚落和一般聚落组成的，具有不同层次和横向网络结构的聚落群。聚落群的横向网络和纵向等级结构主要体现了社会的复杂化程度，但在一定程度上也可以反映出区域内自然环境和资源的地区性差异以及人类的利用状况。

聚落群受自然环境（尤其是地貌条件）和社会、经济等多方面的影响，会出现不同的空间格局。刘莉通过对我国黄河中下游地区新石器文化聚落的研究，提出了龙山—二里头文化聚落系统的四种模式：A.封闭型地理环境中的单中心聚落模式，中心聚落主宰次一级聚落的关系，多见于封闭或半封闭的小盆地；B.封闭型地理环境中的线性多中心聚落模式，众多独立的中小型中心的线性竞争关系，多见于河谷平原；C.开发型地理环境中的分散性中心聚落模式，众多独立的中小型中心的分散性竞争关系，多见于内部自然环

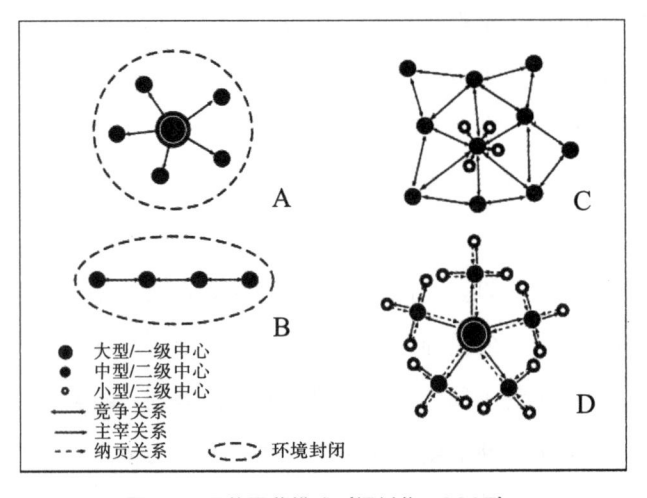

图5　不同的聚落模式（据刘莉，2007）

境比较一致的冲积平原；D.开发型地理环境中的中心聚落模式，次级聚落对中心聚落的贡赋关系，多见于内部自然环境存在有一定差异的冲积平原（图5）。

四、聚落环境分析

为了实现上述有关聚落考古的理念，我们必须制定一套有关聚落分析的完整流程，以推动聚落研究的深入。

（一）聚落分析的主要内容

聚落分析的内容十分丰富，也十分复杂，包括考古学文化和自然环境两个方面的内容，而且这两个方面的内容密不可分，无论是单个遗址（或聚落）分析还是遗址群分析，都要始终贯穿综合分析

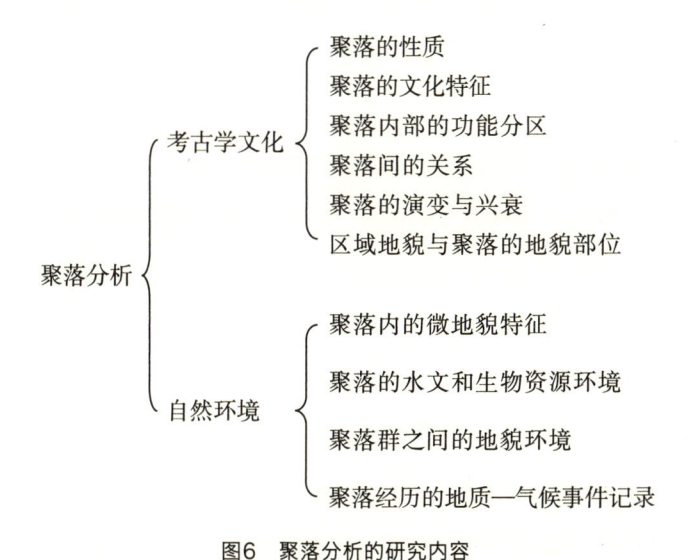

聚落分析
- 考古学文化
  - 聚落的性质
  - 聚落的文化特征
  - 聚落内部的功能分区
  - 聚落间的关系
  - 聚落的演变与兴衰
  - 区域地貌与聚落的地貌部位
- 自然环境
  - 聚落内的微地貌特征
  - 聚落的水文和生物资源环境
  - 聚落群之间的地貌环境
  - 聚落经历的地质—气候事件记录

图6　聚落分析的研究内容

的观念，才能实现聚落分析的目标（图6）。

其中有关聚落分析的考古学文化方面的内容，已有大量的文章加以表述，本文主要讨论聚落分析的自然环境方面的内容。

（二）聚落环境分析的内容

1. 古地貌调查

主要是采用流域地貌调查和遗址地貌调查相结合的方法，调查内容包括：

（1）区域的地貌结构。这是聚落古环境分析的重要基础，通过这一工作，可以了解聚落所在地区古代的山川形势及其变迁历史，为我们探讨环境对古代人类物质文化和精神文化的影响提供背景材料。

（2）聚落所在的地貌部位。聚落所在地貌位置直接决定聚落形态、规模大小、食物来源、生活和生产方式、交通条件、生态安全程度等。例如，通过对贾湖遗址古地貌的解析，我们确认贾湖人生活在河漫滩平原上突起的低阶地上，遗址周围被湿地所环绕。生活在这种环境中的贾湖人，形成了自己的考古学文化特征，借助对古地貌环境的重建，我们可以合理地解释贾湖人的行为。

（3）聚落内部的微地貌特征。这一方面的内容过去关注较少，实际上聚落内部的微地貌还是比较复杂的，由此造成了遗址地表的起伏，先民对地表的起伏十分关注，一般来讲，营地或房址都建在高处，或背风向阳的地方。距今5万-3万年（MIS3阶段）时期生活在河南赵庄遗址的先民，就曾有意识地利用河漫滩上沙波顶部地势较高的特点，在此放置大象头骨，进行祭祀。

（4）聚落之间的地貌状况。聚落群的空间展布主要取决于地貌条件，后者决定了聚落间相互联系的紧密程度，中心聚落往往位于地貌环境开阔、交通方便的地方，并与其他聚落依据地貌条件的不同，尤其是聚落间的通达程度构成不同组合模式的聚落群。

2. 古水文调查

主要采用地貌分析和沉积物分析的方法，调查内容包括：

（1）区域的古水文网。古水文网受气候、构造、水文过程和人类活动等因素的影响，是地理景观中最容易变化的因素之一。古今水文网之间存在有很大的差异，通过河流地貌和河流堆积物的分析，包括埋藏古河道的重建，我们可以恢复不同时期的水文网。围绕二里头遗址周围的古水文网研究，揭示了该地区伊洛河的变迁，为该地区古文化的兴衰和二里头都邑的选址，提供了水文学的证据。

（2）聚落的水文状况。人类生活和生产离不开水资源，聚落的分布必须依山傍水，要了解聚落与河流的空间位置，以认识先民汲水的方便程度和汲水的方式；要了解河流的水量和季节变化、水质状况，以追索先民疾病的可能源头。在遗址调查中，有时会发现病变的人类残骸，他们可以成为水质的标志。

（3）聚落的水源地。除了河流之外，地下水也被先民广泛加以利用。地下水出露的水泉是聚落重要的水源地，在北方干旱地区更为如此。为了获取地下水，古人发明了掘井，而井的开掘深度可以反映地下含水层的位置和变化。在水源地的调查中，还要注意人工水利工程设施，如沟渠、堤坝、池塘等，古代的聚落中往往会有池塘分布，这些池塘通常是古人日常生活的主要水源地。这些人工设施往往要利用一定的地貌条件。

（4）河谷的通达程度。宽阔的河谷，地势平坦，通达性好，这里不但是聚落集中分布的地方,而且也是先民交往的通道,是古代的交通线,依此人们进行文化交流,组建聚落群。而峡谷地势陡峭,谷底狭窄,难以通行,通达性差,人烟稀少,往往成为聚落群之间的地形隔档。

3. 古植被重建

主要依靠孢粉分析,辅助以大植物残体、植硅石、种子和淀粉粒等。主要研究内容有:

(1)聚落周围的植被状况。植物是人类赖以生存的主要食物和其他生活资料来源。通过孢粉分析重建古代植被,可以了解当时的气候状况、自然界可能给人类提供的可食用植物种类和丰富程度、先民的觅食方式和生活方式,以及人类对植被的破坏程度。由于人类的影响,孢粉分析得出的结论往往与遗址所在地原始的地带性植被类型有很大出入。

(2)人类对植物的利用状况。聚落中各种遗迹中包含有大量的植物残体,它们是人类利用植物的记录。通过浮选获取的植物残体,包括植硅石、种子和淀粉粒等,可以提供人类采集和食用的植物品种、用火的薪材类型、栽培植物的出现和农业的起源等多方面的信息。而大量木炭(或炭屑)的集中出现,可能指示这里发生过天然火灾或人为火灾。

4. 古动物群

主要通过化石鉴定。研究内容有:

(1)遗址周围的动物群。动物也是人类的主要食物来源之一。聚落中出土的动物化石都是人类食用后的废弃物,它们只是遗址周围动物群的部分成员,不能够代表整个动物群。通过化石鉴定和统计,可以了解人类狩猎和食用的主要动物种类,也可以进一步推断当时人类的食性和气候环境。

（2）人类对动物的利用。动物骨骼上保留的痕迹有助于了解人类的狩猎和食用方式，利用动物骨骼制作的骨器、骨篦、骨针、骨笛等，不仅可以了解栖息在遗址周围的动物种类，而且也可以认识当时的物质文明和精神文明。

5. 古气候状况

气候状况主要通过古气候的各种代用指标来获取，主要研究内容有：

（1）聚落所属气候类型。根据地理位置、距海远近、海拔高程、山川形势等，再加上古植被类型的分析，可以了解聚落所在地的古气候环境。气候环境直接影响聚落的文化特征，包括衣食住行、经济形态、农作物类型、动物畜养和精神文化等。

（2）具体气候指标。依据生物种属统计、同位素测定和地球化学元素分析，通过数理统计方法和转换函数方法，获取半定量—定量化的温度、湿度指标。

6. 气候—水文——构造事件的地质记录

聚落的兴衰取决于经济、社会等多方面的因素，而气候—水文——构造事件对聚落的兴衰也有极大的影响，在一定的条件下，这些事件甚至会造成聚落的毁灭。因此，通过地貌调查，寻找这些事件的地质记录是聚落分析的重要内容。

（1）异常洪水事件。被河流堆积层掩埋的新石器时期和历史时期人类聚落，是异常洪水的重要标志。因为这一时期的人类主要从事农业活动和定居生活，他们居住在河流阶地上，如果聚落被洪水掩埋，说明当时洪水淹没了阶地，属于"异常洪水"。异常洪水导致聚落破坏，甚至毁灭的案例很多，其中青海喇家遗址是最著名的一例。

（2）极端干旱事件。遗址中大规模龟裂的出现或者沉积物中大量瓦状泥块的存在，说明这里发生过极端干旱事件；在半干旱区，遗址中大片流沙的出现或遗址剖面中出现风沙堆积掩埋文化层的现象，也是极端干旱事件的标志。极端干旱事件也会造成聚落的废弃。

（3）古地震事件。史前地震引发的房屋倒塌、人员死亡，以及地面形变、裂开错动、地裂缝和喷砂现象等，都会对聚落造成严重的甚至是毁灭性的破坏。而地震诱发的地质灾害，如山体滑坡、泥石流等对于聚落的破坏也经常是灾难性的。我国是多地震的国家，史前地震遗迹比较常见，河南薛村遗址、青海喇家遗址都是典型的案例。

（三）区域（或流域）调查

区域考古调查是聚落分析中运用最为普遍的一种考古田野工作方法。这种方法主要是在一个较大的自然地理区（带）或一条河流的流域内，通过拉网式的考古调查和古环境调查，并辅以重点的考古发掘，摸清区域内聚落的性质、聚落的数量和大小，以及分布的状况和聚落域的特征，了解聚落群形态特征（包括组成、格局、结构特征等）和地理环境背景，以重现这一地区史前人类在特定的生态环境中的生存方式和历史演变，了解社会复杂化的过程。

在区域考古调查中，聚落群范围的划分、中心聚落的确定等都是比较难以解决的问题，目前大家习惯于把同一时期具有相同文化面貌、密集分布在一起的一群遗址，划为一个聚落群，并把其中的大型遗址定为中心聚落或者次中心聚落，虽然这种划法比较可行，但存在有随意性强、科学性不够的缺陷。聚落群范围和中心聚落的确定，不同的学者可以有不同的划法，很难做到客观地反映当时人类的生存方式。实际上，遗址面积大，不一定就是中心聚落，只有那些规格等级最高的聚落才能被认定为中心聚落。因此，需要对遗址中出土的所有文化遗存进行分析，结合聚落群形成发展过程中的社会、经济、文化和自然环境等多方面的因素，综合考查不同聚落在聚落群中的地位和关联，才能较客观地反映聚落群的分布格局。

对史前聚落自然环境的了解是目前区域调查中的薄弱环节。作为人类对自然和社会环境的适应方式，聚落形态是揭示人类与环境关系的重要基础。但目前的区域考古调查仅限于把区域内的所有遗址点在一张地形图（或3D图）上，其结果只能告诉我们这些遗址的现今地理位置，类似于一幅区域遗址（或聚落）分布图。由于从图上看到的地理面貌并不是聚落存在时候的状况，因此，把今天的地理环境和过去的遗址点叠压在一起，无疑是把我们引进了一个永远走不出来的"迷宫"，根本无法去真正解读这些遗址（聚落）与自然环境之间的关系。为了解决这一问题，在区域考古调查中，必须重建过去的古地理面貌，尤其是古地貌状况，把古代聚落放在同时期的地理背景上加以考虑，才能把史前人类的生存方式与当时的生态环境统一起来。

参考文献

[1] 严文明：聚落考古与史前社会研究，文物，1997（6）。

[2] 陈淳编著：考古学理论，上海：复旦大学出版社，2004年。

[3] 严文明：聚落考古的方法问题，中国社会科学院古代文明研究中心通讯，2010（19）。

［4］中国社会科学院考古研究所、郑州市文物考古研究院编：中国聚落考古的理论与实践（第一辑），北京：科学出版社，2010年。

［5］〔英〕科林·伦福儒等著，陈淳译：考古学——理论、方法与实践（第六版），上海：上海古籍出版社，2015年。

原载：聚落考古通讯（第4期），2019，29~39

新石器时代环境考古
◎ 夏正楷

环境考古学研究的核心问题是古代的人地关系。在人类历史上，任何时代都存在人类与环境的关系问题。人地关系是一个永恒的课题，随着地理环境的不断演变和人类能动性的逐渐增强，人地关系也在不断地发生变化。因此，不同时期的人地关系研究也就必然具有各自的重点和方向。

就新石器时期环境考古而言，有以下三个重点问题值得深入研究：1.旧—新石器文化过渡的环境背景；2.新石器时期文化演替的环境背景；3.文明起源的环境背景。

一、旧—新石器文化过渡的环境背景

（一）旧石器文化向新石器文化过渡的气候背景

旧石器文化向新石器文化的过渡是人类历史上的重大事件，包括细石器的大量出现，磨制石器和陶器的出现，人类从狩猎采集向农业经济的过渡等，大致都发生在13–10kaB.P.前后。这一时段，也是全球气候环境发生重大变化的时期，末次冰期趋于结束，全球进入冰川大规模退缩的冰消期。

末次冰期被认为第四纪最后一次冰期，相当于深海岩芯同位素记录的MIS2阶段，其中在距今2万年前后为盛冰期，当时气候寒冷，人类的生存环境十分严酷。为获取更多的食物以求生存，人类开始改进工具，距今5万–3万年已经出现的细石器及石叶技术得到发展，工具的改进大大提高了采集和狩猎的效率，帮助人类度过末次冰盛期极其严酷的生存环境。

从14–13kaB.P.冰川开始消融，到10kaB.P.左右全球气候全面转暖为止，这段时间被称为末次冰消期。在末次冰消期，原始农业开始萌芽，并伴随有陶器、磨制石器的出现，标志着人类即将进入一个新的历史阶段——新石器时期。人类从旧石器文化向新石器文化的过渡，是在13–10kaB.P.的末次冰消期完成的，这是一个重要的现象。

（二）过渡时期人类的栖息地与板桥期下切

对于人类的文化演进，我们不能仅仅只考虑气候因素的影响，还要对当时人类栖息地的生态环境，包括对地貌、气候、水文和动植物等进行全面的考虑。"板桥期"和随后的"皋兰期"这两个重要的地文期，可能是研究旧—新石器过渡时期人类栖息地生态环境的一个很好的切入点。

"板桥期"主要记录的是在更新世末到全新世初的冰消期，在我国北方地区广泛发生的河流下切事件；而"皋兰期"则记录了随后河流的大规模加积事件。前者史称"板桥期侵蚀"，后者史称"皋兰期堆积"。前者造成了早期堆积平原上河流的广泛下切，并形成新的河谷。后者导致了河谷中河漫滩的广泛发育。我们围绕这一问题开展了一系列的工作，不仅证实这次河流下切事件普遍存在，而且还发现旧—新石器文化过渡时期的遗址大都分布在板桥期侵蚀之后的皋兰期河漫滩堆积物中。

下面我们给大家介绍属于旧—新石器文化过渡时期的典型遗址。

1. 河北阳原于家沟遗址

阳原盆地是著名的泥河湾盆地的组成部分，分布有从旧石器早期到晚期的大量人类文化遗址。于家沟遗址位于阳原盆地中部的桑干河二级阶地，阶地由河流相黏土质粉砂组成，阶地基座为泥河湾层湖积地层，为河流深切在湖积平原之中形成的基座阶地。于家沟遗址的文化遗物均分布在阶地堆积物中下部的河漫滩堆积之中，出土的石制品多达数千件，主要是细石器，包括楔形石核和石片，代表了我国旧石器晚期的一种独特的石器加工技术，在遗址中还发现了距今11700年的原始陶片，具有旧石器晚期向新石器早期过渡的性质。经年代测定，于家沟遗址的年代大致在距今1.3万–1.0万年，说明河流下切的年代要早于1.3万年，属板桥期侵蚀。根据于家沟遗址古人类文化遗迹和遗存都出土于组成阶地的河漫滩堆积物中，推断过渡时期的古人类栖息地主要是当时桑干河的河漫滩。孢粉组合分析表明，于家沟遗址在距今1.3万–1.0万年期间，周围环境属于持续温暖干燥的河漫滩草原和草甸草原。

2. 河南新密李家沟遗址

李家沟遗址的文化遗存同样也埋藏在河流二级阶地的堆积物中，堆积剖面主要由李家沟—裴李岗时期的河流漫滩堆积组成，其中剖面下部的第6层为距今10500年前后的李家沟文化时期的漫滩堆积物，出土有细石器，局部磨制的打制石器，以及少数的陶片。陶片具纹饰，比于家沟遗址出土的陶片要精细一些。第6层之下为马兰黄土堆积，属于阶地的基座，为河流深切于黄土平原之中的基座阶地。河流下切发生在距今1万年前后，属板桥期侵蚀。随后深切河谷进入河漫滩发育时期，人群开始在河漫滩上生活。

3. 北京东胡林遗址

东胡林遗址位于距清水河河面约26米的三级阶地，它以马兰黄土为基座，是板桥期清水河下切于黄土平原之中形成的基座阶地。阶地堆积物由河漫滩沉积组成，东胡林人的文化遗存分布在组成阶地的河漫滩堆积物中，年代大致在距今13000年左右，有大量的细石器、磨制石器、陶片、骨针等，还保留有被河水浸没的灰堆和完整墓葬。孢粉分析表明，遗址周围的环境以蒿属草原为主，属于温暖干燥的河漫滩草原或生长有阔叶树的河漫滩草甸草原。说明东胡林人主要栖息在古清水河的河漫滩上，由于河水的季节性涨落，河漫滩有时会被河水淹没，居住环境并不稳定。

4. 宁夏青铜峡鸽子山遗址

鸽子山遗址情况也与上述遗址类似，文化遗存也分布于组成黄河三级阶地的河漫滩堆积之中，出土有大量的细石器、骨器、建筑类遗存柱洞遗迹和结构性火塘等，年代大致在距今1万年前后。表明在板桥期侵蚀形成的黄河谷地中，广泛发育的黄河河漫滩适宜于古人的生活。

目前发现的旧—新石器过渡时期的文化遗址，遍布我国北方各地。除了上述5个遗址点之外，还有山西的柿子滩遗址、宁夏水洞沟遗址的第12地点等二十多处。这些遗址均位于晚更新世黄土平原（或湖积平原、冲洪积平原）的板桥期深切河谷中，其文化层分布在组成河流三级（或二级）阶地的皋兰期漫滩相堆积物之中，对应于距今1.3万—1万年的冰消期。通过对这些遗址的野外考察和沉积特征、地貌结构分析，我们初步构建了旧—新石器文化过渡时期古人类栖息地形成过程的地貌模式，这一模式适用于整个中国北方地区（图1）。

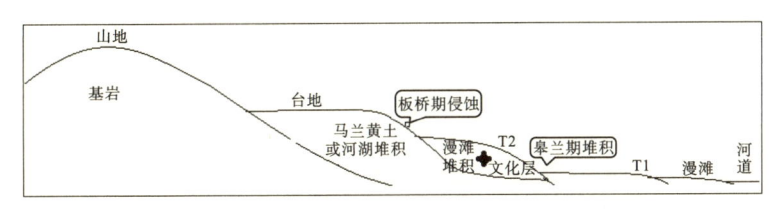

图1　中国北方旧—新石器文化过渡的地貌模式

（三）旧—新石器过渡时期人类的生存环境——冰消期和河漫滩

中国华北地区旧—新石器文化的过渡基本发生在板桥侵蚀之后的皋兰堆积期。恰好对应于冰消期的地貌、气候和水文环境。

板桥期侵蚀期指的是在大约1万年前，由于末次冰期趋于结束，全球进入冰消期，冰消期气候逐渐好转，冰川开始融化，河流流量急剧增多，原来流淌在黄土平原或冲湖积平原上的早期河流强烈下切，人们将这次下切称为板桥期侵蚀。随后，在板桥期侵蚀形成的深切河谷中，河流不断拓宽，由于当时气候刚刚转暖，河流的流量尚不足以搬运大量的碎屑物，因此，当时河流的加积作用十分强盛，是河漫滩广泛发育的时期，称作皋兰期堆积。

河漫滩的广泛发育为这一时期的先民们提供了较适宜的生存空间。冰消期的先民们之所以选择到开阔的河漫滩上生活，一方面是由于冰消期河流水量虽有明显增多，但仍然较少，因此，河漫滩被洪水完全淹没的几率较小，属于相对比较稳定的高地。其次，由于深切河谷两岸陡立谷坡的地形效应，使河谷底部的河漫滩具有温暖避风的小气候环境。第三，由于漫滩靠近河道，具有良好的水文条件和生物资源。微地貌复杂多样的河漫滩，植物资源比较丰富多样：地势较高的滨河床沙坝，环境较为干燥，生长有较多的双子叶植物；地势较低的河漫滩洼地，环境比较潮湿，生长有苔草属等湿地植物；介于两者之间的河漫滩平原，则生长较多的禾本科植物。在靠近河道的河漫滩边缘，不仅生长有各种水生植物，而且栖息有软体动物和鱼类，各种哺乳动物也喜欢来此饮水。这些都为生活在河漫滩上的先民，提供了比较适宜并稳定的栖息地和丰富的食物来源。

（四）从收获者到农夫

冰消期栖息在河漫滩上的先民们，面对着比较丰富的食物来源，在长期从事采集经济的活动中，逐步观察到不同植物生长的规律，产生等待收获植物果实的思想准备，并开始学会如何储存食物，以备长期食用。于是，一些单纯的采集者或狩猎者开始转变为收获者，他们不从事耕作，而是半定居在相对固定的植物产地附近，等待着野生植物（尤其是谷物）收获季节的到来，并有意识地储存植物的果实，以维持稳定的食物供给。

收获者半定居的生活又为进一步观察植物的生长和动物的习性创造了条件。在长期的观察中，收获者选择可食用、可驯化、可储存、有广域分布以及有较大产出的野生种属进行驯化和培育的尝试，他们成为农业的最早发明者。但是存在河流频繁、洪水泛滥的河漫滩环境并不适合真正的"农夫"从事耕作活动，他们最终要从河漫滩转移到地势较高的河流阶地上生活。阶地汲水方便，又无洪水之患，且阶地面平坦开阔，土质肥沃，水热条件较好，有利于耕作和定居。只有从选择定居到河流阶地的时候开始，先民才有可能从收获者转变成农夫，并实现向农业生产的过渡。

二、新石器时期文化与环境

（一）新石器文化的三大标志

磨制石器、陶器的大量使用和农业的出现是人类社会进入新石器时代的三大标志。采用磨制技术制作石器，可以使制作的石器更加精致，使用起来更得心应手。陶器的出现一方面是因为社会生活中汲水、炊煮和储存的需要，另一方面也是因为自然界有陶土的存在。陶器出现在距今一万年前后，南方地区出现得更早，这可能与采集者储存粮食的需求有关：北方气候干燥，谷物可以直接在储藏坑中储存，而南方潮湿的土壤环境不便于粮食直接在储藏坑中保存，容易霉烂。中国最早的陶片出土于距今两万年前后的江西仙人洞遗址，北方地区则出土于距今一万三千年左右的山西于家沟遗址。陶器的发明是人类首次通过改变物质的物理结构来制造器物。

从作物驯化到种植是一个漫长的过程，从种植谷物到农业成为主要经济形态又是一个漫长的过程。农业的出现是人类社会的一次伟大进步，标志着人类开始摆脱完全从自然界索取的被动状态，是人类在人口、资源和环境之间矛盾不断加剧的情况下，对生态环境压力的一种文化生态适应。

（二）中国新石器文化基本序列

新石器时代的开始以11500aB.P.新仙女木事件的结束为标志，与全新世相对应，直到4000aB.P.文明出现结束。

中国新石器文化的分期，大致可以分为早、中、晚三期（表1）。严文明重新对新石器文化的分期进行梳理后，提出新石器时代仅包括原来的新石器早、中期，而把原有的新石器时代晚期划为铜石并用时期（表1）。

表1　中国新石器文化分期

传统划分		代表性文化类型		年代BC	文化特征	严文明	
^	^	北方文化类型	南方文化类型	^	^	^	^
新石器时代	晚期	齐家、龙山、夏家店下层	广富林、石家河	2000	出现文明因素，出现城址，磨制石器占绝对优势，农具丰富，轮制黑陶为主，出现刻画符号，铜制品。农业经济为主。	铜石并用时期	晚
^	^	^	^	2600	^	^	^
^	^	马家窑、仰韶、红山	良渚、大溪、屈家岭	3500	^	^	早
^	中期	庙底沟、大汶口、红山	大溪、马家浜	5000	鼎盛时期，遗址规模大，磨制石器为主，农具普遍，彩陶精美，栽培谷物和家畜普遍。农业经济已成规模。	新石器时期	晚
^	^	磁山、裴李岗、贾湖、兴隆洼、北辛	彭头山、城背溪	7000	发展时期，遗址规模较小，磨制石器大量出现。农具、陶器普遍。出现栽培谷物和家畜，农业经济规模较小。	^	中
^	早期	李家沟、东胡林、南庄头	甑皮岩、仙人洞	10000	新旧石器时期过渡，以细石器为主，出现石叶技术，磨制石器增多，有夹砂陶片出现。	^	早

（三）中国新石器文化发展的气候背景

中国东部地区的新石器中、晚期对应于全新世大暖期，气候比今天要温暖湿润得多。在河北桑干河上游、中原地区和北京地区均发现有现代象的踪迹，说明当时整个北方地区的气候与现在的淮河下游、长江下游相似。与此同时，全新世大暖期海平面较现在海平面高5米左右，海岸线较末次冰期向陆地推进了大约300公里，因此，在考虑气候变化的影响时，也需要注意考虑海陆位置变迁带来的影响。

我们选择河南洛阳盆地的两个自然剖面来表述中原地区全新世气候变化与文化的对应关系。

河南孟津寺河南剖面位于邙山黄土塬顶部的瀍河河谷，为一套湖沼堆积，厚5.92米。剖面主要为棕黄色粉砂质黏土，其中夹有两层的灰黑色粉砂质黏土，分别称为上湖相层和下湖相层，剖面上部覆盖有二里头时期的堆积。^{14}C测年表明，上湖相层年代为4610-4040aB.P.，下湖相层为7000-5660aB.P.，分别对应于龙山文化时期和仰韶文化时期，期间对应于庙底沟文化二期。

两个湖沼层是剖面中孢粉和软体动物化石最为富集的层段，其中上湖相层孢粉组合指示含有较多阔叶树，包括少量枫杨的暖温带南缘的森林草原环境，软体动物是以湖球蚬为主的喜暖种属。下湖相层孢粉组合也指示含较多阔叶树，并出现少量枫杨的暖温带南缘森林草原环境，软体动物是以白旋螺为主的喜暖种属。说明仰韶和龙山文化时期都属于温暖湿润、湖沼发育的气候环境。而两者之间的庙底沟二期时期，以草本为主，阔叶树明显减少，属于暖温带草甸草原环境，软体动物稀少，湖沼明显萎缩。因此推测，气候环境的恶化可能是庙底沟二期文化衰落的原因。

与孟津寺河南剖面相距不远的洛阳盆地二里头遗址南一级阶地Z3钻孔剖面，深10米左右，为河湖相堆积。据^{14}C测年，其下部灰绿色湖相层，年代为9300-8800aB.P.，相当于李家沟时期；中部灰色河漫滩相粉砂质黏土，年代8800-7300aB.P.；上部棕灰色河漫滩相粉砂质黏土，年代为7300-7000aB.P.，相当于裴李岗时期。顶部有明显的间断面，间断面之上为河流相的棕黄色细砂和砂质黏土，为二里头文化之前的洪水堆积。

孢粉分析结果表明，Z3剖面下部指示温暖湿润的落叶阔叶林—草原环境，中部为温凉较干的草甸草原，上部为温暖湿润的温带针阔混交林—草原环境，说明李家沟文化和裴李岗文化的气候环境基本相同，而裴李岗早期的气候恶化可能是李家沟文化衰落和向裴李岗文化转化的原因。

以上两个剖面分别记录了中原地区距今10000—7000年和距今7000—4000年的古环境变化，可以看出，中原地区全新世（10000-4000aB.P.）气候变化与文化演进具有很好的对应关系（表2）。

表2　新石器时代气候变化与文化演替的对应关系

地区	年代/aB.P.	植被类型	气候特征	文化期
二里头地区水渠剖面	4040—3800（洪水期）	草甸草原—森林草原	温暖湿润	二里头
孟津地区寺河南剖面	4610—4040	草甸草原（阔叶树多）	温暖湿润	龙山
	5660—4610	草甸草原（阔叶树锐减）	变冷变干	庙二
	7000—5660	森林草原（阔叶树多）	温暖湿润	仰韶
二里头地区Z3钻孔剖面	7300—7000	温带针阔混交林—草原	温和湿润	裴李岗
	8800—7300	温带草甸草原	温凉较干	裴李岗
	9300—8800	落叶阔叶林—草原	温暖湿润	李家沟

（四）中国新石器文化的统一性

中国不同地域的新石器文化具有明显的统一性（共性），主要表现为都是以农业生产为主的经济形态、自给自足的小农经济、器物类型的相似性以及与农业生产相关的自然崇拜。

中国新石器文化主要分布在黄河和长江中下游广阔的冲积平原。这个区域被雪域高原、山地峻岭、广袤沙漠和辽阔海洋等人类不宜穿越的地理单元所环绕，与外界基本隔绝，人员和文化不易交流，形成一个相对封闭的独立地理单元。受东亚季风的影响，区域内气候温暖湿润，水热同期，与农作物的生长周期相匹配；而且黄土类堆积广布，土质肥沃，质地疏松，适宜于早期的农耕活动。先民们利用得天独厚的自然环境，在此创造了包括北方的旱作农业和南方的稻作农业在内的季风农业。这种季风农业，不仅造就了我国自给自足的农业经济形态，而且也影响到我国的社会形态和意识形态。在季风气候影响下形成的自给自足的小农经济是中国新石器文化具有统一性的基础。

（五）中国新石器文化的区域差异

中国新石器文化除了共性之外，还具有明显的区域差异。考古地层学、年代学及类型学的研究结果都显示了史前文化在地域和时间上的差异，构成了文化的多样性。中国考古学家很早就注意到考古学文化的地区差异性，并根据地理环境及物质文化遗存的特征，将我国的考古学文化划分为不同的文化区（表3）。

表3 中国新石器考古学文化的分区意见

夏鼐1962	安志敏1979	苏秉琦1981	佟柱臣1986	严文明1987
北方草原地区	北方草原	长城地带为中心的北方地区		蒙新文化区
黄河中上游	黄河上游		马家窑文化系统中心	甘青文化区
	黄河中游	陕豫晋邻近地区	半坡文化系统中心	中原文化区
			庙底沟文化系统中心	
黄河下游	黄河下游	山东及邻省地区	大汶口文化系统中心	山东文化区
长江流域	长江中游	湖北及邻近地区	屈家岭文化系统中心	长江中游文化区
	长江下游	长江下游	河姆渡文化系统中心	江浙文化区
			马家浜文化系统中心	
华南地区	华南	鄱阳湖—珠江三角洲		闽台文化区，粤桂文化区
东北地区				东北文化区
	西南			云贵文化区
				青藏文化区

此外，郭大顺还根据文化传统和经济类型的差别，将中国新石器时期的考古学文化划分为三个大区：以彩陶、尖底瓶为主要的考古学文化特征和以粟作农业为主要经济形态的中原文化区；以鼎为主要考古学文化特征和以稻作农业为主要经济形态的东南沿海和南方文化区；以筒形陶罐为主要考古学文化特征和以渔猎为主要经济活动的东北文化区。

以上各家对中国新石器文化的分区大致相同，反映大家对文化分区的思想是比较一致的，既考虑考古学文化的特征，也考虑地理环境的差异。

如果把考古学家对我国新石器文化的分区与地理学家对中国

自然地理区划进行对比，就不难发现，两者基本相同，可以一一对应：文化大区对应于自然地理大区，文化区对应于自然地理区，而文化类型则对应于自然地理小区。例如，东部季风区气候温暖湿润，地势低缓，植被茂盛，对应于以季风农业为主的文化大区；西北干旱区气候干冷少雨，多荒漠，植被稀少，对应于以绿洲农业和畜牧业为主的文化大区；青藏高原区气候高寒，地势起伏，植被稀少，对应于以畜牧业经济为主的文化大区。

东部季风区内也存在着降水量、积温和干燥度等内部的差异，因此，不同地区新石器时期的经济文化形态也具有相应的区域差异。据此，东部季风区可以进一步分为华北、华中、华南和东北四个文化区，其中华北区气候温暖少雨，发展以粟黍为主的旱作农业；华中区气候高温多雨，主要发展稻作农业；华南区气候炎热多雨，以块茎农业为主，兼有稻作农业；东北区气候低温多雪，少量发展旱作农业。也有人以秦岭—淮河为界，把东部季风区分为"南方"和"北方"两个亚区，两区分别呈现两种不同的社会经济与文化形态（表4）。

表4 中国季风区南、北两种农业文化之比较

	北方旱作区	南方稻作区
农作物	粟黍为主，还有旱生杂粮	水稻为主，还有水生淀粉类植物
家畜	猪、羊、狗、黄牛	猪、狗、羊、水牛
水热条件	较低	较高
生产方式	粗放	精耕细作
生产工具	镐、铲、犁、镰、磟	锄、铲、犁、镰、耙
役畜	黄牛	水牛

续表

	北方旱作区	南方稻作区
加工工具	磨棒、磨盘、石臼、碾盘	磨棒、磨盘、石臼、石磨
生活用品	罐、鼎、尖底瓶	罐、鼎、瓶
储存方式	窖穴	陶罐
遗址规模	数量多，以中小型为主	数量少，多中大型遗址
社会形态	注重王权和军权	注重神权和王权
意识形态	自然崇拜和祖先崇拜	宗教崇拜

文化类型与自然地理小区的对应也十分明显，以龙山时期中原文化区为例，其中王湾类型分布于豫西地区，本区黄土发育，盆地开阔，土地肥沃、气候宜人，原始农业发达；三里桥类型分布于豫西三门峡地区，本区黄土发育，河谷比较狭窄，气候较干，原始农业不如王湾发达；陶寺类型分布在晋中地区汾河流域，本区黄土发育，河谷开阔，土地肥沃、气候适宜，原始农业发达。可见，不同的自然环境可以孕育出不同的文化类型。

（六）中国史前文化格局

文化格局是考古学文化时空变化的集合。考古学文化在时间上的变化，形成文化系列和谱系，反映同一地区考古学文化在时间上的演变和传承关系；考古学文化在空间上变化，形成文化的分区，指示不同地区考古学文化在空间上的差异和彼此的交流。文化格局是一种考古学文化现象，它反映的是不同时期不同区域考古学文化的分布和变化。问题的关键在于揭示考古文化格局形成的原因和机制，这是环境考古研究的重要任务之一。

文化演替与环境变化的相互关系可能是解决这一问题的重要切入点。环境变化包括空间变化和时间变化两个维度。环境在空间上的变化表现为环境的区域差异——不同地区的文化适应各自的地理环境，形成了考古学文化的多样性，文化多样性的必然结果是文化分区。自然环境在时间上的变化，表现为同一区域不同时期的环境面貌存在有差异。环境在时间上的变化可以分为渐变和突变两种模式：其中渐变的过程是缓慢的，在这一过程中人类可以不断适应环境，使人类文化不断向前发展；而突变是指短时间内环境的急剧变化，人类不能适应环境的突然变化，出现文化的停滞或衰落；但在一定条件下，环境突变也会引发文化的变革或革命，促使人类社会进入一个新的发展阶段。可以说，环境在空间和时间两个尺度上的变化是考古学文化格局形成的驱动力，而人类对环境的文化生态适应则应该是文化格局形成的内因（图2）。

环境变化 ｛ 空间变化——环境的区域差异——各区域内环境与文化的和谐——文化的多样化
时间变化——环境的变化 ｛ 渐变——人类不断适应环境——文化向前发展
突变——人类不能适应环境 ｛ 文化停滞或衰落
文化变革或革命

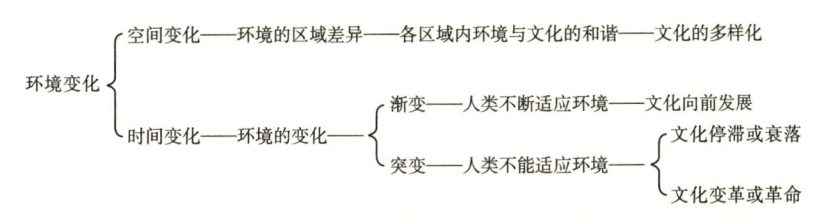

图2　环境变化对史前文化演变的影响

三、史前大洪水与华夏文明起源

（一）百花争艳的新石器晚期

距今5000年前后，人类社会进入新石器文化晚期。这一时期的文化遗址在我国的黄河流域和长江流域都有广泛的分布。这些遗址不仅出土的器物和遗迹非常丰富，而且特色鲜明。如内蒙古的二道营子遗址，不但有集中分布的房址，而且出土了一批具有本地特色的精美青铜器；山西陶寺遗址出土有龙盘、磬等礼仪性用器，还发现有罕见的观象台建筑；山东焦家遗址出土的精美黑陶和玉器，反映出高度发达的制陶技术和玉器加工技术；长江中游石家河遗址，不仅有房屋、城墙和水田等遗迹，还有精细雕刻的玉器，特色鲜明；长江下游的良渚遗址，更以大量的精美玉器、城址和水利系统闻名于世；甘青地区的喇家遗址，出土有大型礼仪性用品——石刀和石磬，体量之大，国内少见。不同地方出土的精美器物、房屋建筑、生产工具以及大小城址，表明在距今5000—4000年的新石器晚期，我国各地均出现了空前繁荣的新石器文化，形成了"满天星斗，百花争艳"的大好局面。

（二）文明的萌芽出现

尽管目前关于文明的具体标准仍存在有较多争议，说法不一，但是，在没有文字记录的史前时代，无论如何，最终要解决文明起源的问题，还要靠考古发掘中出土的实物，而目前最能说明文明程度的实物主要是都城、文字和青铜器。在新石器晚期，一旦发现有都城、文字和青铜器，就可以认为文明的萌芽已经出现，或者说见到了文明的曙光。

都城反映了社会的分化、权力的集中和管理集团的出现，是文明起源的重要标志之一。近年来，全国各地发现了多座相当于龙山时期的古城，包括城子崖城址、良渚城址、陶寺城址、古城寨城址和石峁城址等。考古发掘表明，这一时期不但城址数量有所增多，而且已有一定的形制和内部规划，筑墙开始大量使用夯土和版筑技术，城壕普遍，并出现有涝池和其他供水工程。宏大的面积、坚固的城墙、宽深的环壕、城内大型的建筑、排列有序的道路等，反映了社会的分化和权力的集中，说明这一时期的城市已经具有作为统治中心的作用和地位，当然，它同时也具有"市"的功能，以及防洪和御敌等多项功能。

文字被视为文明社会最为重要的标志，是野蛮社会和文明社会的分水岭。文字的使用大大提高了人类记录事件、传递信息、传承知识的能力，使人类摆脱结绳为记的落后状况，走上了读书写字的文明之路。我国在龙山时期的陶器上就已经发现有最早的原始文字——刻画符号或彩绘符号，其形状与后来的文字有所接近。而陶寺发现的朱书"文字"和丁公陶文，已经可以进行一定的解读。这些早期文字的出现均属于文明的萌芽，标志我国开始向文明社会迈进。

青铜器，是人类通过冶炼技术改变物体的物理、化学性质获得的金属制品，它比陶器坚固耐用，可铸造成型。青铜器的使用大大提高了人类的生产效率和武士的战斗力，是人类继制陶革命之后又一次伟大的技术革命，标志着人类开始进入文明社会。中国的冶铜技术来自西方，但从甘肃齐家龙山文化出土的青铜刀和青铜镜到中原地区出土的精美青铜器，可以看出青铜器冶炼和铸造技术在逐渐本土化的过程中，有了明显的进步和质的变化。

当然，文明萌芽还可以有其他的考古标志，譬如墓葬的大小规格和等级、殉葬品的数量和品位，等等，它们也可以作为社会复杂化程度的标志，但不如前面提到的都城、文字和青铜等三个标志，更直接、更具体、更科学和更好把握。

城市、文字和青铜器等文明萌芽的出现是文明化进程的重要标志，新石器晚期各地区文明化进程都开始加快，文明要素不断涌现，社会更加复杂化，这一切都暗示着文明社会即将来临。在距今4000年前后的龙山文化末期，中原地区的文明化进程继续向前发展，并出现了以二里头遗址为代表的二里头文化，最终完成了文明化的进程。夏王朝横空出世，中原率先踏入文明社会的门槛。二里头遗址作为夏王朝的都邑，具有完整的宫殿建筑群、官营手工业作坊区、贵族墓葬区、祭祀区和道路系统等，凸显一座中国早期都城的魅力和气势。然而与此同时，中国其他地区的文明化进程突然止步不前，或者突然衰退甚至消失。"满天星斗，众星捧月"的新石器文化格局，在距今4000年前后骤然结束，取而代之的是"百花凋谢，一花独放"的新局面（图3）。

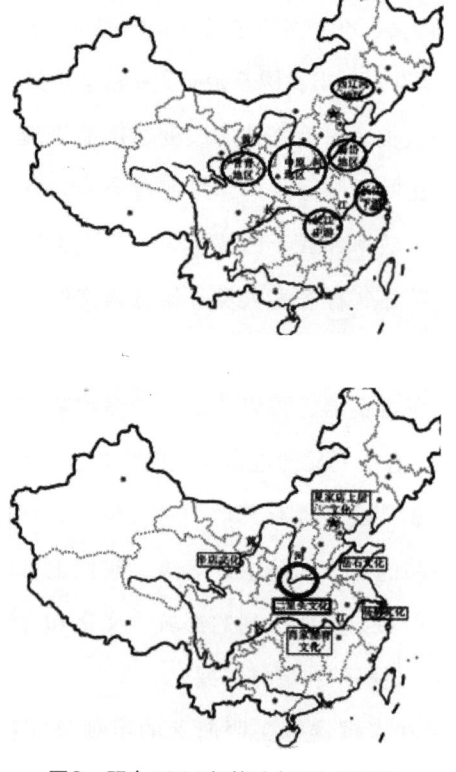

图3　距今4000年前后中国文化格局

（三）史前大洪水事件

为什么在距今4000年前后会出现文化格局的转型和中原地区华夏文明的诞生？这是大家关心的问题。事实证明，社会的文明化进程和文明社会的出现，是一个十分复杂的问题，它涉及经济发展、社会进步、意识形态和气候变化、自然灾害等多方面的原因。环境考古学最关注的是气候变化和自然灾害，特别是洪水灾害对文明起源的影响。

在世界各国都流传有关于史前大洪水的传说，我国也不例外，大禹治水的传说在民间流传千年，几乎家喻户晓。由于这场传说中的史前大洪水出现在夏王朝诞生的前夜，因此它与华夏文明起源的关系，就备受人们的关注。虽然关于距今4000年前后发生的这场史前大洪水，史书中多有记载，但这些文献皆为后人所著，不足为凭。因此，寻找大洪水事件的地质—考古学证据，就显得尤为重要。

著名的青海民和喇家遗址位于黄河上游的官亭盆地，遗址坐落在黄河二级阶地上。阶地之上覆盖有一层棕红色洪水堆积，喇家遗址的文化层位于黄土阶地和红黏土之间，考古发掘发现有房址、广场、祭坛和大量的陶器、玉刀等遗物，并发现有卜骨等，属于距今4000年的齐家文化。

在喇家遗址的多个房址中发现有完整的人骨遗骸，他们成组分布，姿态怪异，似乎临死前曾遇到某种不祥之兆。据实地观察，人骨上下均为红色的淤积层，淤积层中还夹有灰白色的透镜状砂质条带，表明淤积层属于流水堆积，流水堆积覆盖在先民们居住的阶地面之上，表明它属于洪水泛滥堆积。当时泛滥的洪水淹没了阶地，携带的泥沙将居民掩埋在阶地面上的半地穴房址之中。房址中发现的正在喝水的儿童尸骨、倒扣陶碗中保留的未腐烂面条等现象，也说明当时这里发生了突发性的洪水灾害事件，并摧毁了喇家遗址。在遍布遗址的洪水堆积物之中，还发现局部地段夹杂有泥石流堆积，说明伴随大河的洪水泛滥，遗址附近的沟谷中同时会出现大规模的泥石流活动。除此之外，在洪水堆积层之下叠压的喇家遗址生活面上，还发现有大量的地裂缝、地面形变、喷砂等古地震现象，它们可能是喇家遗址最早的破坏者。这是一场地震在先，洪水泥石流随后的群发性自然灾害，它们一起摧毁了以农耕为主的喇家齐家文化。洪水过后覆盖在阶地上的厚层红色淤积层土质黏重，不适于农作物种植，根据随后的辛店文化出土大量的动物骨骼，说明辛店时期，经济形态已经从以种植为主转为以畜牧业为主，其原因可能要归结于洪水带来的红黏土堆积，它覆盖了疏松的黄土质阶地堆积，土地结构的改变导致了土地利用方式和经济形态的变化，并最终导致了文化性质的改变。

距今4000年前后发生在喇家遗址的洪水灾害事件，在地处黄河上游的甘青地区并非个例，在这一地区的黄河沿线，不少地方也可以见到类似的现象。如在黄河支流大通河的长宁遗址，我们见到由洪水形成的砂层覆盖在遗址所在的河流阶地上。在黄河的另一条支流——洮河，裴文中先生当年就曾提到在齐家文化的房址中，见到有河流砂与文化层交替出现之现象，他还描述过房址中与喇家遗址相近的人类的不正常死亡现象。这些说明这次洪水事件在黄河上游具有普遍性。

黄河下游地区，包括整个黄淮海平原，地势低平，沃野千里，为新石器时期的先民提供了良好的自然环境，造就了灿烂的大汶口和龙山文化。但到距今4000年前后，发达的龙山文化突然衰退，众多遗址遭到严重破坏，地面上只留下了一个个孤丘，上面残留有龙山文化层，这些遗址被称为堌堆遗址。在山东尹家城堌堆遗址，我们发现组成堌堆的龙山文化层顶部（^{14}C年代：1800cal BC），其上覆盖有厚层的河流砂堆积，说明在龙山晚期，遗址曾一度被洪水淹没，造成龙山文化的严重破坏，而且洪水后退时又将遗址所在的古地面切割成孤立的堌堆，这些堌堆面积狭小，相互隔离，缺乏生命力，不利于社会经济的发展，造成了龙山文化的衰退。类似的堌堆遗址不仅在鲁西南可以普遍见到，在淮河中下游地区分布也十分普遍，如平粮台遗址、张王庄遗址等。

在长江中下游地区，也有距今4000年古洪水事件的报道。其中湖南华容的七星墩遗址是长江中游的一处靠近长江的石家河—屈家岭时期的城址，在城址内部靠近城墙内侧，在倒塌的房屋废墟堆上，覆盖有河流堆积，具水平层理，其中发现有平铺分布的陶片，似由流水搬运而来。在城址西北角，在由红烧土块构成的废墟堆积上，有黑色的淤泥层广泛分布，这些都可以视为洪水进入城址的证据。由此推测在石家河—屈家岭末期，发生过上涨的河水漫进古城，造成古城被淹，房屋被冲毁的史前洪水灾难事件。

在黄河中游的中原地区，距今4000年的龙山晚期，也发生过史前大洪水。但据目前所见，基本上都是上涨的洪水淹没遗址所在阶地的部分地段，对遗址本身的破坏较少。例如，在著名的二里头遗址，洪水堆积曾到达阶地面的部分地段，并淹没了阶地面上的龙山晚期灰坑，但没有将二里头遗址所在的阶地全部淹没。说明龙山末期，中原地区的伊洛河虽然也曾发生过大洪水，但洪水只淹没了部分阶地。在河南博爱的西金城遗址，龙山末期的洪水泛滥也只是冲毁了部分城墙，大部分城址并没有遭到破坏。在河南新密的新寨遗址，洪水来临时河水暴涨，形成决口扇和分流河道，但它们仅仅分布在遗址所在台地的局部地段，对遗址本身破坏不大。

由此可见，不同地区史前洪水的破坏程度存在有很大的差别：在黄河上游地区，地貌特征主要是山间盆地和深切峡谷相间，洪水暴发时峡谷狭窄，泄洪能力有限，造成洪水在山间盆地中汇集，河面上涨，并很快淹没河流两岸的阶地。洪水冲毁房屋，破坏田地，夺去人类的生命，给先民带来灭顶之灾。在黄河下游，地貌以地势平坦开阔为特征，洪水暴发时，河流冲出天然堤，形成巨大的洪流。洪流在一马平川的平原上肆虐泛滥，冲毁和淹没所有遇到的村落和土地，造成大范围的洪涝灾害，并把宽阔的冲积平原切割成一个个孤立的小丘。只有在中原地区，由于处于我国地貌二级阶梯和三级阶梯的过渡带，河流纵剖面坡降较大，河流切割较深，沿河不仅山前黄土台地广泛发育，而且河流阶地也十分宽阔。洪水暴发时河流泄洪能力强，洪水停留时间短，上涨的河水只能短时间淹没阶地或台地的部分地段，大部分的阶地或台地并没有被洪水淹没，给人类留下了较大的迂回空间，当洪水来临时，人们可以后退并重新选择栖息地。因此，相对而言，中原地区史前大洪水对先民的影响相对较小，对经济和文化的破坏有限。

（四）文明诞生与史前大洪水

发生在我国历史上第一个王朝——夏王朝前夕的这次洪水事件，势必对华夏文明的诞生具有重大影响。

华夏文明能在中原地区诞生，首先在于中原地区占有多方面的优势：中原地区得天独厚，地理环境优越，气候适宜，水资源丰富，土地肥沃，有利于该地区社会经济文化的全面发展；地理位置居中，使得中原文化可以与周边文化进行广泛的交流和融合，具有强大的生命力；中原地区经过数千年长期的持续发展，仰韶—龙山时期的农业经济已经达到五谷丰登、六畜兴旺的态势，经济发达，基础牢固；在生产实践中产生的唯物思想，使中原地区的先民崇拜自然，提倡天人合一，注重经济发展。因此，中原地区相对于其他地区而言，经济基础更牢固，社会更稳定，文化更先进，具有其他地区无可比拟的抗灾能力。

其次，华夏文明能在中原地区诞生的重要原因在于先民对史前大洪水的抗争，也就是"大禹治水"所体现的伟大精神。通过治水，势必产生一定的社会经济效应，促进文明的诞生。例如为应对抗灾的集体行动，催生了杰出领导者，组建了相应的管理机构，这促成了权力中心——城市的出现；为抗洪的需要，要修建水利工程，大力改进生产工具，这引发了金属工具的诞生；加强部落间的联系，协同抗洪，需要改进联络方式，促进了符号和文字的使用，等等。在大范围的史前大洪水灾害事件中，只有中原地区有能力也有实力与洪水进行抗争。通过与洪水的抗争，变坏事为好事，使社会经济得以持续发展，比其他地区领先跨入文明社会。有的学者提出夏王朝就是在与洪水的抗争过程中诞生的。这一观点有一定的道理，值得进一步深入研究。

原载：中国新石器时代考古讲义，复旦大学出版社，2020，43~59

区域环境考古

中国环境考古

内蒙古西拉木伦河流域史前考古文化演变的地貌背景分析
◎夏正楷 邓辉 武弘麟

西拉木伦河流域属西辽河上游,由西拉木伦河及其支流老哈河、教来河、查干木伦河等组成。该流域地处内蒙古高原向松辽平原过渡的斜坡地带,地势西高东低,西部为中山,向东渐变为低山、丘陵,直至平原。西拉木伦河发源于内蒙古高原,自西向东流经本区,沿主河及其支流发育有二级河流阶地。在西拉木伦河中、下游,主河以南有广泛的黄土堆积,它们覆盖在不同的地貌部位上,形成黄土台塬、黄土丘陵和黄土谷地。在主河以北,有大片的沙地分布,属科尔沁沙地的一部分[1](图1)。由于地处我国北方干旱区与半干旱—半湿润区的过渡地带,对气候变化和人类活动的响应敏感,因此,这里的生态环境非常脆弱,现今人地关系处于十分紧张的状况。

近年来的考古发现表明,在8000-3000aB.P.,西拉木伦河流域曾经是人类活动十分活跃的地区,先后出现过各具特色的兴隆洼文化、赵宝沟文化、红山文化、小河沿文化、夏家店下层文化和夏家店上层文化等。探讨这些古代文化和自然环境(包括地貌、气候、水文、植被等诸地理要素)之间的相互关系,对于了解现今人地关系的由来与发展，具有重要的意义。本文将着重讨论8000-3000aB.P.期间该地区考古文化演化的地貌背景。

一、全新世大暖期考古文化在时间上的演替

根据大量的考古发掘资料和^{14}C年代数据，杨虎等认为在全新世大暖期，即8000-3000aB.P.期间，西拉木伦河流域的考古文化序列可以依次排定为兴隆洼文化、赵宝沟文化、红山文化、小河沿文化、夏家店下层文化和夏家店上层文化[2]。

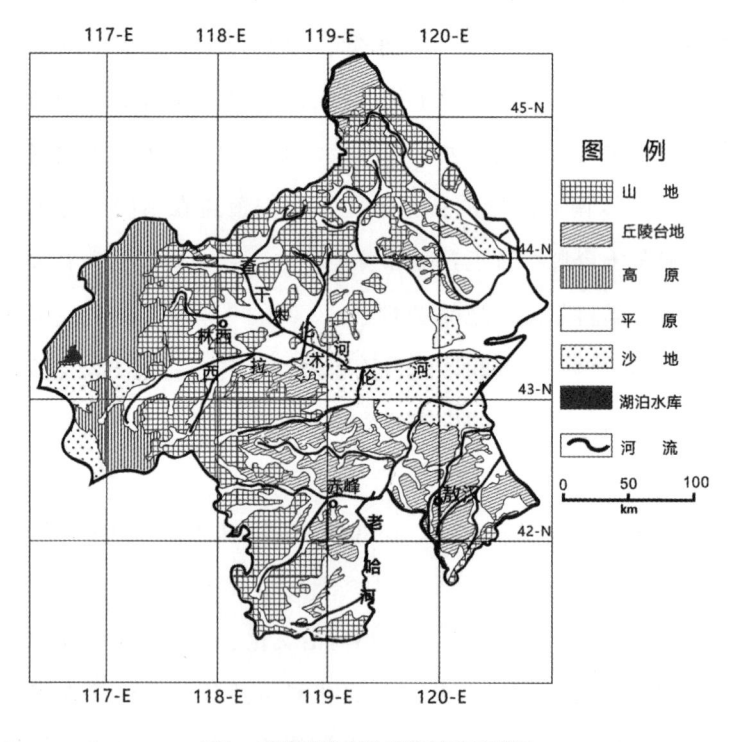

图1　赤峰西拉木伦河流域地貌略图

兴隆洼文化（8000-6500aB.P.）：生产工具以掘土用的打制石锄为主，也有翻土用的磨制石铲、砍伐用的石斧和加工食物用的磨盘、磨棒等，标志当时农业已经出现，并有了一定的发展。但鱼镖、兽骨和大量胡桃楸果实的出土，标志渔猎和采集在经济生活中仍占据主要的地位，属生产力低下，渔猎、采集和农业并存的早期农业阶段。

赵宝沟文化（6500-6000aB.P.）：生产工具以磨制石器为主，加工精良，新型翻土工具——尖弧刃石耜、改进型砍伐工具——扁平石斧以及规整的磨盘和磨棒的大量出土，表明当时的农业生产技术和生产力水平较兴隆洼时期有了明显的提高和发展。

红山文化（6000-5000aB.P.）：生产工具以磨制石器为主，不仅制作精美，而且器型规一，有锄、斧、刀、镑、犁、耜和磨盘、磨棒等，其中石犁和石耜刃锋尖锐，数量众多，是主要的翻土工具，石铲少见。发现有铜环和铸铜用陶范。有大量的碳化谷物和家猪遗骸出土。文化遗址的密度远远超过兴隆洼和赵宝沟时期。红山文化已进入铜石并用时代，当时生产技术和生产力水平较前有极大的提高，人口骤增，是农业生产大发展的时期。

小河沿文化（5000-4000aB.P.）：生产工具以磨制石器为主，常见形制多样的石斧和制作精良的石铲，红山时期普遍使用的先进翻土工具（石耜和石犁）几乎绝迹。小河沿文化的分布范围比红山文化明显变小，且遗址数量锐减。表明农业生产技术和生产力水平较之红山时期有明显的退步。

夏家店下层文化（4000-3300aB.P.）：生产工具以磨制石器为主，打制石器次之，主要为翻土工具——扁平铲和石锄；骨器有镞、铲和锥；发现有微型铜器和铸铜用的陶范。碳化谷物、贮粮窖穴和家猪遗骸出土普遍。文化遗址无论在数量上，还是在规模上，都远远超过红山时期。表明当时人口骤增，农业生产技术和生产力水平又有了极大的提高，农业社会进入一个新的极盛时期。

夏家店上层文化（3300-2800aB.P.）：石器以半月形穿孔石刀和锤、斧为主，锄、铲等农具少见；骨器以长铤骨镞数量最多，也流行骨匕；青铜器有刀、斧、锥、凿、镐和礼器、武器、马具、饰品等。是具有强烈草原游牧色彩的畜牧业文化。

从上述文化序列可以看出，在8000-3000aB.P.期间，史前人类一直生息在西拉木伦河流域。其中，8000-6000aB.P.的兴隆洼—赵宝沟文化时期，人类主要从事渔猎、采集和原始锄耕农业；6000-5000aB.P.的红山文化时期，原始农业得到极大的发展，并成为主要的生产活动，本区出现了农业经济的第一次繁荣；5000-4000aB.P.的小河沿文化时期，处于极盛时期的红山文化突然衰落，农业经济出现大的滑坡；随后，在4000-3300aB.P.的夏家店下层文化时期，农业又一次得到极大的发展，本区出现了农业经济的第二次繁荣；在3300-2800aB.P.的夏家店上层文化时期，文化性质发生根本的转变，农业经济被畜牧业经济所替代。考古文化的兴衰，尤其是农业文化的兴衰，与地理环境的演变有着密切的关系[3]。其中地貌的演变，包括黄土的堆积、河流阶地的发育以及沙漠的进退等，对古代文化的分布、发展和演替有着重要的影响。

二、黄土分布与史前文化的水平迁移

黄土是本区重要的第四纪沉积物，在西拉木伦河以南有广泛的分布，构成黄土台塬、黄土丘陵和黄土阶地等。在西拉木伦河以北，黄土分布面积较少，仅见于查干木伦河上游及林东镇周围地区（图1）。黄土结构疏松，易于耕作，土质肥沃，无需施肥，是进行原始农作的良好场所。本区史前文化主要属农业文化，由于原始农业活动对黄土有很强的依赖性，因此，目前发现的绝大多数遗址分布在西拉木伦河南北的黄土分布区，其中西拉木伦河以南的黄土发育地区，尤其是老哈河流域，一直是古代先民的主要栖息地。但是由于人类对黄土的依赖程度与当时的生产方式、生产力水平有密切的关系，因此不同文化时期的人类对栖息地的选择有明显的差异[4]。

兴隆洼文化和赵宝沟文化时期，属渔猎、采集和农业并存的早期农业阶段。由于生产方式的多样性，当时人类对黄土的依赖性较小，他们可以不受黄土分布的限制。因此，这一时期的文化遗址几乎遍及整个西拉木伦河流域。

红山文化时期，农业有了显著的发展，农耕已成为主要的生产方式。由于农业生产有赖于黄土的良好性能，因此，人类的活动范围明显受黄土分布的制约，主要集中在西拉木伦河南北的黄土分布区。

小河沿文化时期，虽然仍以农业为主要生产方式，但相对于红山文化来讲，生产力水平要落后得多。因此，人类主要选择黄土分布区中水热条件较好的地区，如西拉木伦河上游和老哈河上游的山前黄土丘陵和谷地，其分布范围较红山时期明显收缩。

夏家店下层文化时期，属定居农业社会，农业和手工业十分发达，先民对土地质量的要求更高，以求提高农业产量来养活众多的人口。因此，当时人类的活动范围主要集中在西拉木伦河以南的黄土区，其中尤以老哈河流域遗址最为密集，这里河谷开阔，阶地平展，黄土巨厚，土质肥沃，是发展旱作农业的最佳场所。

夏家店上层文化时期，属畜牧业经济，畜牧业对黄土的依赖性不如农业，这一时期的文化遗址的分布遍及西拉木伦河南北，不仅见于黄土区，而且也见于黄土分布以外的地区。

三、河流阶地的演变和史前文化的垂直迁移

在西拉木伦河流域，史前文化遗址的垂直分布与河流阶地的演变有密切的关系。

据野外初步调查，西拉木伦河及其支流普遍发育有两级河流阶地，其上为黄土台塬。黄土台塬相对高程一般在150米~180米之间，在林西县城南的西拉木伦河南岸马家沟营子，台塬面上覆盖有巨厚的风沙层，其下部黑砂土的^{14}C年龄为6380±110aB.P.，日历年龄为5550（87.2%）5190BC，指示黄土台塬面形成于7500-7190aB.P.以前，相当于兴隆洼和赵宝沟时期的文化遗存往往分布在风沙层的黑沙土夹层之中。二级河流阶地相对高程一般在30米~50米之间，大都属基座阶地。在阶地面上常覆盖有黄土堆积，其中夹有2~3层古土壤。在敖汉旗的王家沟，二级阶地面上覆盖的黄土中的古土壤层，其AMS^{14}C年龄为3750±150aB.P.，日历年龄为2600（95.4%）1750BC，表明该阶地形成于4600-3750aB.P.以前。河流的下切和阶地的出现应在4600-3750aB.P.之后。红山—小河沿时期的文化遗存往往分布在二级阶地沉积物之中和黄土台塬之上，夏家店时期的文化遗存则主要分布在二级阶地上覆黄土的古土壤层之中和黄土台塬之上。河流的一级阶地相对高程一般在10米~15米，属基座阶地或堆积阶地。在老哈河的王祥沟，一级阶地沉积物下部的^{14}C年龄为3980±80aB.P.，日历年龄2580

（95.4%）2130BC；中部为2520±80aB.P.，日历年龄810（95.4%）410BC；上部为1065±75aB.P.，日历年龄720（95.4%）1160AD。表明该阶地堆积物形成于4500-840aB.P.之间，河流的下切和一级阶地的出现应在840aB.P.前后。夏家店时期的文化遗存分布在一级阶地的沉积物和二级阶地的上覆黄土之中，在黄土台塬面上也有分布。辽代的文化遗存主要分布在一级阶地的阶地面上（图2）。

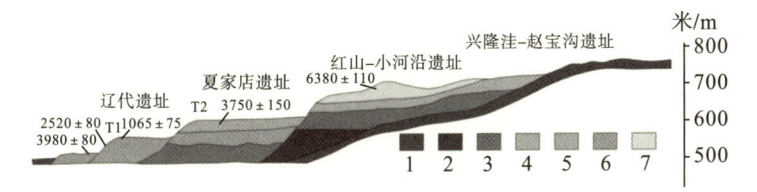

1. 基岩 2. 红土 3. 离石黄土 4. 马兰黄土 5. 古土壤 6. 砂 7. 砾

图2　西拉木伦河河谷横剖面及人类文化遗址分布范围示意图

河流阶地的发育是本区全新世重要的地貌事件之一，它直接影响古人类的生存环境，对人类栖息地的选择和迁移起着重要的作用。

兴隆洼—赵宝沟文化时期（8000-6000aB.P.），本区主要为山间黄土堆积平原，现代河流水系的雏形刚刚出现，当时古人主要活动在黄土平原及其周围的山麓地带。6500aB.P.前后，河流水系形成并发生强烈下切，黄土堆积平原被分割为黄土台塬和谷地，谷地中由于河流摆动形成宽阔的河漫滩。随之，在红山和小河沿文化时期（6000-4000aB.P.），古人把自己的活动空间从台塬和山麓扩大到宽阔的河漫滩。在4000aB.P.前后，河流再次下切，形成现在的二级阶地。阶地的形成为夏家店文化时期（4000-2800aB.P.）的人类提供了一个更加安全和适合农作的场所，地面平坦宽阔、土质肥沃、取水方便而又无水灾之患的河流阶地成为当时人类理想的栖息地。当然，河流下切形成的新谷地也是当时人类的活动场所。1000aB.P.前后，河流再次下切，形成一级阶地，该阶地面是辽代人类的主要活动场所（表1）。

表1　人类活动场所与地貌变化过程对应表

年代/aB.P.	考古文化期	地貌演化过程	人类活动主要场所
<1000	辽代	现代河流沉积物堆积时期	以一级阶地面为主，谷地、二级阶地面和台塬面次之
1000	辽代	河流下切形成一级阶地	
4000-2800	夏家店上层	一级阶地沉积物堆积时期	以二级阶地面为主，谷地、台塬面和山麓次之
4000	夏家店下层	河流下切形成二级阶地	
6000-4000	小河沿	二级阶地沉积物堆积时期	以黄土台塬面为主，谷地次之
6000	红山	河流下切形成黄土台塬和谷地	
8000-6000	赵宝沟	山间黄土堆积平原水系雏形出现	黄土平原和山麓地带
	兴隆洼		

由于河谷地貌的发育以及人类对栖息地的选择，造成了区内史前文化遗址在垂向上的分布格局：兴隆洼和赵宝沟时期的文化遗址分布部位较高，范围较窄，主要见于黄土台塬面和台塬后缘的山坡上；红山和小河沿时期的文化遗址分布部位降低，范围变大，主要见于黄土台塬面和台塬后缘的山坡，但也见于河流的二级阶地沉积物之中；夏家店下层和上层时期的文化遗址分布部位更加降低，范围更加扩大，主要分布在河流的二级阶地上，但在黄土台塬面及其后缘的山坡地带，以及一级阶地沉积物之中都有分布；辽代的文化遗址主要分布在河流的一级阶地上，在其他地貌面上也有分布。

四、沙地的进退与史前文化的演变

在西拉木伦河流域，有广泛的沙地分布，属科尔沁沙地的西南缘。据前人研究[5、6]，科尔沁沙地形成于晚更新世。在全新世期间，受全球气候波动的影响，科尔沁沙地与我国北方其他沙区一样，有过多次的扩大和缩小，其中发生在全新世大暖期的两次大规模进退对本区史前文化有巨大影响，是促使古代农业兴衰和向畜牧业转化的重要原因。

科尔沁沙地形成之后的第一次大规模收缩出现在8000–5000aB.P.，当时正值大暖期中气候最适宜的时期，本区与我国北方其他沙区一样，广泛发育了全新世大暖期中厚度最大的一层古土壤[7]。在林西县西拉木伦河南岸的马家沟营子，这一层古土壤（黑沙土）厚0.8米，^{14}C年龄为6380±110aB.P.，所含孢粉相当丰富，以草本为主，占97.5%，其中蒿属占89.9%，毛茛科1.5%，紫菀类1.5%，唐松草2.5%，蓝刺头属1.0%；蕨类有喜湿的中华卷柏，占4%；木本仅占0.5%，主要为松科。这一孢粉组合代表了植被比较繁盛的温干疏林草原环境。由于植被覆盖较好，古土壤发育，更新世形成的科尔沁沙地，在此期间趋于固定，沙地面积缩小，以兴隆洼、赵宝沟文化为代表的早期农业在西拉木伦河流域兴起，并在红山文化时期达到相当发达的水平。

在白音长汗围沟遗址，兴隆洼时期的文化层（7800aB.P.左右）中孢粉含量较高，其中草本占91.3%，有蒿属、藜科、菊科等；蕨类有喜湿的中华卷柏、石松等，占7.3%；木本占1.4%，为松属。代表温干的疏林蒿藜草原环境。在敖汉旗小山遗址，赵宝沟时期的文化层（7000aB.P.左右）中，木本植物花粉明显增多，占45.5%，有松属、椴属、栎属和蔷薇科；草本占12.1%，有蒿属、藜科、禾本科和菊科等；蕨类占42.5%，有喜湿的中华卷柏、石松等。代表比较温暖湿润的森林草原环境。在巴林左旗大坝、二道梁子、敖汉旗西台等地的红山时期文化层（5500aB.P.）中，草本一般占70.9%~88.5%，有蒿属、藜科、禾本科、毛茛科和菊科；蕨类占10.3%~26%，有喜湿的中华卷柏、石松等；木本占1.2%~3.1%。代表比较温干的疏林草原环境。文化层的孢粉组合也表明，从兴隆洼文化到红山文化，气候适宜，植物繁盛，沙地趋于固定，是原始农业出现和迅速发展的时期。

沙地的第一次扩展出现在5000-4000aB.P.的小河沿时期。在我国北方沙地可以普遍见到上述古土壤层被厚层风成沙所覆盖。风沙层中夹有2~3层古土壤，是大暖期中最适宜时期结束之后气候逐渐恶化，并具有明显波动的产物[8]。在科尔沁沙地，根据该期风沙层中古土壤夹层的^{14}C年龄分别为5050±180aB.P.、4650±120aB.P.和4470±90aB.P.[9]，推知风沙层的年龄大致在5000-4000aB.P.之间。气候恶化引起的沙地复活和扩大，势必造成农田破坏，可耕地减少，农业经济迅速衰落，红山文化被小河沿文化所取代。小河沿文化不仅在分布范围上远远小于红山文化，而且在文化内涵上也要落后得多，代表着一次文明的退步，土地沙化可能是造成这次文明退步的罪魁祸首。

沙地的第二次收缩出现在4000-3300aB.P.的夏家店下层时期。当时正值大暖期中又一个比较适宜的时期，气候暖湿，波动和缓。西拉木伦河流域与我国北方其他沙地一样，发育了全新世大暖期中另一层较厚的古土壤。武吉华在本区翁牛特旗测得该古土壤层^{14}C年龄为4010±85aB.P和3190±80aB.P[10]。老哈河的玉祥沟，一级阶地沉积物下部黑淤泥层的 ^{14}C 年龄为 3980 ± 80aB.P，其孢粉组合中，草本占 79.7%，其中蒿属占 66.2%，藜 3.8%，菊科 4.2%，禾本科 1.7%，紫菀类 0.4%，豆科 1.3%，麻黄 0.8%，其他 1.2%；蕨类有卷柏和环纹藻，占 1.3%；木本占 19%，主要为铁木，占 10.1%，榛 6.8%，松科 1.7%，桦 0.4%。在敖汉旗喇嘛洞山相当于这一时期的文化层中，孢粉含量较高，其中草本占 72.5%，以蒿属和藜为主；木本占 6.7%，有松科、桦属和栎属；蕨类占 20.8%，有中华卷柏和石松。代表较为温湿的森林草原环境。良好的气候有助于植被的恢复和土壤的发育，沙地趋于固定，沙地面积减少，农田扩大，促进了夏家店下层时期农业经济的发展，并达到空前的水平。

沙地的第二次扩展出现在 3300-2800aB.P. 夏家店上层时期。当时全新世大暖期结束，新冰期来临，气候明显恶化。受全球气候变化影响，我国北方沙地再次复活。在本区，可以见到夏家店下层时期形成的古土壤层普遍被风沙层所覆盖。裘善文在科尔沁左翼后旗老爷庙该期风沙层上覆的古土壤中获得 ^{14}C 年龄数据为 2875 ± 120aB.P.[5]。武吉华在本区林西风沙层上覆的古土壤中获得 ^{14}C 年龄数据为 2950 ± 80aB.P.[10]。在老哈河王祥沟的一级阶地沉积物中，我们测得风沙层上覆古土壤的 ^{14}C 年龄为 2520 ± 80aB.P。根据风沙层上覆古土壤的年龄，推断风沙层堆积的时代在 3300-2500aB.P. 之间。气候恶化是风沙层形成和发展的主要原因。随着风沙层的发育，沙地面积扩大，农田遭到破坏，农业经济迅速衰落，夏家店下层的农业文化被夏家店上层的畜牧业文化所取代（表 2）。

表2　科尔沁沙地进退与史前文化演变

沙地进退	时代/aB.P.	史前考古文化	人类经济活动
第二次扩展	3300–2500	夏家店上层	畜牧业经济
第二次收缩	4000–3300	夏家店下层	发达的农业经济
第一次扩展	5000–4000	小河沿文化	农业经济衰落
第一次收缩	6000–5000 8000–6000	红山文化 兴隆洼和赵宝沟文化	原始农业迅速发展 原始农业出现

五、结论

　　西拉木伦河流域史前文化在空间的分布和时间上的演替，取决于人类自身的进步，也与自然环境有密切的关系。从兴隆洼文化—红山文化—夏家店下层文化，原始农业的不断发展和扩大，主要是人类自身进步的结果，也与广泛的黄土堆积、河流阶地的发育以及全新世大暖期适宜的气候环境有关。而红山文化在极盛时期突然中断和夏家店下层发达的农业文化被夏家店上层的畜牧业文化所取代等文化断层事件，则主要应归结于气候的恶化和沙地的扩展。从本区全新世大暖期沙地的进退与气候波动具有明显的同时性来看，气候的变化是沙地大规模活动的主要原因。气候的变化以及由此造成的沙地扩展，对史前人类的生存环境和经济活动造成很大的影响。

注释

[1] The Remote Sensing Surveying Team on Inner Mongolia Grassland Resources. *Map of Nature and Grassland Resources of Chifeng City, inner Mongolia.* Beijing. Science press.1988. (in Chinese) [内蒙古草场资源遥应用考察队：内蒙古自治区赤峰市自然条件与草场资源地图，北京：科学出版社，1988年。]

[2] Yang Hu. Sequence and Periodization of Archeology Cultures During the Neolithic—Chalcolithic Period in Wester Liaoing Province. *CulturalRelics*. No. 5 (1994), pp. 37~52. (in Chinese) [杨虎：辽西地区新石器—铜石并用时代考古文化序列与分期，文物，1994（5），37~52。]

[3] Butzer K W. *Environment and Archeology,* Chicago, ALDINE Publishing Company, 1964, pp. 402~437.

[4] Liu Guanmin. Flux in the Distribution Region of Differ Archeology Cultures in the Reach of the Xilamulun River in the Reach of the Xilamulun River. In: Su Bingqi ed. *Essays on Archeology(1).* Beijing.Cultural Relics Publishing House, 1987, pp. 53~54. (in Chinese) [刘观民：西拉木伦河流域不同系统考古学文化分布区域的变迁，见苏秉琦主编：考古学文化论集（1），北京：文物出版社，1987年，53~54。]

[5] Gao Shangyu, Jin Heling, Chen Weinan et al. The Desert of Holocene Megathermal in China.In: ShiYafeng ed. *The Climates and Environments of Holocene Megathermal in China.* Beijing.China Ocean Press, 1992, pp. 161~167. (in Chinese) [高尚玉、靳鹤龄、陈渭南等：全新世大暖期的中国沙漠，见施雅风主编：中国全新世大暖期气候与环境，北京：海洋出版社，1992年，161~167。]

[6] Qiu Shanwen. Study on Formation and Evolution of Horqin Sandy land. In: Qiu Shanwen ed. *Formation and Evolution of Natural Environment of Quaternary in Northeast Plain of China.* Harbin. Harbin Map Publishing House, 1990, pp. 185~201.(in Chinese) ［裘善文：科尔沁沙地的形成与演变的研究，见裘善文主编：中国东北平原第四纪自然环境形成与演化，哈尔滨：哈尔滨地图出版社，1990年，185~201。］

[7] Shi Yafeng, Kong Zhaochen, Wang Sumin, et al. Basic Features of Climatic and Environments During Holocene Megathermal in China. In: Shi Yafeng ed. *The Climates and Environments of Holocene Megathermal in China.* Beijing. China Ocean Press,1992, pp. 1~18. (in Chinese) ［施雅风、孔昭宸、王苏民等：中国全新世大暖期气候与环境的基本特征，见施雅风主编：中国全新世大暖期气候与环境，北京：中国海洋出版社，1992年，1~18。］

[8] Qiu Shanwen, Li Qusheng, Xia Yumei, et al. Paleosoil and Holocene Environments in the Sandy Land of Northeast China. In : Shi Yafeng ed. *The Climates and Environments of Holocene Megathermal in China.* Beijing.China Ocean Press, 1992, pp. 153~160. (in Chinese) ［裘善文、李取生、夏玉梅等：东北西部沙地古土壤与全新世环境，见施雅风主编：中国全新世大暖期气候与环境，北京：中国海洋出版社，1992年，153~160。］

[9] Dong Guangrong, Jin Jiong, Gao Shangyu, et al. Climatic Changes Since the Late Pleistocene in Deserts of Northern China. *Quaternary Sciences*, no.3 (1990), pp. 213~222.(in Chinese) ［董光荣、金炯、高尚玉等：晚更新世以来我国北方沙漠地区的气候变化，第四纪研究，1990(3)，213~222。］

[10] Wu Jihua, Zheng Xinshen. The Soil and Vegetation Changes Since 8000aB.P. in Zigzag Area of Farming and the Animal Husbandry During Holocene Period in Northern China. In: Zhou Tingru ed. *Environment Change and Prediction in Zigzag Area of Farming and the Animal Husbandry During Holocene Period in Northern China*. Beijing, Geology Press, 1992, pp. 55~70. (in Chinese) [武吉华、郑新生：中国北方农牧交错带（赤峰市沙区）8000年来土壤和植被演变初探，见周廷儒主编：中国北方农牧交错带全新世环境演变及预测，北京：地质出版社，1992年，55~70。]

原载：地理学报，2000，55（3）：329~336

山东薛河流域全新世地貌演变

◎ 夏正楷

为配合中国国家博物馆和山东大学在鲁西南枣庄薛河流域开展的区域考古遗址调查，我们分别于2010年和2011年以薛河中游为主，开展了该流域的环境考古调查。考察重点是薛河流域的地貌格局和文化遗址分布的关系，试图了解薛河流域全新世地貌演变对区域史前文化发展的影响。

一、薛河流域的区域地貌特征

薛河源于山东省枣庄市山亭区，属山地河流，其上游分东西两支，西支名西江，源自水泉乡柴山前；东支名东江，源自徐庄乡米山顶。东西两支汇合于山亭镇海子村东南，向西流经滕州市、薛城区和微山县，最终注入微山湖。薛河总长81公里，河宽80米~120米，总流域面积约960平方公里，因流经周代的薛国而得名。

薛河自东北向西南从工作区流过，注入南四湖（微山湖），全程大体上可以分为上游、中游和下游三段。其中上游和中游的分界大致在海子—后台村附近，中游和下游的分界大致在北辛—洪林村

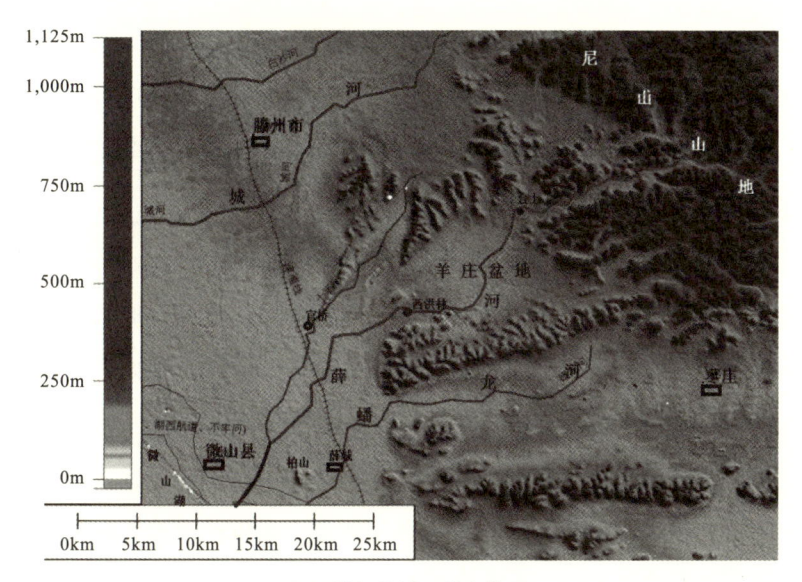

图1　薛河流域三维立体图

附近。不同河段具有不同的地貌特征（图1）。

（一）薛河上游段地貌特征

后台村以上称上游段，这里薛河深切于尼山山地的基岩之中，河床坡度较大，河水流速较急，除山亭区驻地有小片较宽阔的河谷平原分布之外，河谷比较狭窄。

（二）薛河中游段地貌特征

薛河中游流经尼山西麓的羊庄盆地。羊庄盆地是由寒武—奥陶纪石灰岩地层构成的向斜盆地，盆地南北宽约10公里，东西长10公里，底部海拔50米~60米，平面上呈向西南开口的马蹄形。盆地东侧为海拔300余米的尼山山脉，山势比较陡峭，南北两侧为海拔100米~200米的低缓圆浑状石灰岩低山丘陵。羊庄盆地在西南端的洪林村附近变窄，北有落凤山余脉，南有龙山，龙凤对峙，形成宽度不足2公里的东西向谷地，是羊庄盆地的西南出口。薛河从东北端的后台村进入羊庄盆地，南行至陶山后转向西流，最后由此谷地流出羊庄盆地，称薛河中游段。

这里地处构造稳定的鲁西南低山丘陵区，自第三纪以来构造运动一直处于稳定状态，在剥蚀、侵蚀和溶蚀等外营力的共同作用下，形成平缓的石灰岩剥蚀面，呈现一派波状起伏的平原景观，这一平原在成因上不同于外力作用形成的堆积平原，而是基岩被外力作用夷平形成的剥蚀平原，故称"准平原"。薛河中游段流淌在这一准平原之上，河床切割不深，在盆地中形成以平缓的基岩剥蚀面为基底的冲洪积平原，平原上基岩面埋藏浅，沉积物仅厚4米~5米，有的地方可见大面积的基岩裸露，以及突兀于平原之上的基岩孤丘。从羊庄盆地的中心到盆地周边，依次出现冲洪积平原—山前洪积扇—黄土覆盖的丘陵和低山（图2）。

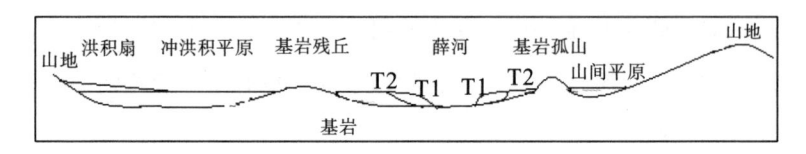

图2 薛河中游断面图

薛河中游段沿河两岸可见两级河流阶地，其中二级阶地（T2）拔河5米左右，阶地面比较宽阔，阶地堆积物主要为细粒的漫滩相沉积，河床相砂砾石不甚发育，底部常有基岩出露，属基座阶地。一级阶地（T1）略低于二级阶地，两者高度相差不大，堆积物也以细粒的漫滩相沉积为主，底部有河床相的砂砾石堆积，砂砾石层之下有基岩出露，也属于基座阶地。由于一级阶地（T1）的基座面与二级阶地（T2）的基座面基本等高，应属于内叠—基座阶地，表明一级阶地（T1）在形成时河流下切的深度恰好达到二级阶地形成时河流的下切深度。通常认为此类阶地的形成与气候变化的关系更为密切，属气候阶地。

薛河的上述两级阶地构成了盆地中部的冲洪积平原，由于基岩埋深很浅，且以石灰岩为主，地下喀斯特发育，基岩面上堆积物不厚，因此尽管这里地势平坦，河流冲积层土质肥沃，但土层相对较薄，基岩漏水严重，地表水缺乏，由此造成的水资源不足，是影响当地古代文化发展的重要原因。

（三）薛河下游段地貌特征

薛河从洪林村出羊庄盆地西南口之后，北面有支流——沂河（其中下游又称小魏河）在西康留村附近汇入，共同形成复合型冲积扇平原，其中薛河洪积扇的扇顶在洪林村附近，沂河洪积扇的扇顶在大韩村附近，扇缘大致在50米等高线附近（官桥镇—柴胡店一线），冲积扇坡度较缓，平面形态不甚明显。洪积扇平原上保留有薛河故道，位于现代薛河（称新薛河）以北1.5公里处，沿故道两岸可见两级河流阶地，与盆地内薛河的两级阶地彼此相连，其中二级阶地的堆积物略有变粗，出现较多的砂层，靠近底部还普遍见有一层灰褐色的湖沼相堆积。由于这里属于中、上游水系汇聚的地方，地表水和地下水都比较丰富，比较适宜于人类居住。而沿新薛河两岸，没有见有阶地发育，河道所揭示的均为二级阶地的堆积物，说明新薛河河道是开挖在薛河二级阶地之中的人工渠道，其年代很晚，是1957—1958年兴修水利的产物（图3）。

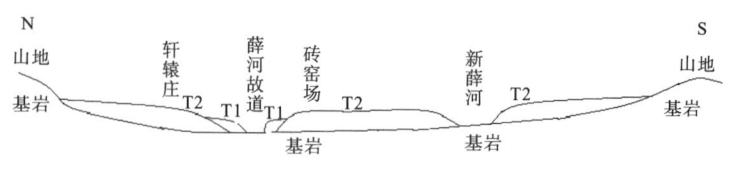

图3 薛河下游冲积扇剖面

冲积扇平原向西为山前冲洪积平原。冲洪积平原海拔高程在40米~50米之间，这里地势东高西低，略向西南倾斜，坡度约在1/2000~1/4000之间，是南四湖与尼山西侧之间南北延伸的汶泗剥蚀冲积平原的一部分。这一地区平原面略有起伏，平原、高阜和洼地相间出现，其分布格局大致呈东北—西南向排列，与现代河流走向基本一致。平原的基底仍是基岩剥蚀面，但受峄山断裂（通过官桥西的南北向正断层）的控制，剥蚀面埋藏较羊庄盆地要深，基岩面之上覆盖有十余米到数十米的冲洪积层，其中夹有较多厚度不一、规模不等的砂质透镜体，属古河道堆积，目前是当地村民采砂的场所。个别地区见到有低缓的基岩残丘突兀在平原之上。表明这一地区属沉降区，剥蚀面埋藏较深，第四纪堆积较厚，河流改道频繁，古河道发育。沿薛河故道，即现在的小魏河，河谷宽浅，沿河仅见拔河高程仅2米~3米的一级阶地（亦即平原面），二级阶地不发育，这可能与这里地处沉降区，二级阶地被一级阶地堆积物埋藏有关。山前冲洪积平原地势开阔，土层较厚，地下多砂层，浅层地下水丰富，适宜于古代人类居住。但由于二级阶地属埋藏阶地，故一般的地面考古调查难以发现分布在埋藏阶地面上的古代文化遗存（图4）。薛河故道以东1.5公里~2公里为新薛河，是后期开挖的人工河道。

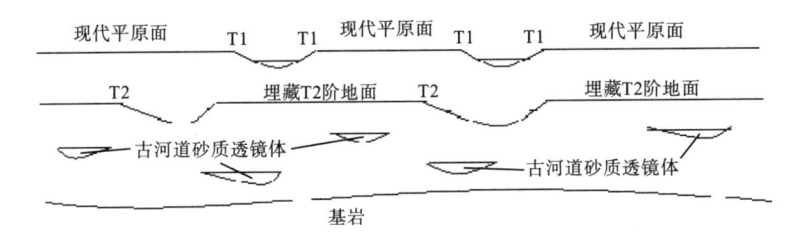

图4 薛河下游冲洪积平原地貌结构示意图

山前冲洪积平原向西南方向过渡为薛河等河流和南四湖共同形成的三角洲平原。这里地势平坦，海拔高程在34米~40米之间。受差异性断块活动的影响，这里基底埋深更大，第四纪堆积物厚度大于60米，湖区最厚可达180米左右，主要由冲洪积物和湖沼堆积组成，说明第四纪时期（包括全新世的新石器时代），这里属南四湖断陷洼地，来自断陷洼地西侧的黄河三角洲与东侧的尼山西麓诸多山地河流三角洲或冲积扇在此交汇，堆积了厚层的河湖相沉积。张祖陆等人的研究表明，现代南四湖的雏形最早出现于2450aB.P.（相当于东周），统一大湖形成于200-170aB.P.（清朝道光年间），并延续至今。在南四湖东岸，由于河流和湖泊的共同作用，形成三角洲平原，平原地势低下，河流纵横，河道宽浅，每逢汛期，湖水上涨，河湖泛滥，水患严重，目前平原上普遍发育有一层厚约1米左右的湖积层（或泥炭层），被认为是近现代南四湖泛滥的产物。自历史时期以来，人们在开发利用这块土地的过程中，修筑了大量的人工堤坝和渠道，以防水患之害（图5）。

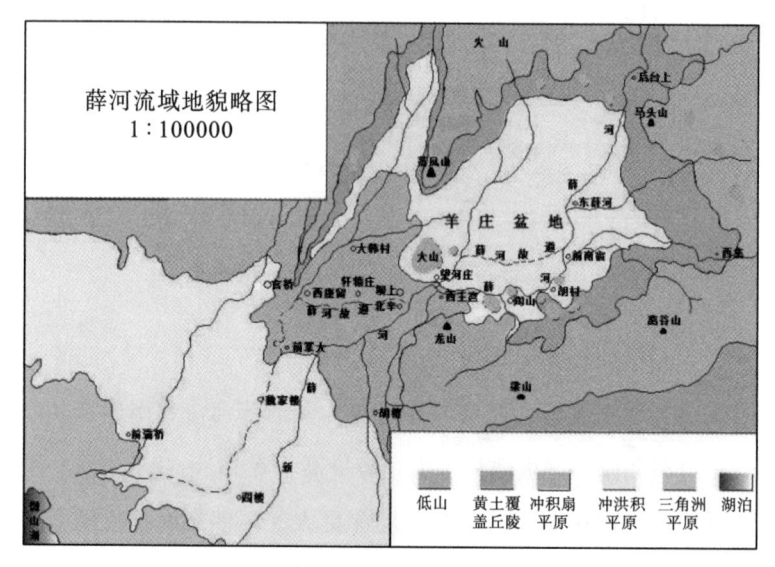

图5 薛河流域地貌图

二、遗址的分布空间格局

（一）主要遗址的地貌分析

人类对于栖息地的选择，首先考虑的是地貌环境，尤其是在新石器时期，农业生产的发展和定居的生活方式，要求先民们更加注重对栖息地宜居性的考虑。遗址的地貌分析，就是通过遗址分布的地貌部位分析，复原人类居住时期的生态环境，包括地貌、水文和植被等，探讨地貌演变过程对遗址分布的影响。薛河中、下游段不但遗址数量丰富，延续时间比较长久，而且地貌结构清楚，是开展遗址地貌分析的良好场所。为此，我们配合本次流域考古调查，选择了部分遗址，进行了遗址地貌分析（图6）。

图6　薛河流域的主要遗址分布
(图中黑点表示主要遗址位置，黑长方形表示现今村落)

1. 胡村遗址

位于羊庄盆地东南东胡村西北约150米的薛河东岸，地理坐标：34°55′51.83″N，117°17′39.07″E。其东紧靠海拔99米的石灰岩孤丘（豹山）。薛河从北而来，到此突然转向西流，河流水量不大，床面上基岩裸露。

遗址西北的薛河东岸发育有两级河流阶地，其中二级阶地（T2）高于河床5米左右，为基座阶地，基座由灰岩组成，阶地堆积物主要为漫滩相的黄褐色黏质粉砂，底部为河床相的砂砾石，呈明显的二元结构，厚5米左右。在二级阶地（T2）的上覆堆积物中发现有大汶口时期的文化层和龙山、岳石和商周时期的文化遗物，总厚1米~2米，分布面积约1万平方米。在阶地堆积物中没有发现文化遗物。一级阶地（T1）略低于二级阶地，高于河床不足5米，阶地堆积主要为褐灰色黏质粉砂—粉砂质黏土，底部为砂砾石，堆积物之下偶有石灰岩出露，与二级阶地（T2）的基座面以及基岩河床共同构成一个统一的略有下凹的基岩面，属内叠阶地。由于二级和一级阶地的阶地面和缓过渡，形成一个缓倾斜的平台，其间没有明显的地形转折或陡坎出现，因此两者在形态上不易区别，野外主要根据阶地堆积物的性状，尤其是颜色加以辨认：二级阶地（T2）堆积物主要为黄褐色，而一级阶地（T1）堆积物主要呈褐灰色，两级阶地之间的侵蚀面不甚清楚。我们在一级阶地（T1）的阶地堆积物底部，发现有大汶口晚期的陶片，中部发现有龙山时期的陶片，顶部发现有岳石时期的陶片（图7）。

以上情况说明，胡村二级阶地（T2）至少形成于大汶口文化之前，从大汶口到商周时期，人类一直生活在这一级阶地面上，这里土地肥沃，汲水方便，又无洪泛之患，可以定居和从事农业活动。至于目前见到一级阶地（T1），当时还没有形成，还是经常遭受季节性洪水泛滥侵袭的河漫滩环境，从大汶口到岳石时期，先民们也可以在河流的平水期到漫滩上活动，但这里的生活环境极不稳定，不适宜于人类长期居住和从事农业生产活动，因此只能是流动一半

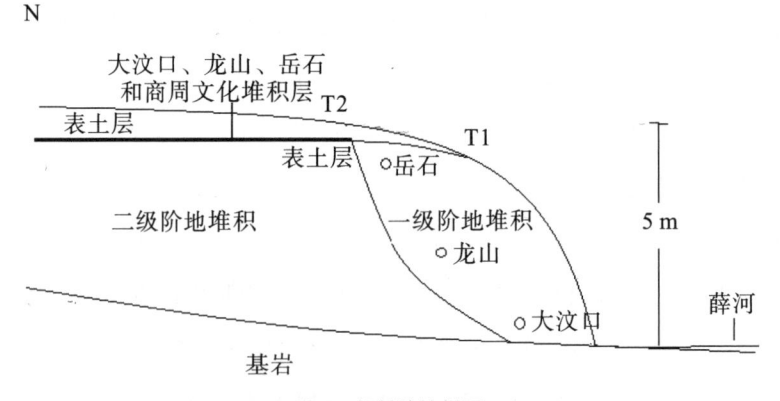

图7　胡村阶地剖面

定居的人类活动场所。根据靠近一级阶地（T1）堆积物顶部发现有岳石时期的遗物，推测一级阶地（T1）形成于岳石文化之后，阶地的形成为历史时期的先民提供了适宜的定居环境，岳石文化时期之后的先民们，不仅在原有的二级阶地（T2）上生活，也可以到新生的一级阶地（T1）上定居生活。

2. 陶山遗址

陶山遗址位于羊庄镇陶山村周围，地理坐标：34°55′54.75″N，117°20′25.36″E。其东南有一海拔153.3米的孤丘（陶山），薛河绕孤丘北侧流过，河床上见有基岩大面积出露。

在陶山村东，薛河两岸发育有两级阶地，其中二级阶地（T2）高出河床约5米，主要由黄褐色黏土质粉砂组成，阶地顶面上覆盖有含龙山时期陶片和东周时期灰坑的文化层。说明龙山时期与东周时期的先民曾经在二级阶地（T2）的阶地面上生活（图8）。

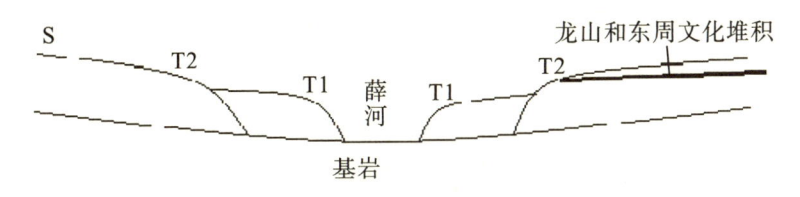

图8　陶山遗址示意剖面图

3. 坝上遗址和北辛遗址

坝上遗址位于官桥镇坝上村西薛河故道北，地理坐标：34°55′45.85″N，117°16′45.66″E。北辛遗址位于薛河故道南，两者隔河相望。

这一带薛河故道的河谷形态保留得比较完整，在河谷南北两岸均发育有一级高于河床5米左右的阶地，南岸阶地前缘北岸略低1

米，可能与后期破坏有关。阶地堆积物均由黄褐色黏质粉砂组成。根据区域对比，可以认为属于薛河的二级阶地（T2）。在北岸二级阶地（T2）的阶地面上分布有北辛文化、龙山文化、岳石文化时期的遗物，大汶口文化的遗物发现很少，都是一些散点，西周和汉代发现有文化层，称坝上遗址。南岸的二级阶地（T2）面上分布着大汶口文化遗迹、龙山文化的遗物以及汉代的文化层，称北辛遗址。在两地的二级阶地堆积物中都没有发现文化遗物或文化遗迹。说明二级阶地形成于北辛文化时期之前，北岸的二级阶地（T2）面上从北辛—大汶口—龙山—岳石以及西周和汉代一直有先民们生活。而南岸的二级阶地（T2）面上有大汶口—龙山以及汉代的先民生活（图9）。沿薛河故道还有一级阶地（T1）断续分布，但发育不佳，阶地堆积以灰褐色粉砂质黏土为主，其中没有发现文化遗存。

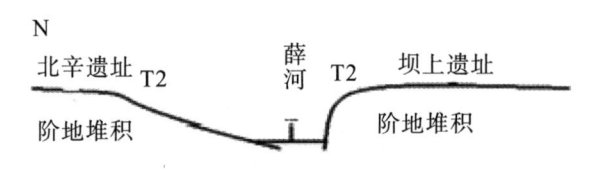

图9　坝上遗址和北辛遗址剖面图

　　坝上遗址位于薛河北岸二级阶地面上，包括北辛、大汶口、龙山和岳石、西周、汉代文化遗存；北辛遗址位于薛河南岸二级阶地面上，包括大汶口、龙山和汉代文化遗存。

4. 大康留东北遗址

主要位于官桥镇轩辕庄薛河故道南岸，海拔50米左右的河流二级阶地上，地理坐标：34°55′31.04″N，117°15′22.69″E。在遗址附近的废弃砖窑，可以见到人工开挖的二级阶地完整堆积剖面，剖面厚5米以上。根据我们的野外观察，并结合郭明建等人的考古发掘情况，可以把剖面划分上下两部分（图10）。

上部：

（1）表土层：黄褐色—灰褐色粉砂质黏土。上部无包含物，下部混杂有较多的碎小陶片和石块。此层下开口的遗迹有汉代、唐代和宋元的灰坑多处，以及瓦砾层，为近现代堆积。厚50厘米左右。

（2）红褐色粉砂质黏土。质地较疏松，此层包含物很少，推测其形成年代可能为东周时期或更晚。厚30厘米~70厘米。

（3）褐红色—红褐色砂质黏土。土质较硬，本层东段包含物较少，仅发现有少量岳石文化的陶片，西段含较多的岳石时期的陶片，并有岳石文化和龙山文化的灰坑开口于本层之下，推测本层年代应属龙山晚期—岳石文化。底面不平整，为二级阶地的阶地面。总厚100厘米左右。

下部：

（4）棕黄色—黄灰色黏土质粉砂—细砂，质地较硬，其中夹有3~4层中粗砂层和透镜体，为河流堆积。此层包含物极少，仅在个别地点的砂层中发现含有少量"疑似"龙山时期的小陶片，推测本层中可能包含有龙山晚期的河流堆积。厚30厘米~80厘米。

（5）黑褐色粉砂质黏土，有机物含量较高，颜色较暗，质地坚硬，裂隙发育，为漫滩堆积或泛滥平原堆积，其中未发现文化遗物。厚50厘米。

（6）棕黄—棕红色黏土质粉砂—粉砂质黏土，具有不明显的微细层理等水成黄土的特征，为阶地堆积。其中未见文化遗物。根据区域对比，本层的形成年代可能与鲁北大辛庄遗址的黑色淤土层相当，年龄大致在距今9000—8000年前后。可见厚度大于100厘米，未见底。

本剖面下部的第4层、第5层和第6层为河流沉积，属于二级阶地（T2）的堆积层，其中第4层顶面即为二级阶地（T2）的阶地面。剖面上部的第1层和第3层中分别含有东周时期和岳石时期的陶片，并有汉代灰坑开口于第1层之下，有岳石和龙山时期的灰坑开口于第3层之下，应该属于覆盖在二级阶地面之上的龙山晚期—汉代的文化堆积。说明阶地应形成于龙山时期或更早，至少在龙山晚期人类开始在二级阶地（T2）面上生活，从龙山晚期开始直到汉代这里一直是先民们生活的地方。至于在阶地堆积（第5层）中发现的少量疑似龙山文化时期的陶片，这一情况有悖于根据其他遗址地貌调查得出的薛河二级阶地形成于北辛初期的结论，由于目前第5层阶地堆积中发现的陶片数量极少，性质尚难确定，此矛盾的解决还有待进一步的工作。

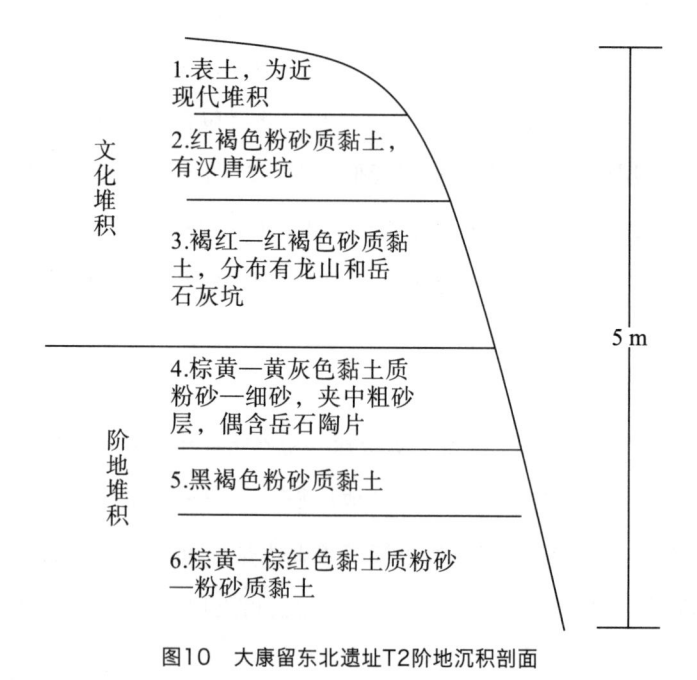

图10　大康留东北遗址T2阶地沉积剖面

5. 前坝陵桥（前坝桥）遗址

这里属于薛河下游的冲洪积平原前缘。该遗址位于张汪镇前坝桥村西50米的薛河二级阶地（T2）的阶地面上。阶地堆积物主要为较厚的砂层，是当地村民挖沙的场所。在二级阶地（T2）的阶地面上，分布有大汶口时期的灰坑，其中文化遗存比较丰富。而组成阶地的砂层中没有发现文化遗存。说明阶地形成于大汶口时期之前，大汶口时期的先民已经在二级阶地（T2）上生活。

（二）遗址分布与地貌演变的关系

以上有关主要遗址的地貌分析表明，薛河流域的遗址具有如下的分布规律：北辛—岳石时期的人类遗址集中分布在薛河两岸的二级阶地（T2）阶地面上和一级阶地（T1）的堆积物之中，在二级阶地（T2）的堆积物中没有发现这一时期的文化遗址。（至于目前在阶地堆积中见到的极个别后李、北辛和大汶口时期的遗物，与此结论存有一定的矛盾，有待对其性质和出土层位的进一步厘定。）而商周—秦汉时期的遗址在二级阶地（T2）和一级阶地（T1）的阶地面上都有分布，但在一级阶地（T1）的堆积物中没有发现这一时期的文化遗物。

根据区域地貌调查和遗址地貌分析的结果，我们可以把全新世薛河的发育过程划分为5个阶段，上述人类遗址的分布规律明显受这5个演化阶段的控制。

1. 薛河早期河漫滩发育时期（后李时期）

鲁西南地区属于山东准平原的一部分，晚新生代以来，这里始终处于构造稳定的状况，长期的风化侵蚀作用形成了波状的准平原地貌，地势起伏不大，基岩裸露，缺乏第四纪沉积。

在全新世之初，古薛河出现，它蜿蜒在这一准平原上，下切作用比较微弱，因此河床比较宽浅，床面基岩裸露，是河漫滩发育的时期，这一过程一直延续到后李文化时期之末，在基岩面上形成了厚约4米~5米的河漫滩堆积层。在这一时期，已经有先民来到羊庄盆地，他们生活在古薛河的河漫滩上，从事渔猎和采集活动，由于河漫滩经常会受到季节性洪水的威胁，因此，古人需要不断改变自己的栖息地，过着半定居的生活（图11）。

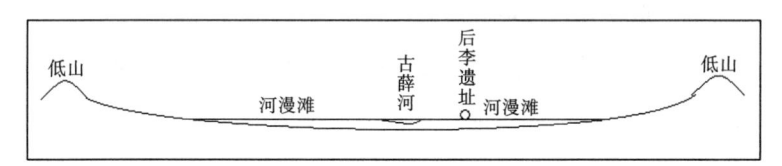

图11　后李文化时期的古地貌
（古薛河河漫滩发育时期）

2. 薛河第一次下切时期（北辛之初）

在北辛时期之初，古薛河发生了第一次比较强烈的下切，下切幅度在5米左右，河流切穿漫滩堆积层，达到下伏的基岩面。这一次下切使早期的河漫滩转变为河流阶地，也就是现今的二级阶地（T2）（图12）。

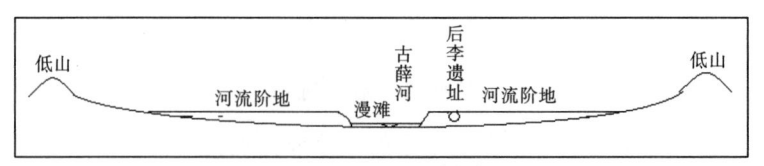

图12　后李—北辛期间的古地貌
（古薛河第一次下切和阶地形成）

3. T2阶地出现和新河漫滩发育时期（北辛—岳石时期）

北辛期间之初由于河流下切形成的薛河河流阶地（T2），不但地势平坦广阔，冲积物土质肥沃，而且取水方便，无水患之害，为先民的生活和生产活动提供了适宜的环境，从北辛开始直到岳石文化时期，人们一直定居在这一级阶地面上，从事以农业生产为主的生产活动。与此同时，在薛河下切形成的新河道中，河流加积作用再次活跃，在河床两侧形成新的河漫滩，北辛—大汶口—龙山—岳石的先民们有时也会到漫滩上活动，并在漫滩堆积层中留下自己活动的遗迹（图13）。

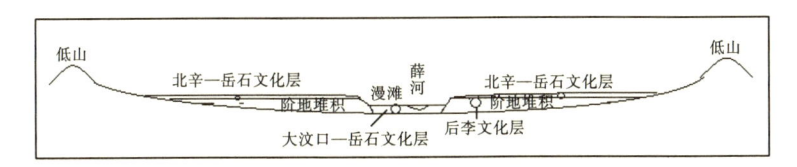

图13　北辛—岳石期间的古地貌

（薛河漫滩堆积时期。北辛—岳石时期的人类遗址主要分布在二级阶地面上，漫滩堆积中也有少量分布。）

4. 薛河再次下切时期（岳石时期晚期）

岳石晚期，古薛河又一次下切，这一次薛河下切的幅度与前一次相当，下切深度再次达到基岩面。北辛—岳石时期的河漫滩转变为一级阶地（T1），并形成新的薛河河道（图14）。

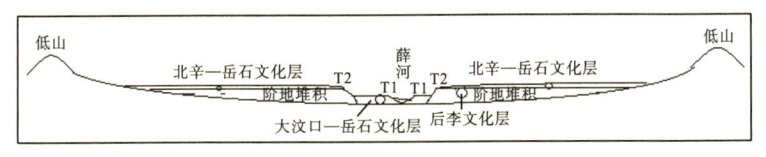

图14　河流二次下切和一级阶地形成

5. T1阶地出现和现代漫滩发育时期（商周—现代）

薛河于岳石时期晚期的下切造就了一级新的阶地（T1），拓宽了人类生活的空间，商周—现代的人类不仅继续生活在二级阶地面上，而且也生活在一级阶地面上。但由于一级阶地规模比较狭小，因此二级阶地仍是历史时期至今人类的主要活动场所（图15）。

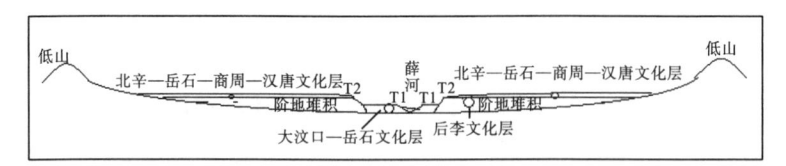

图15　商周—汉唐时期至今的地貌
（商周—汉唐人类遗址主要分布在二级阶地和一级阶地面上）

三、古文化分布特征的区域差别

薛河流域古文化遗址的区域调查表明，由于所处区域地貌特征的不同，不同地貌区的文化发展状况也有明显的差异（表1、2）。

表1　薛河流域遗址统计表（据郭明建编制）

文化时期			后李	北辛	大汶口	龙山	岳石	商	西周	东周	秦汉
薛河中游	山前洪积扇	前台上		Ⅱ2		Ⅱ2		Ⅱ3-4		Ⅰ1	Ⅲ10-15
		后台上				Ⅲ10			Ⅱ2	Ⅱ8-13	Ⅰ1
		西集					Ⅰ1		Ⅱ2	Ⅰ1	Ⅲ40
		前沙冯						Ⅰ1	Ⅰ1	Ⅰ1	Ⅰ1
		东江							Ⅲ5-10	Ⅲ20-30	Ⅲ20-30

续表

文化时期			后李	北辛	大汶口	龙山	岳石	商	西周	东周	秦汉
薛河中游	山前洪积扇	民悦庄			Ⅰ1	Ⅰ1			Ⅰ1	Ⅰ1	Ⅰ1
		范村			Ⅰ1					Ⅱ8-13	
	冲洪积平原	宋屯东								Ⅰ1	Ⅱ4-6
		庄里								1	Ⅰ1
		东薛河								Ⅰ	Ⅲ20-30
		前南宿					Ⅱ4-5			Ⅰ1	Ⅰ1
		西南宿								Ⅰ1	
		朱家屯								Ⅰ1	Ⅰ1
		南台									Ⅰ
		胡村			Ⅲ10	Ⅰ1		Ⅰ1	Ⅰ1	Ⅰ1	Ⅱ4-6
		庙后南								Ⅰ1	
		杜家堂	Ⅰ1		Ⅱ2-4	Ⅰ1		Ⅰ1			
		土城西						Ⅰ1			
		洪村南								Ⅰ1	Ⅰ1
		洪林北								Ⅱ8-13	
		昌虑								Ⅳ100	Ⅳ130
		陶山				Ⅰ1			Ⅱ2	Ⅲ20-30	
		张庄北							Ⅰ1		
		王杭南									Ⅰ1
		羊庄西									Ⅰ1
薛河下游	冲积扇平原	西王宫			Ⅲ10	Ⅱ	Ⅱ4-5	#	Ⅲ5-10		Ⅲ10-15
		东莱东									Ⅰ1
		望河庄			Ⅰ1		Ⅰ1		Ⅰ1	Ⅰ1	
		西台西							Ⅰ1	Ⅳ90	Ⅲ20-30

续表

文化时期			后李	北辛	大汶口	龙山	岳石	商	西周	东周	秦汉
薛河下游	冲积扇平原	王庄北							Ⅲ25	Ⅳ300	
		北辛		Ⅲ7	Ⅱ2-4	Ⅰ1					Ⅰ1
		大康留							Ⅲ5-10		Ⅰ1
		西康留		Ⅱ2	Ⅲ10	Ⅱ2	Ⅰ1		Ⅰ1		Ⅰ1
		大韩村				Ⅲ40			Ⅰ1	Ⅲ60	Ⅰ1
		车公桥			Ⅰ1	Ⅲ13	Ⅰ1				
		南辛南							Ⅰ1	Ⅰ1	Ⅰ1
		胡楼北							Ⅰ1		
	冲洪积平原	西王庄							Ⅰ1	Ⅳ1250	
		前掌大						Ⅲ50	Ⅳ200		Ⅳ830
		于屯									Ⅰ1
		辛庄									Ⅰ
		大庙									Ⅰ
		后黄庄						Ⅱ3-5	Ⅲ5-19	Ⅲ20-30	Ⅰ1
		杨庄南							Ⅰ1		Ⅰ1
		孔庄									Ⅲ20-30
		西仓							Ⅱ8-13		Ⅲ10-15
		五所楼									Ⅰ1
		阎楼									Ⅰ1
		段楼									Ⅰ1
		小辛庄									Ⅰ1
		杜村东								Ⅰ1	
		前灞桥			Ⅰ1					Ⅰ1	Ⅰ1
		后湾			Ⅰ1						
		陈楼								Ⅰ1	Ⅱ4-6
遗址总数			1	9	20-25	25-30	20	30	40-45	70	130

注：表中罗马字代表遗址规模等级，阿拉伯字代表遗址面积，单位万平方米。

（一）上游段

多山地峡谷，不利于古人生活，古代人类主要集中在面积较小的山亭盆地，由于遗址数量相对较少，本次调查没有涉及。

（二）中游段

薛河中游主要位于羊庄盆地，属山间盆地，薛河从盆地东侧和南侧通过。

盆地边缘地带为山麓剥蚀面，其上分布有黄土覆盖的孤立残丘以及山地河流形成的洪积扇，这里黄土堆积覆盖广泛，适宜于旱作农业，因此在新石器时期就一直有人类活动，在龙山时期还出现有较大的Ⅲ级聚落。历史时期，这里的遗址数量增多，至东周和秦汉时期出现多个较大的Ⅲ级聚落。

盆地中心为广阔的冲洪积平原，地势平坦，虽土层不厚，但土质比较肥沃。从后李到秦汉时期，都有先民在羊庄盆地中生活，他们主要定居在薛河两岸的二级阶地上，从事农耕生活。由于基岩埋藏较浅，且以石灰岩为主，漏水严重，再加上土层较薄，这里水资源比较短缺，并直接影响到古文化的发展。通常情况下，只有在气候环境较好的时期，区内文化才会出现较大的发展。例如，大汶口时期处于全新世大暖期，遗址数量就相对较多，并出现有较大的Ⅲ级聚落；而相对比较暖湿的秦汉时期，遗址数量再一次明显增多，而且出现了多个Ⅳ级聚落和Ⅲ级聚落，甚至出现了昌虑故城（东周和秦汉）这样的大型城邑。除了社会政治原因之外，良好的气候环境所导致的水资源状况改善，可能是区域内文化发展的重要原因。

（三）下游段

包括冲积扇平原、山前冲洪积平原和湖泊三角洲平原三部分。

薛河出山后和沂河汇合共同形成冲积扇平原，虽然两山相夹的喇叭形地貌使这里地势不够开阔，但由于上游的水系多汇聚于此，因此冲积扇堆积厚度较大，且冲积扇后缘山麓地带黄土分布广泛，因此这里的水土条件较好，是人类活动比较集中的地区。在新石器时代，从北辛—岳石时期一直都有人类活动。尤其是大汶口和龙山时期，不但遗址数量较多，而且出现有多个Ⅲ级聚落，其中北辛—大汶口时期遗址主要分布在薛河冲积扇顶附近的坝上—北辛一带，而龙山时期的遗址除在薛河冲积扇有分布之外，主要集中到沂河冲积扇顶的大韩村—东公桥一带。进入历史时期之后，在岳石—商代时期，区域内遗址数目锐减，仅沿薛河有少量遗址分布，直到西周以后，这一地区人类活动才再次兴旺起来。其中西周时期遗址主要集中在薛河两岸，到东周时期，遗址数量达到高峰，并扩张到整个冲积扇，秦汉时期规模缩小，出现向沂河冲积扇集中的趋势。

冲积扇之外的山前洪积倾斜平原区，地势开阔，地面波状起伏，基岩埋藏较深，沉积地层较厚，多埋藏古河道，水资源丰富，水陆交通方便，适宜于进行大规模的农业生产和人员往来，也有利于较大城镇的建立。目前在这一地区发现的新石器时期遗址较少，仅在薛故城曾发掘到较大的龙山文化聚落，调查过程中也发现一些北辛和大汶口文化遗址和遗物，可能与这里地处沉降带，二级阶地（T2）都被深埋于平原之下有关。到历史时期，这里一级阶地广泛发育，形成广阔的平原面，在商代—西周时期，薛河西岸的魏家楼一带，出现了遗址的集中分布区；东周时期，在此建立了相当规模的薛国都城；秦汉时期，以薛国故城为中心，遗址数量大增，几乎遍布整个冲洪积平原。

靠近湖区的湖泊三角洲平原，新石器时期，这里地势更加低洼，诸多河流汇聚，再加上黄河三角洲的影响，不适于人类生活。到历史时期，南四湖出现，受黄河影响，湖泊水位变化频繁，水患严重，也不适宜于人类生活。因此，这一地区虽然也发现有各时期的遗址，其中以商周遗址较多，也有大汶口文化遗址，但相对于全区来讲，仍是遗址数量较少的地方。

表2　薛河流域不同地貌部位的文化遗址分布特征

河段	下游段			中游段	
	下	中	上	盆地中部	盆地周边山麓
地貌部位	三角洲平原	山前冲洪积平原	冲积扇	冲洪积平原	黄土丘陵
秦汉	无	极多，几乎遍及整个平原，但邑都规模有所变小	极多，整个冲积扇都有分布，以沂河出口地带最为集中	较多，几乎遍及整个盆地，以薛河两岸最为集中	多，集中沿山麓黄土丘陵分布
东周	无	极多，建有相当规模的邑都——薛城	极多，整个冲积扇都有分布，以薛河和沂水两岸最为集中	极多，沿薛河上下两岸分布，建有昌虑邑都	多，集中沿山麓黄土丘陵分布
西周	较多	多，在薛河两岸出现遗址集中分布区	多，沿薛河集中分布，沂河也有分布	多，沿薛河成片出现	
商	较多	明显增多，出现遗址集中分布区	较少，沿薛河分布	较多，沿薛河分布	
岳石	无	较少	明显减少，沿薛河分布	较多，沿薛河分布	
龙山	无	较前增多	多，集中在沂河冲积扇，薛河两岸也有分布	较多，沿薛河分布	

续表

河段	下游段			中游段	
	下	中	上	盆地中部	盆地周边山麓
大汶口	个别	较少	较多，集中在薛河两岸	较多，集中在和薛河两岸	集中沿南山山前黄土丘陵
北辛	无		一般，集中在薛河冲积扇扇顶	少量	
后李	无		无	个别	无

以上情况表明，薛河流域从新石器—历史时期的文化遗址，主要集中在中游羊庄盆地的薛河沿岸和周边黄土丘陵、下游的薛河—沂河冲积扇平原和山前冲洪积平原中部等三个地区。其中羊庄盆地薛河沿岸和周边黄土丘陵，从大汶口开始到秦汉一直有较多的遗址分布，进入西周之后，遗址不但数量明显增多，而且成片集中分布，遗址分布范围逐渐扩大到整个盆地，在东周还形成了都邑遗址；薛河—沂河冲积扇平原从北辛开始有遗址分布，主要分布在薛河冲积扇扇顶的薛河沿岸，龙山时期向沂河冲积扇转移，岳石—商时期冲积扇上遗址分布范围变小，数量减少，西周时期出现遗址趋于集中的现象，东周—秦汉时期遗址数量猛增，且扩张到整个冲积扇；山前冲洪积平原新石器时期的遗址数量较少，商代遗址数量有所增多，且集中分布在平原中部地区，在西周—汉唐时期不但遗址数量剧增，而且扩展到整个平原，在东周时期还出现了大型都邑遗址——薛城遗址。

试比较薛河流域不同地段新石器时期和历史时期的人类活动情况，可以看出，薛河流域的人类活动始于后李时期，在后李—龙山时期，主要以中游的羊庄山间盆地为中心，向西延伸到盆地出口处之外的冲积扇平原。岳石—商时期，流域内遗址数量明显减少，西周之后，薛河不同地段普遍出现遗址数量明显增多，集中成片分布日趋明显的状况，这种变化以冲洪积平原最为明显，这里不但遗址数量较新石器时期有极大的增长，而且遗址分布范围宽，集中成片分布明显，出现大型邑都。说明在新石器时期，受区域地貌特征的影响，先民们主要选择地势较高的薛河中游羊庄盆地生活，这里水资源比较短缺，史前文化的发展明显受到气候变化的影响。到历史时期，随着薛河下游地貌环境的改善，人类的活动中心开始从相对比较闭塞狭小、水土条件较差的山间盆地转移到地势开阔、水土条件较好的山前冲洪积平原，文化得到极大的发展。

原载：山东薛河流域系统考古调查报告，科学出版社，2016，359~371

豫西—晋南地区华夏文明形成过程的环境背景研究
◎ 夏正楷

位于我国黄河中游的豫西—晋南地区，是华夏文明的发祥地。这里得天独厚的自然条件，为人类的生息繁衍提供了一个十分有利的生态环境。先民们栖息在这块土地上，用自己的智慧和力量，利用自然，改造自然，创造了灿烂的古老文明。华夏文明的起源和发展，有其自身演化的内在规律，但也有一定的自然环境的配合，自然环境是文明起源和发展的重要条件[1]。

一、豫西—晋南地区的自然地理环境

豫西—晋南地区位于我国中部，大致范围在34°~36°N、110°~114°E之间，这里地理位置适中，又集地貌过渡带、气候过渡带和植被过渡带于一身，自然条件得天独厚，为华夏文明的起源提供了一个十分有利的生态环境[2]（图1）。

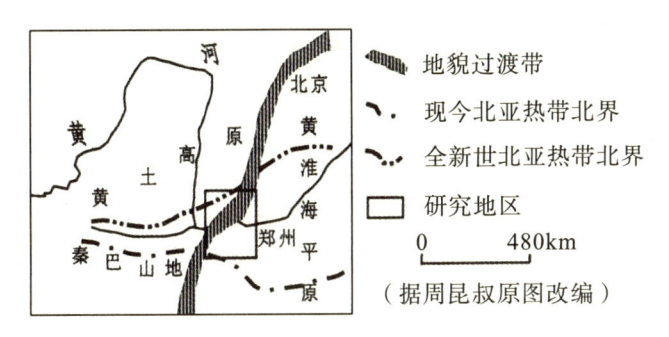

图1　豫西—晋南地区的地理环境背景

（一）地貌过渡带

豫西—晋南地区地处我国地貌二级阶梯和一级阶梯的过渡带中段。该过渡带大体呈北北东展布，此带以西为海拔1000米~2000米的黄土高原和秦巴山地，以东为海拔500米以下的黄淮海平原，从西到东，地形骤然下降，依次出现中山—低山—台地—丘陵—平原。同时本区又处于北北东向新华夏构造体系与东西向纬向构造体系的交界地带，区内山岭和盆地大体呈近东西走向相间出现，伊河、洛河、黄河和涑水河等众多河流贯穿其间。由此造成本区独特的地貌格局和复杂多样的地貌组合，为古代先民提供了多种多样的生态环境和活动空间[3]。

与此同时，地貌过渡带作为一道近北北东走向的地形屏障，它横亘在我国冬季风的主要通道上，地形的阻挡导致由西北方向吹来的黄土粉尘在山地的东南一侧（背风坡）发生堆积，形成大面积的黄土覆盖。据统计，黄土覆盖区约占本区面积的一半以上。黄土质地疏松，堆积面平坦，有利于原始的锄耕农作。黄土本身又富含植物生长所需要的各种元素，在此基础上发育的土壤有很好的肥力，可以保证在原始社会生产力十分低下的情况下获取较好的收成[4]。黄土堆积为豫西—晋南地区早期农业的起源和发展提供了重要的土地资源。目前区内发现的绝大多数史前文化遗址都分布在黄土塬、黄土台塬、黄土丘陵和黄土阶地等地貌单元上，表明人类早期的农业活动与黄土堆积有十分密切的关系。

（二）气候过渡带

豫西—晋南地区属北暖温带南部，亚热带北界从本区南缘通过，年均温度为13.6℃，年较差达27.6℃，≥10摄氏度积温为4600℃，年平均降雨量为550毫米~600毫米，主要集中在夏天。地貌过渡带在地形上的屏障作用，有利于这一地带夏季降雨的增加，而明显坡降所产生的焚风效应又有助于背风坡冬天温度的升高。因此，丰富的水热资源和合理的季节分配，使本区非常适宜人类生活和农作物生长[5]。

本区地处34º~36ºN、110º~114ºE之间，适中的地理位置使史前气候的波动对本区影响甚微。资料表明，在全新世期间，暖温带与亚热带界线的南北移动范围在本区不超过3~4个纬度，森林与森林草原界线的东西移动也不超过3~6个经度。因此，在史前时期，本区气候基本上在亚热带湿润季风气候和暖温带半湿润—半干旱季风气候的范围之内变动，没有出现过十分寒冷干燥的恶劣环境[6]。在这样的气候背景下，豫西—晋南地区的史前文化一直处于持续发展之中，基本上不存在由于环境极端恶化而造成的文化中断现象。

（三）植被过渡带

受气候带的控制，目前亚热带常绿落叶阔叶林与暖温带半湿润落叶阔叶林的分界线从本区的南边通过，本区的优势植物主要是华北区系成分[7]。在第四纪期间，由于气候的变化，也有一些其他植物区系，如华西植物区系、东北植物区系和西北植物区系成分的加入，使本区成为多个植物区系交汇的场所，区内植物种属繁多。再加上本区地处地貌过渡带，地势起伏较大，地貌类型复杂的生态环境有利于生物多样性的形成和保存，为人类的生存和发展提供了丰富的食物来源。

豫西—晋南地区得天独厚的地貌、气候和植被土壤条件，为远古文明的持续演进以及华夏文明的诞生和发展提供了适宜的生态环境。这里不仅从历史时期以来一直是我国重要的粮棉基地，而且在史前时期也是古代人类重要的活动场所和原始农业的发祥地[8]。

二、末次冰期结束和华夏文明的萌芽

华夏文明的形成经历了一个漫长的时间过程，原始陶器的出现标志着人类为了自己生活的需要，开天辟地第一次开始改变天然物质的自然属性，把黏土经过加工和焙烧，改变其物理和化学性质，制成具有一定形状和用途的器物。因此，在一定意义上，我们可以把原始陶器的出现视为文明萌芽的重要标志之一。

在我国北方，早期的原始陶器主要发现在中原地区的外围，如阳原于家沟[9]、河北小南海[10]和北京东胡林等地。其中阳原于家沟出土陶片的年龄大约为距今11500年，河北小南海出土陶片的年龄大约为距今10500年，它们与细石器相伴生，表明陶器在我国北方至晚出现在距今10000年之前，相当于新旧石器文化的过渡时期。

同属这一时期的山西吉县柿子滩遗址[11]包含有丰富的古环境

信息，比较全面地记录了黄河中游地区新旧石器文化过渡时期的气候特征[12]。

柿子滩遗址位于山西吉县西南约30公里的黄河支流——清水河北岸的基座阶地上（地理坐标：36°00'N，110°04'E），遗址所在阶地的沉积物厚度为8.7米，可以划分为四个部分（图2）。

顶部（＜10.5kaB.P.）为富含有机物的褐赭色黑垆土层，厚90厘米。本层草本植物占优势，以蒿属为主，藜科和禾本科次之，还有比较丰富的典型温带草原植物种属；木本植物花粉较少，以松科比较普遍，落叶阔叶树不多，但树种比较丰富，有栎属、桦属、鹅耳枥属、臭椿属、漆树属、柳属等，反映温暖湿润的疏林草原环境。层内出土有丰富的磨制石器，应属新石器时期。黑垆土底部测得AMS^{14}C年龄为10490±540aB.P.（烧骨），推断本层属全新世堆积。

上部（10.5-11.91kaB.P.）为灰黄色黄土，厚216厘米。本层草本植物占绝对优势，以蒿属和藜科为主，藜科显著增多，蒿/藜比值较低，其他草本植物仅有禾本科、毛茛科和葎草属等；木本植物花粉不多，主要为松属，落叶阔叶植物花粉明显减少，仅有柽柳科和少数的桦属、椴（属）和漆树属等；蕨类植物罕见，指示寒冷干燥的温带疏树草原生态环境。层内出土有较多的细石器，属新旧石器文化过渡时期。靠近黄土底部测得AMS^{14}C年龄为11490±110aB.P.（骨头），推断本层属末次冰消期晚期堆积。

下部（11.9-17.0kaB.P.）为深灰黄色黄土，其中夹有两层古土壤，厚420厘米。本层草本植物占优势，以蒿属为主，藜科次之，蒿藜比值较高，常见温带草原的代表性植物种属，如禾本科、毛茛科、菊科、豆科、葎草属、唐松草属、蔷薇科等；木本植物有所增加，以松科为主，落叶阔叶树种有栎属、桦属、榆属、鹅耳枥属、

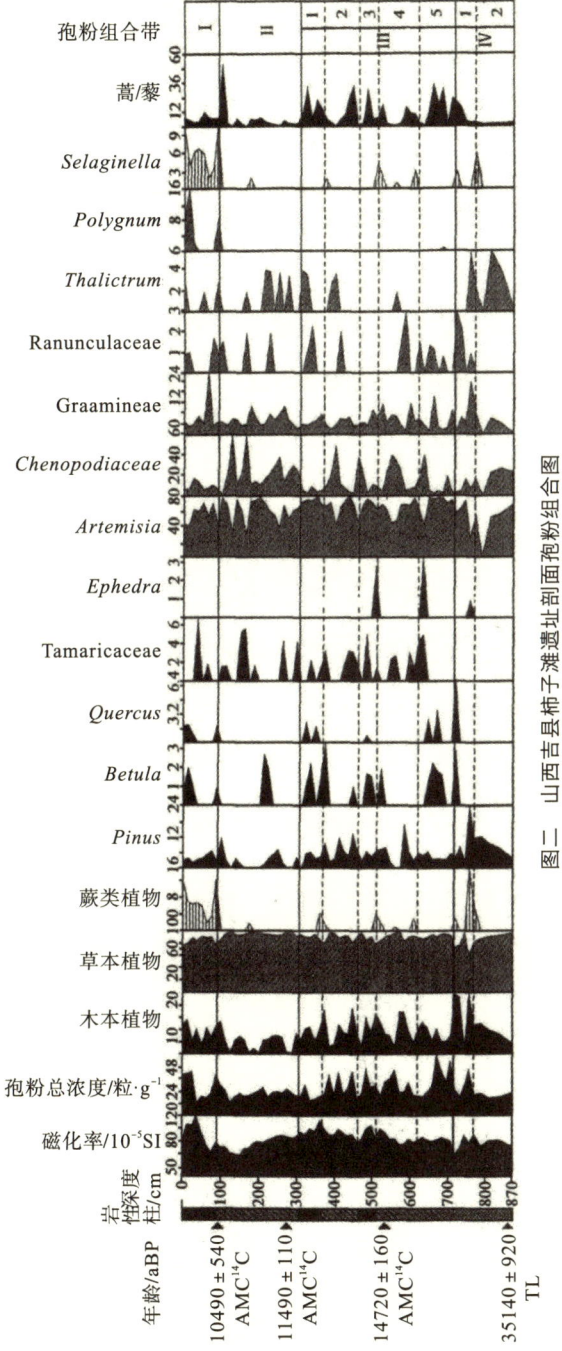

图二　山西吉县柿子滩遗址剖面孢粉组合图

臭椿属、漆树属、柳属和柽柳科、麻黄属等；蕨类植物不多。古土壤层中木本植物和蕨类植物的含量和种属都高于黄土层。剖面上黄土与古土壤的交互出现，反映了温暖干燥略偏湿的温带疏林草原和温暖干燥的疏树草原交替的生态环境。层内出土有丰富的新石器，属新旧石器文化过渡时期。黄土层中部测得AMS^{14}C年龄为14720±160aB.P.（骨头），底部按平均沉积速率（0.805mm/a）推算，大致在17.0kaB.P.左右，推断本层属末次冰消期早—中期堆积。

底部（17.0-35.1kaB.P.）为砂砾石层，厚1.54厘米，直接覆盖在三叠纪砂岩之上。本层草本植物占优势，主要为蒿属和藜科，藜科较多，禾本科次之；木本植物较少，主要为松科，阔叶落叶树少见，仅有个别麻黄属，属寒冷干燥气候条件下的疏树草原环境。层内出土有粗大的打制石器和动物化石、烧骨、灰烬等，属旧石器时代。靠近砂砾石层底部的热释光年龄数据为35140±1920aB.P.，本层属末次冰期极盛期堆积。

表1 本区35.1–9.4 kaB.P.期间气候期与史前文化期的对照

	年代/kaB.P.	气候和植被类型	出土石制品	文化期
冰后期	9.4-10.5	温暖湿润的疏林草原	磨制石器	新石器时期
冰消期	10.5-11.9	寒冷干燥的疏树草原	少量细石器	新旧石器过渡时期
冰消期	11.9-17.0	温暖干燥略偏湿的疏林草原与温暖干燥的疏树草原交替	较多细石器	新旧石器过渡时期
末次冰期	17.0-35.1	寒冷干燥的疏树草原	粗大打制石器	旧石器时期

试将气候的变化与石器的分布进行比较，不难发现两者之间存在着密切的对应关系（表1）：以大型打制石器为代表的旧石器晚期文化对应于末次冰期极盛期寒冷干燥的气候环境，而以细石器为代表的新旧石器文化过渡时期对应于末次冰期的冰消期，当时温暖干燥的疏树—疏林草原环境，尤其是早—中期（11.9-17.0kaB.P.）温暖干燥且稳定的温带草原或疏树草原环境，为古人类提供了广阔的活动空间和丰富的动植物，加工精良、适宜狩猎和采集的小型打制石器和细石器在这一时期得到迅速发展，并取代了粗笨的大型旧石器，为新石器的诞生打下了良好的基础。根据剖面中细石器主要分布在黄土堆积下部的两层古土壤附近推测，在此期间略偏湿润的温干疏林草原生态环境最有利于当时人类的生活。阳原于家沟文化遗址在纬度上比柿子滩遗址要靠北4度左右，遗址中细石器主要分布在6.6-13.7kaB.P.之间，其中尤以6.6-11.9kaB.P.最为富集，在11.05kaB.P.还出现了原始陶器。与柿子滩遗址相比，细石器出现的时间要晚一些，结束的时间也要晚一些[13]。花粉分析和其他气候代用指标的分析表明，于家沟地区在11.9-13.7kaB.P.期间为寒冷干燥气候条件下的温带疏树草原环境，而11.9kaB.P.之后出现与柿子滩遗址11.9-17.0kaB.P.时段相类似的温暖干燥气候条件下的温带草原或疏树草原环境[14]。两地纬度南北差异所造成的气候滞后效应可能是于家沟细石器文化出现得较晚的主要原因（表2）。

表2　于家沟剖面与柿子滩割面的对比

剖面	于家沟剖面			柿子滩剖面		
	年代/kaB.P.	气候特征	文化演进	年代/kaB.P.	气候特征	文化演进
冰后期	2.1–6.6	暖湿的森林草原	磨制石器			
	6.6–9.7	持续的温干草原和疏树草原	丰富细石器陶片			
冰消期	9.7–11.9			9.4–10.5	暖湿的疏林草原	磨制石器
				10.5–11.9	干冷的疏树草原	少量细石器
	11.9–13.7	干冷的疏树草原	少量细石器	11.9–17.0	温干疏林草原与疏树草原交替	丰富细石器
末次冰期				17.0–35.1	干冷的疏树草原	打制石器

三、全新世大暖与史前文明的演进

在距今8000-4000年的新石器时代，豫西—晋南地区大致经历了裴李岗文化、仰韶文化和龙山文化等三个阶段[15]。在近4000年的历史进程中，人类文明在这里孕育、萌芽，并得到不断发展。磨制石器、陶器以及原始农业和畜牧业的出现，是人类进入新石器时代的标志。随着生产工具的进步和生产力水平的不断提高，农业和手工业生产达到空前的规模，稳定的食物供给使先民由迁徙转入定居，并出现了聚落，社会财富不断丰富，社会分工日趋明显。研究工作表明，在史前文明的演进过程中，自然环境起着极其重要的作用。

距今8500-3000年是全球气候最适应的时期，称全新世大暖期[16]。在这一时期，豫西—晋南地区以温暖湿润的气候环境为特征，是一个湖沼发育的时期。在河南孟津寺河南（地理坐标：34°48′N，112°24′E）邙山黄土台塬上发现的湖沼堆积物就是其中的代表[17]。

孟津寺河南湖沼堆积物剖面厚达6米左右，剖面特征如表3所示。

根据剖面顶部（第1层）为含二里头时期陶片的堆积层，剖面下段第5层上部有5660±115aB.P.、中部有6330±80aB.P.、下部有6920±150aB.P.等^{14}C测年数据，由平均沉积速率（约为0.15cm/a）推得：剖面下段的年龄大致在7300-4900aB.P.之间，相当于仰韶时期；剖面中段的年龄大致在4900-4100aB.P.之间，相当于龙山时期；剖面上段的年龄大致在4100-3500aB.P.之间，相当于二里头时期。

由于剖面中含有比较丰富的软体动物化石，而不同种属的软体动物化石具有各自的生态环境要求，因此根据剖面上不同时期软体动物的组合状况，我们可以大致恢复7300-3500aB.P.时期的古环境。

（一）仰韶时期（孟津寺河南剖面下段）

早期（第6~9层，7300-6920aB.P.）为灰褐色黏土，夹砂砾石，底部为砾石层。水生软体动物化石及两栖软体动物化石少见，但有一定数量的喜暖湿陆生软体动物，如显口多点螺（*Punctum orphana*）和美丽瓦娄蜗牛（*Vallonia pulchella Müller*）等，说明当时的气候比较温暖湿润，但湖沼可能尚未出现。主要是河流环境。

表3 寺河南剖面特征及软体动物化石分布

分层		厚度/厘米	岩性	水生/个	两栖/个	陆生/个	碎屑/片	沉积环境	年代/aB.P.	文化期
上段	1	20	灰黄色粉砂质黏土	3	3	20	55	平原	二里头文化层	二里头时期
	2	80	褐色黏土含铁锈色斑块	1	1	149	396	湖泊消亡	（4100-3500）	
中段	3	120	浅褐色黏土富含螺壳和蜗壳	198	198	500	1870	湖泊发育	（4900-4100）	龙山时期
下段	4	120	褐色黏土	8	8	273	531	湖泊萎缩	（5660-4900）	仰韶时期
	5	190	灰褐色黏土富含蜗壳和螺壳	132	6	583	6040	湖泊发育	*5660±115 *6330±80 *6920±150	
	6	10	灰褐色黏土夹砂	3	0	17	419	河漫滩	（7300-6920）	
	7	8	灰褐黄色黏土	5	0	18	249			
	8	32	灰褐色黏土夹砂石	2	0	12	1084			
	9	580	灰白色砾石层	0	0	0	0	河床	（9000-7300）	

*为实测的^{14}C年龄数据，括弧内为根据沉积速率推算的年龄。

中期（第5层，6920-5660aB.P.）为深灰褐色黏土。水生软体动物化石及两栖软体动物化石富集。其中水生软体动物以瓣鳃纲的湖球蚬（*Sphaerium lacustre Müller*）为主，还有腹足纲的白旋螺（*Gyraulus albusHutton Müller*）和两栖类腹足纲的琥珀螺未定种

（*Suc-cinea sp.*），是湖泊发育的时期。由于湖球蚬喜欢栖息于水面狭小、水体比较污浊的水域，琥珀螺常生活在潮湿的草丛中，它们的出现表明当时主要是面积较小的湖沼环境，其中湖球蚬在6000aB.P.左右出现峰值，指示这一时期湖沼最为发育。陆生软体动物比较丰富，主要有显口多点螺（*Punctum orphana*）和腹足纲美丽瓦娄蜗牛（*Vallonia pulchella Müller*）等，说明当时的气候温暖湿润，有利于湖沼的发育。

晚期（第4层，5660-4900aB.P.）为灰褐色黏土。富含陆生软体动物，有显口多点螺、美丽瓦娄蜗牛、多齿砂螺、巨盾蛞蝓（*Macrochlamyssp*）未定种等，其中尤以显口多点螺丰度较高，它被认为是夏季风和暖湿气候的指示物种，指示年均温13~17.5℃，年降水量615毫米~1124毫米的气候环境；而巨盾蛞蝓未定种和多齿砂螺（*Gastropoda armigerella*）也被认为是属于暖湿型的生态类群，适应于年均温大于14℃、年降水量高于800毫米的地区。这些喜暖湿软体动物化石的出现，表明当时的气候比较温暖湿润。而本层中水生和两栖软体动物化石比较罕见，说明当时湖沼不甚发育，但主要栖息于沼泽和湖泊底泥、特别喜群栖于富含有机物的水域的湖球蚬的存在，表明当时可能存在一些水域面积较小、水深较浅、水质比较浑浊的湖沼。

（二）龙山时期（孟津寺河南剖面中段）

本段（第3层，4900-4100aB.P.）为深灰褐色黏土。富含水生软体动物化石及两栖软体动物化石，其中水生软体动物以腹足纲的白旋螺（*Gyraulus albus Müller*）为主，还有瓣鳃纲的湖球砚（*Sphaerium lacustre Müller*）和两栖类的琥珀螺未定种（*Suc-cinea sp.*），是湖泊发育的时期。水生软体动物白旋螺主要生活在水面比较开阔、水质较清、水体较深的淡水湖沼中，两栖类软体动物琥珀螺常生活在湖沼、树林附近潮湿的杂草丛中。它们的出现表明当时湖泊的水域面积较大。在4600aB.P.和4300aB.P.前后，琥珀螺与白旋螺都出现峰值，推测这两个阶段的湖泊面积最大。同时伴生的陆生软体动物中有大量的喜暖湿环境的多齿砂螺、巨盾蛞蝓未定种以及喜温湿环境的烟台间齿螺，尤其是作为夏季风指示物种的显口多点螺的大量出现，说明当时的气候温暖湿润。

（三）二里头时期（孟津寺河南剖面上段）

早期（第2层，4100—3500aB.P.）为褐色黏土，含铁锈色斑块。水生软体动物化石基本上不再出现；陆生蜗牛在这一层的分布还比较丰富，有巨盾蛞蝓未定种、显口多点螺、宽钻子螺等，说明当时的气候还比较温暖湿润，但湖沼已经趋于消亡。

中晚期（第1层，晚于3500aB.P.）为灰黄色粉砂质黏土。水生软体动物化石基本上不再出现；陆生蜗牛也十分少见。本层中发现有二里头时期的陶片，说明当时湖沼已经消亡，这里已经有人类生活。

由软体动物，尤其是水生软体动物化石的分布特征可以看出，在7000—3500aB.P.之间，中原地区的气候以温暖湿润为特征，但间有比较干燥的时期。温暖湿润的气候环境导致邙山黄土台塬上出现了大片的湖沼，湖沼主要出现在6920—5660aB.P.和4900—4100aB.P.这两个时段，恰好对应于仰韶文化时期（6000aB.P.左右达到鼎盛时期）和龙山文化时期。而相对比较干燥的气候环境造成湖泊萎缩，湖泊的第一次萎缩发生在5500—5000aB.P.，对应于仰韶文化衰落和向龙山文化过渡的时期，而湖泊的第二次萎缩发生在4100—3500aB.P.，对应于二里头文化时期。

全新世大暖期不但为豫西—晋南地区史前文明的发展提供了适宜的气候环境，而且大暖期期间气候的变化也是造成本区史前文明兴衰的重要原因。一般来讲，适宜的气候环境有利于史前文化的发展，而气候的恶化容易导致史前文化的衰落和转型。

四、史前大洪水与华夏文明的诞生

距今4000年前后的龙山晚期—二里头早期，在中原地区出现宫殿、都城和青铜器，标志着华夏文明的诞生，人类社会开始由原始社会进入阶级社会。就在华夏文明诞生的前夕，在我国北方的广大地域，普遍发生过一场延续时间达百年以上的异常洪水事件。华夏文明诞生前夕发生的这场异常洪水事件，会给华夏文明带来什么样的影响，一直是大家关注的问题。

这场异常洪水事件的记录见于黄河流域、淮河流域、海河流域和辽河流域。代表性地点有河南新寨、河南孟庄、山西陶寺、青海官亭盆地和山东菏泽等地[18]。

在豫西—晋南地区的河南新寨（图3），这里高于现代河床约25米的山前黄土台地上，埋藏有史前洪水多次冲出河岸时形成的决口扇，古决口扇夹在二里头文化层和龙山文化层之间，说明河流决口发生在二里头文化诞生前夕的新寨时期，大致在3850-3500aB.P.，洪水的延续时间约为350年。洪水从新寨文化遗址区中间穿过，冲毁了部分遗址[19]。在河南孟庄和山西陶寺两地也发现有山洪冲毁龙山时期城址的现象，山洪暴发的时间也在龙山时期晚期[20]。

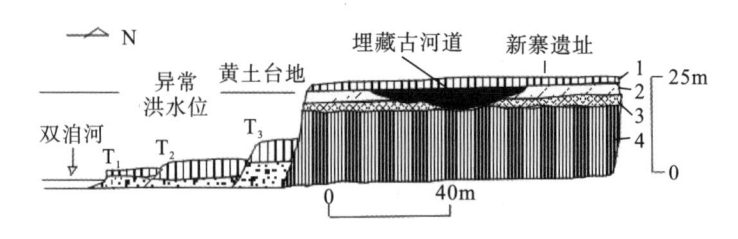

1 二里头文化层 2 新寨文化层 3 龙山文化层 4 黄土堆积
图3 新寨遗址阶地地貌剖面图

在黄河上游的青海民和官亭盆地（图4），在高于河床约25米的黄土阶地上发现洪水堆积物之下掩埋有被洪水冲毁的齐家文化遗址，洪水堆积物之上分布有辛店时期的文化遗址，说明洪水出现在齐家文化晚期到辛店时期早期之间，年代大致在3650-2750aB.P.，洪水的延续时间约为900年[21]。

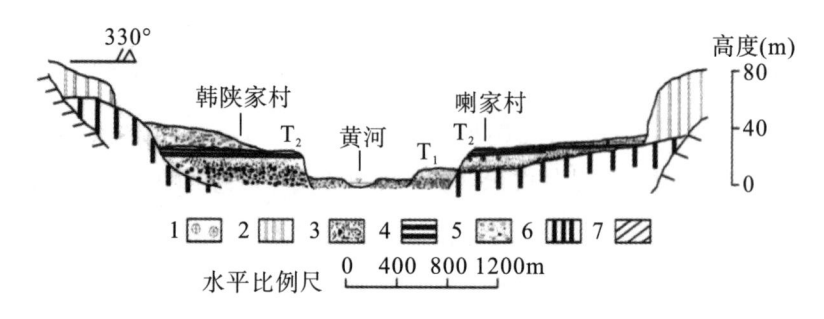

图4 喇家遗址附近黄河河谷地貌剖面图
1. 齐家文化遗址 2. 黄土 3. 砂砾石 4. 洪水堆积层 5. 洪积扇堆积 6. 第三纪红土 7. 基岩

在黄河下游的鲁西南地区菏泽一带，平原上广泛分布有所谓的"堌堆"地貌，"堌堆"高于平原2米~5米，最高可达10余米，面积在1000平方米~10000平方米不等，由早期平原堆积和其上叠加的龙山—岳石时期文化层组成，它们属于古地面的残存部分，是史前洪水强烈侵蚀冲刷的产物[22]。在泗水的尹家城遗址，我们在龙山文化层与岳石文化层之间还发现夹有一层河流相的细砂层，说明在龙山晚期洪水还可以漫上黄土台塬。

这些史前洪水都出现在龙山晚期—二里头早期之间，是4000aB.P.前后全球性降温事件的反映[23]，在比较湿润的气候条件下，降温事件的出现往往会导致相对湿度的加大和降雨量的增多。在河南新寨，孢粉分析表明在洪水频发的时期，阔叶落叶树明显增多，同样在青海的官亭，洪水频发时期的孢粉组合中，云杉、冷杉等暗针叶树成分大量出现。这些孢粉记录说明，当时黄河中上游确实存在一个气候比较湿润的时期。由于降温事件而引发的变湿事件，可能是造成4000aB.P.前后这场异常洪水的主要原因。

豫西—晋南及其周边地区史前洪水的考察表明，在不同的地区，受地理环境，特别是受地貌条件的制约，异常洪水对古代文明的影响有明显的差别。

豫西—晋南地区是龙山文化的主要分布区，也是以二里头文化为代表的华夏文明的诞生地。由于地处两级地貌阶梯的过渡地带，这里地势起伏较大，山前黄土台地广泛分布，台地面宽阔倾斜，河流下切较深。当史前异常洪水来临时，上涨的洪水受地形的制约，一般只能淹没黄土台地的前缘或在台地上形成决口扇和漫洪河道，造成部分遗址的破坏，给史前人类的生存环境造成一定的威胁，但宽阔倾斜的黄土台地为先民们提供了充分的回旋空间，为了躲避凶猛的洪水，他们可以在黄土台地上迁徙，以寻找新的更加安全的栖息地。广阔的生存空间有利于文化的保存与延续，更重要的是先民们通过与洪水的抗争，生产水平、技术水平和社会组织不断得到发展，华夏文明应运而生。有的学者认为我国历史上第一个王朝——

夏朝就是在先民们与洪水的长期抗争中诞生的，这是有一定道理的。当然，这还需要今后更多工作的证实[24]。

黄河上游的青海官亭盆地是齐家文化的主要分布区。由于这里地处黄河上游，受峡谷盆地相间出现、峡谷深切、盆地狭小这一地貌特征的制约，当史前异常洪水来临时，上涨的洪水可以迅速淹没整个盆地。在洪水堆积之下发现的喇家遗址史前灾难现场说明，异常洪水完全摧毁了整个遗址，给喇家遗址的先民们带来了灭顶之灾。洪水之后出现在官亭盆地的辛店文化，要比齐家文化落后，而且以畜牧业为主。齐家文化晚期出现的这场黄河异常洪水事件，可能是造成官亭盆地齐家文化中断的重要原因。这一结论是否适合于整个甘青地区，还有待进一步地研究。

黄河下游的菏泽地区是山东龙山文化的主要分布区。由于这里属黄河下游冲积平原，受地势低平这一地貌条件的制约，龙山时期的先民们生活的早期平原面由于洪水的强烈冲刷和破坏，被切割成孤立的残丘，并成为先民们最后的避难所，形成所谓"堌堆"遗址。就是这些"堌堆"也不安全，在发生异常洪水时仍然有被淹没的危险。洪水导致一度十分繁盛的山东龙山文化急剧衰落，随后出现的岳石文化要比龙山文化落后。龙山晚期出现的黄河异常洪水事件，可能是造成龙山文化中断的主要原因[25]。

注释

[1] 严文明：文明起源研究的回顾与思考，文物，1999（10）。

[2] 周昆叔：中原古文化与环境，中国生存环境历史演变规律研

究（一），北京：海洋出版社，1993年。

［3］中国科学院地理研究所：中国地貌区划（初稿），北京：科学出版社，1959年。

［4］刘东生：黄土与环境，北京：科学出版社，1985年。

［5］刘明光：中国自然地理图集，北京：中国地图出版社，1998年。

［6］宋豫秦等：中国文明起源的人地关系简论，北京：科学出版社，2002年。

［7］全国农业区划委员会主编：中国农业自然资源和农业区划，北京：农业出版社，1991年。

［8］侯仁之：黄河文化，北京：华艺出版社，1994年。

［9］赵朝洪：从旧石器时代向新石器时代过渡的清晰轨迹，南方文物，1995（1）。

［10］原思训、陈铁梅、周昆叔：南庄头遗址^{14}C年代测定与文化层孢粉分析，环境考古研究（一），北京：科学出版社，1991年。

［11］原思训、赵朝洪、朱晓东等：山西吉县柿子滩遗址的年代与文化研究，考古，1998（6）；山西省临汾行署文化局：山西吉县柿子滩中石器文化遗址，考古学报，1989（3）。

［12］夏正楷、陈戈、郑公望等：黄河中游地区末次冰消期新旧石器文化过渡的气候背景，科学通报，2001（14）。

［13］同注［8］。

［14］夏正楷、陈福友、陈戈：我国北方泥河湾盆地新旧石器文化过渡的环境背景，中国科学（D），2001（5）。

［15］吴耀利：中原文明的起源与形成，中原文物，2001（4）。

［16］施雅风、孔昭辰、王苏民：中国全新世大暖期气候与环境的基本特征，见施雅风主编：中国全新世大暖期气候与环境，北京：

海洋出版社，1992 年；Mannion, A.M. *Global Environmental Change*. NewYork: Longman, 1997.

［17］梁亮、夏正楷：中原地区距今5000—4000年间古环境重建的软体动物化石证据，北京大学学报（自然科学版），2003（4）。

［18］同注［17］。

［19］夏正楷、王赞红、赵青春：我国中原地区3500 aB.P.前后的异常洪水事件及其气候背景，中国科学（D），2003（9）。

［20］袁广阔：关于孟庄龙山城址毁因的思考，考古，2000（3）；高炜、张岱海、高天麟：陶寺遗址的发掘与夏文化的探索，夏文化论集（上），北京：文物出版社，2002年。

［21］夏正楷、杨晓燕、叶茂林：青海喇家遗址史前灾难事件，科学通报，2003（11）。

［22］郅田夫、张启龙：菏泽地区的堌堆遗存，考古，1987（11）。

［23］靳桂云、刘东生：华北北部中全新世降温气候事件与古文化变迁，科学通报，2001（20）。

［24］王守春：黄河流域气候环境变化的考古文化与文字记录，见施雅风主编：中国全新世大暖期气候与环境，北京：海洋出版社，1992年。

［25］俞伟超：龙山文化与良渚文化衰变的奥秘，文物天地，1992（3）。

原载：古代文明（第3卷），文物出版社，2004，102~114

黄河流域华夏文明起源与史前大洪水
◎ 夏正楷　张俊娜

自古以来，异常洪水事件一直是对人类最具危害性的自然灾害之一，它对于人类社会的永续发展具有重大的影响。由于观测资料和历史文献的局限性，目前我们对异常洪水事件还缺乏系统的了解，通过对史前洪水的研究，可以揭示异常洪水事件发生和发展的规律，分析它对人类生存环境的影响，为人类社会经济的永续发展提供科学的依据。

世界上许多民族都流传有关于史前异常洪水事件的种种传说。近年来，科学家相继报道在欧洲的地中海沿岸、美国等地发现了史前异常洪水事件[1~4]，并致力于探讨气候变化与异常洪水事件、史前异常洪水事件与人类文明演进之间的相互关系[5、6]。

据史料记载，在距今4000年前的虞夏时期，中国北方的黄河流域洪水肆虐，"当尧之时，天下犹未平，洪水横流，泛滥于天下"（《孟子·滕文公上》）；"汤汤洪水滔天，浩浩怀山襄陵"（《史记·五帝本纪》）；"禹之时，天下大雨，禹令民聚土积薪，择丘陵而处之"（《淮南子·齐俗训》）。而大禹治水三过家门而不入的感人故事，更是一直在民间广为流传，千年不衰。但这些文献或为后人所作，或为民间流传，都缺乏当时的文字记录和考古学证据，因此，其真实性一直受到人们的质疑。

由于史书中记载的这次史前大洪水发生在传说中的大禹时代，时处华夏文明诞生的前夕，因此一直为地质学家、地理学家和历史学家、考古学家所关注[5、6]。近年来我们进行的史前洪水调查表明，在距今4000年前后，中国北方确实发生过史前异常洪水事件，这次事件对华夏文明的演进起了重要的作用。本文试图通过对这一时期洪水事件的研究，分析异常洪水事件的特征和区域差异，探讨史前洪水事件对华夏文明起源的影响。

一、华夏文明进程

距今7000–4000年期间，在非洲的尼罗河流域、西亚的两河流域、南亚的印度河流域、东亚的黄河长江流域和中美洲的墨西哥、南美洲的秘鲁等地人类文明相继诞生。英国剑桥大学丹尼尔（G.Daniel）1968年提出，"埃及、两河流域、印度、中国、墨西哥和秘鲁都是世界上最古老的独立发展的六大文明，她们在自己的发展过程中，创造了各具特色的古代灿烂文明"[7]。但由于种种的原因，其中大多数后来都衰落、消失了，只有分布在我国黄河流域中游的华夏文明，以其强大的凝聚力和生命力，战胜了种种困难，成为世界上唯一延续至今的古代文明。

华夏文明的起源和发展是一个长期复杂的过程，在距今10000–5500年期间，我们的先民们在华夏这块土地上创造了灿烂的新石器文化，其中在北方的西辽河流域，依次出现兴隆洼—赵宝沟—红山文化；在黄河流域，上游有甘青地区的马家窑文化、中游有中原地区的李家沟—裴李岗—仰韶文化、下游有海岱地区的后李—北辛—大汶口文化；在长江流域，中游有江汉平原的彭头山—大溪文化、下游有苏杭嘉平原的跨湖桥—河姆渡和马家浜—崧泽文化等。它们以中原地区为核心，形成莲花状的新石器文化分布格局。从距今5500年开始，上述各个区域都相继开始了文明化进程，出现在这一时期的夏家店下层文化、龙山文化、齐家文化、屈家岭—石家河文化和良渚文化，农业经济发达，社会分化日趋明显，社会复杂化进程加快，并出现了城址、文字和金属制品等文明要素，不同地区的文化交流也在不断加大。但到距今4000年前后，除了中原地区的文明化进程继续向前发展，并最终跨入文明社会，建立了夏王朝之外，其他地区的文明化进程纷纷出现停滞或后退，被阻挡在文明社会的门槛之外（图1）。

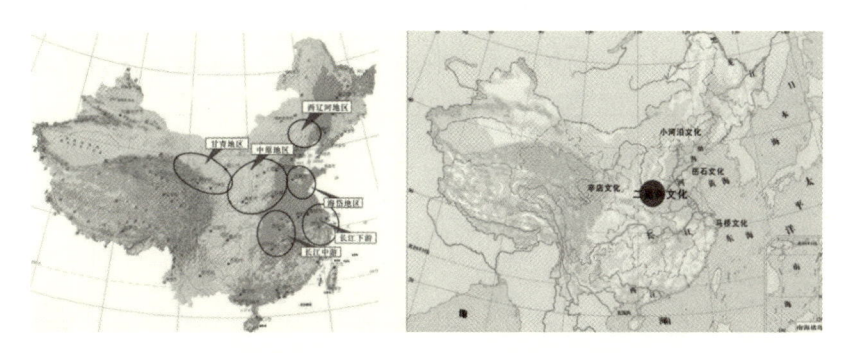

图1　中国新石器时期（左）和 二里头时期的文化格局（右）
其中新石器时期的文化分布呈现以中原地区为中心，其他五大文化区环绕周边的莲花状格局；而到二里头时期，周边的新石器五大文化区纷纷衰落，唯有中原地区继续向前发展，建立了中国第一个王朝——夏朝，开始进入文明社会。（据严文明，2006，修改）

出现这一现象的原因，学术界存在不同的看法，有的学者强调人类社会的内部因素，如人口、社会、经济、宗教、战争等；有的学者则强调外部因素，如气候、水文、地貌、资源、灾害等。通过对黄河流域文明化进程的观察，我们认为华夏文明的形成和发展是一个复杂的过程，社会经济和自然环境的诸多方面都对华夏文明的诞生起了重要的作用，其中发生在华夏文明诞生前夕的距今4000年前后异常洪水事件，对华夏文明进程的影响一直是大家关注的重要研究课题。本文将主要以华夏文明的主要发祥地——黄河流域为研究区域，讨论华夏文明诞生与史前洪水事件的关系。

二、史前异常洪水事件的记录

根据我们的野外实地调查，在中国北方的淮河流域、黄河流域以及海河流域，都发现有距今4000年前后异常洪水事件的地质记录[8~13]（图2，表1）。由于地理环境的不同，不同地区的洪水

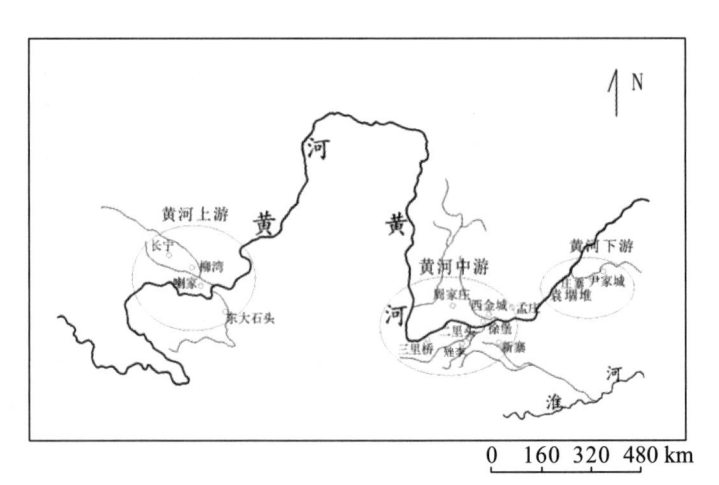

图2 中国北方目前发现的距今4000年前后龙山晚期的古洪水遗迹，主要分布在黄河上游的甘青地区、黄河中游的中原地区和黄河下游的海岱地区，还有淮河流域的上游地区。

过程也存在有一定的差异。

表1 黄河流域（包括淮河上游）龙山晚期主要的古洪水遗迹

流域		文化遗址	古洪水遗迹	资料来源
黄河上游	黄河	青海民和喇家遗址	洪水堆积掩埋齐家遗址，并造成房屋被毁和人类的非正常死亡	本文作者，2003
	湟水	青海乐都柳湾遗址	齐家文化层上覆河流砂层	本文作者，未发表
	大通河	青海大通长宁遗址	齐家文化层上覆河流砂层	本文作者，未发表
	洮河	甘肃临洮大石头遗址	齐家房址中充填有多层河流砂堆积	裴文中，1987
黄河中游	伊洛河	河南偃师二里头遗址	淹没龙山时期灰坑，上覆二里头文化层	本文作者，2011
	伊洛河	河南洛阳矬李遗址	龙山晚期文化层中夹厚层河流砂堆积	本文作者，未发表
	涑河	山西周家庄遗址	龙山晚期遗址中出现多层淤泥堆积	本文作者，2011
	沁河	河南焦作西金城遗址	洪水堆积层越过龙山城墙	本文作者，2011
	沁河	河南沁阳徐堡遗址	洪水冲毁龙山城墙	马世之，2009
	卫河	河南辉县孟庄遗址	洪水冲毁龙山城墙	袁广阔，2000
	青龙涧	河南三门峡三里桥遗址	龙山晚期遗址上覆河流砂层	本文作者，未发表
淮河	双洎河	河南新密新寨遗址	洪水冲毁部分新寨遗址	本文作者，2003
	颍河	河南登封王城岗遗址	洪水冲毁遗址的部分城墙	方燕明，2007
黄河下游	泗河	山东泗水尹家城堌堆遗址	龙山晚期文化层上覆有厚后半米的河流砂层	本文作者，未发表
	黄河	山东菏泽堌堆遗址	平原之下的龙山文化层上覆有3米的淤泥层	致田夫，1987
	黄河	山东东明庄寨遗址	平原之下的龙山文化层上覆有3米的淤泥层	致田夫，1987

（一）甘青地区

位于黄河上游的甘青地区属中国第一级地貌阶梯（青藏高原）

和第二级地貌阶梯（黄土高原）之间的过渡地带，峡谷和盆地相间是这里诸多河流的主要地貌特征。当异常洪水事件发生时，由于山间盆地空间相对比较狭小，再加上其下游的峡谷段排水不畅，上涨的河水可以迅速淹没整个山间盆地，造成严重的洪水灾害。代表性地点见于青海东部官亭盆地的喇家遗址。

官亭盆地是黄河上游一连串山间盆地中面积较大的一个，其上游为积石峡，下游为寺沟峡，峡谷内谷深壁陡，阶地不发育，而盆地中地势比较开阔，发育有三级河流阶地，分别高于黄河河面40米、25米和5米（图3）。

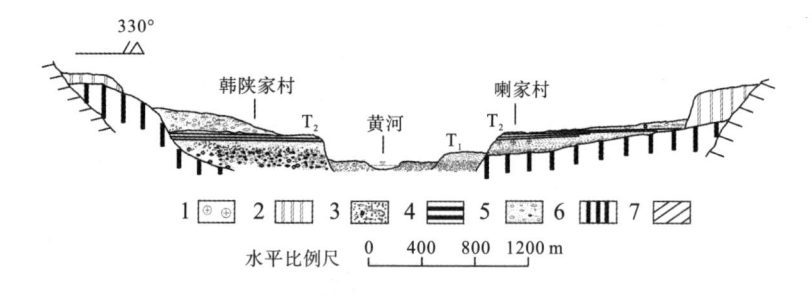

图3 青海喇家遗址黄河阶地沉积剖面示意图
1. 齐家文化遗址 2. 黄土 3. 砂砾石 4. 洪水堆积层 5. 洪积扇堆积 6. 第三纪红土 7. 基岩

喇家遗址位于黄河北岸的二级阶地，这级阶地在盆地中分布最为广泛，约占盆地面积的2/3左右。阶地堆积下部为粗大砾石层，上部为棕黄色粉砂，构成典型的河流二元结构。在棕黄色粉砂堆积的顶面，遗址考古发掘发现有大小房址和中心广场等，并出土有属于齐家文化的大量石器、陶片、玉器和人类的骸骨，说明这里是齐家文化时期先民们居住的阶地面（图4）。

区域环境考古 | 139

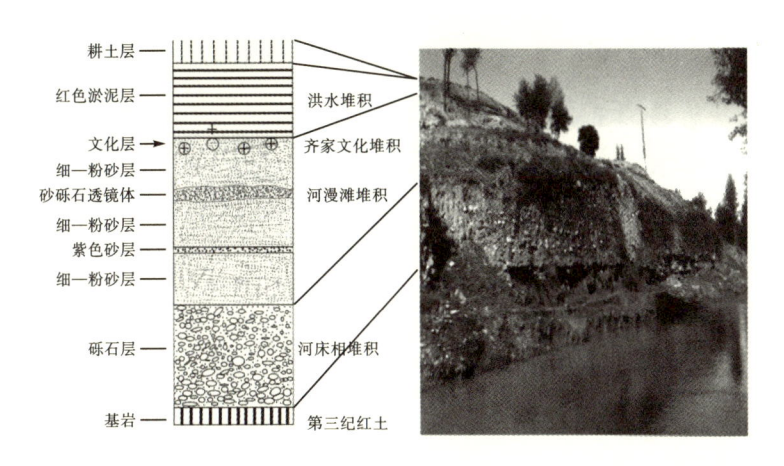

图4 喇家遗址南的黄河二级阶地前缘，高于河面约25米，为基座阶地，基座由第三纪红土堆积组成，阶地堆积物下部为灰白色河床相的砾石层；中部为棕黄色粉砂质黏土夹细砂层，属河漫滩堆积。喇家遗址就坐落在这层棕黄色粉砂质黏土的顶面，亦即二级阶地的阶地面上，其上还覆盖有红色的淤泥层，为漫上阶地的异常洪水堆积物。

野外观察发现，在人类居住面之上普遍覆盖有2米~3米的棕红色黏土，红黏土质地黏重，缺乏跃移总体，悬浮总体占90%以上，底部夹有大量细微的波状砂质条带，在棕红色黏土下伏的阶地面上，可以见到流水造成的沙波、拖曳构造、冲刷槽等床面构造，说明红黏土属于洪水泛滥时期的漫洪堆积。受洪水的影响，阶地面上距今6000—4000年的齐家文化遗址被彻底冲毁，半地穴式房址被洪水带来的红黏土淤塞，并造成房址中的先民死于非命（图5）[14~16]。这些现象说明当时上涨的洪水漫上了河流阶地，在对阶地面进行了强烈冲刷和改造的同时，也给居住在阶地面上的人类造成了严重的威胁。

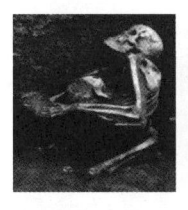

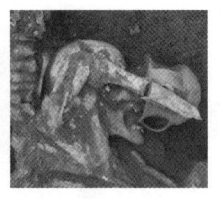

图5　喇家遗址房址中被洪水堆积掩埋的人类尸骨和食物。左图为房屋中一位靠墙跪坐的妇女，她双臂搂抱着一个婴儿，仰面朝天，似乎在祈祷什么。中图为一个口含水杯的儿童，他正在母亲怀里喝水，突然而来的洪水将他迅速淹埋。右图为遗址中出土的面条，它发现在一个翻扣在地面上的陶碗中，洪水堆积使它封闭至今，没有被空气所氧化。

图6　覆盖在齐家文化层之上的洪水堆积剖面，由漫洪相的棕红色黏土层与湖沼相的灰黑色黏土层交互组成，其顶面分布有辛店文化时期的灰坑。说明黄河洪水泛滥事件发生在齐家文化晚期到辛店早期，并具有多发性的特征。

在棕红色黏土沉积剖面中，通常还夹有多层富含有机质的灰黑色黏土，属于洪水退落之后泛滥平原上的残留湖沼堆积，它们与漫洪相的棕红色黏土在剖面上交替出现，反映了当时黄河洪水出现的频率相当高。根据洪水堆积覆盖在喇家遗址之上，其顶面分布有辛店时期的灰坑，可以推断洪水发生在齐家文化晚期到辛店文化早期，其年代大致在距今3800—3500年之间（图6）。

在黄河支流湟水流域的柳湾遗址和大通河的长宁遗址，也可以见到河流砂层直接覆盖在齐家文化遗址之上的现象，在黄河的另外一条支流——洮河，裴文中先生也报道过齐家时期的半地穴房址被流沙多次填埋以及房屋中人类不正常死亡的现象。这些现象说明，这场史前异常洪水事件并不只限于黄河的干流，而是在支流也有发生，属于一场流域性的史前洪水灾难。

（二）中原地区

中原地区位于中国第二级地貌阶梯和第三级地貌阶梯（黄淮海平原）的过渡地带，这里地势比较开阔，黄土覆盖较厚。受构造抬升和河流下切的影响，山前黄土台地十分发育，是中国新石器文化最为发达的地区之一。当异常洪水事件发生时，由于山前黄土台地一般拔河较高，台地面相当宽阔并且有一定的倾斜，所以上涨的洪水一般只能淹没台地的前缘部分，很难完全淹没整个台地，洪水对生活在台地上的史前人类，影响比较有限。代表性地点见于豫西的新寨遗址和二里头遗址。

新寨遗址位于淮河上游的主要支流双洎河北岸，这里黄土台地发育，台地面宽阔，可达数十公里，前缘高于河面25米，其上分布有龙山、新寨和二里头等不同时期的文化遗址[16]。

在新寨遗址区，在台地面以下1米~2米发现有多条埋藏古河道，古河道堆积体在断面上呈上平下凹的透镜状，与新寨期文化层为同时异相堆积。其中最大的古河道从遗址的西区穿过，顶面埋深1.45米，底面埋深4.69米，宽15米~68米，平面上呈扇形，可能为河流决口形成的决口扇堆积（图7）。决口扇堆积物由两个沉积旋回组成，每个旋回下部为棕黄色细沙和粉砂，粒度较粗，含有多条带状或豆荚状砂条，并夹有透镜状的沙坡堆积，属于水动力比较紊乱多变的决口扇早期沉积；上部为黏土质粉砂，粒度较细，具有细微的水平层理，几乎全部由悬浮质组成，属于水动力较弱的决口扇晚期沉积。两个沉积旋回记录了两次河流决口过程。根据古决口扇堆积夹在二里头文化层和龙山文化层之间，推断古河道形成的时代与新寨期相当，大致在距今3550~3400年之间，它对新寨遗址造成了一定的破坏[17、18]。

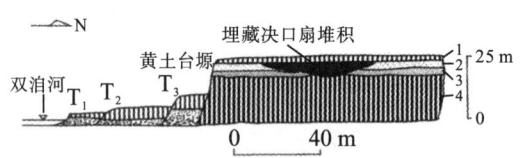

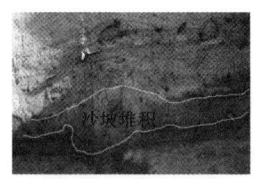

图7　新寨遗址的地貌剖面，图中1为二里头文化层，2和3为新寨文化层，4为顶部分布有龙山文化层的黄土堆积。黑色图斑为决口扇堆积，决口扇上覆二里头文化层，底部打破龙山文化层，推断决口的时间在龙山晚期—二里头时期之间，属新寨文化期（距今3550—3400年）。右侧照片显示古决口扇堆积底部的冲刷槽和沙坡堆积。

河南偃师的二里头遗址是目前公认的夏朝都邑遗址，它坐落在黄河支流伊洛河的二级阶地上。通过系统的钻探和田野调查，发现在二里头遗址之下的阶地堆积（生土层）面上普遍分布有一层由灰色细砂和灰褐色黏土层组成的洪水堆积，厚约30厘米~50厘米。这层洪水堆积覆盖在龙山时期的灰坑之上，并与一级阶地堆积物上部的洪水堆积相连，年代在距今4000年左右，说明距今4000年前后的伊洛河曾发生过异常洪水，洪水淹没了分布在二级阶地上的龙山遗址[19]。在洪水退却之后，二里头时期的先民在广阔的泛滥平原上建立了自己的都邑（图8、9）。

除了这两处古洪水遗迹之外，在河南西北部，在太行山山前还发现有多处龙山晚期的城址被洪水冲毁的现象，如西金城、徐堡和

区域环境考古 | 143

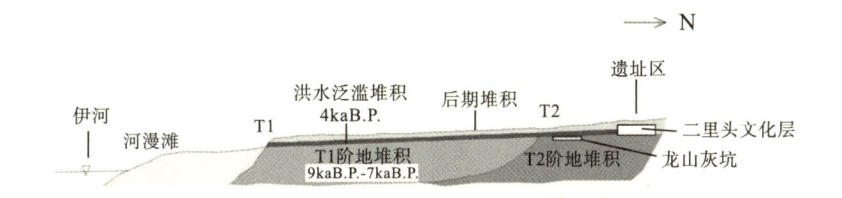

图8 二里头遗址的地貌结构，其中深灰色条带代表洪水泛滥堆积，它覆盖在一级和二级阶地顶部。

在二里头遗址区的南部，可以见到它还覆盖在龙山晚期灰坑之上，而二里头遗址就坐落这层洪积层之上，说明洪水泛滥发生在龙山晚期到二里头早期之间，在二级阶地前缘，我们测得洪水堆积的光释光年龄大致在距今4000年前后。

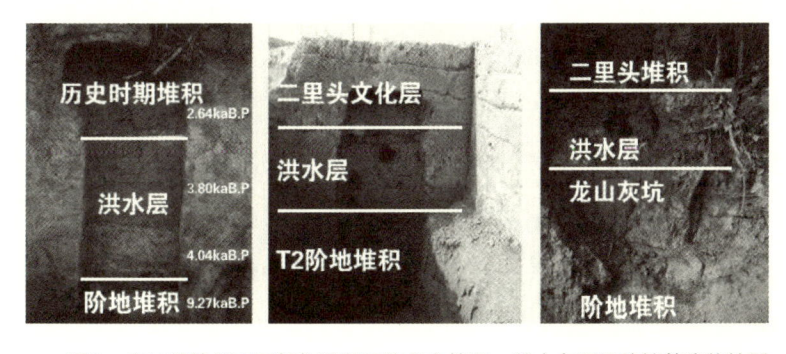

图9 在二级阶地不同部位洪积层的分布情况，其中左图是阶地前缘的地层剖面，显示洪积层覆盖在阶地堆积物之上，时代为距今4000年前后；中图是遗址南侧的剖面，同一洪积层盖在阶地堆积物之上，上覆二里头堆积；右图为遗址内剖面，洪积层覆盖在龙山晚期灰坑之上，上覆二里头堆积。

孟县等，其中焦作的西金城遗址，在探沟中可以明显见到洪水堆积覆盖在龙山晚期的城墙之上，并进入古城以内（图10）。而在徐堡和孟县等地，龙山晚期的城墙上发现有被洪水堆积填淤的豁口，说明当时洪水曾一度冲开城墙。这些遗迹都说明当时中原地区龙山晚期的洪水灾害还是相对普遍的。

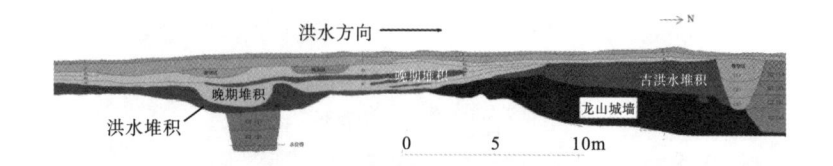

图10 位于焦作西金城遗址南侧的T3探沟揭示，古洪水堆积叠压在龙山古城的南城墙之上，并进入古城。根据洪水堆积内包含有龙山晚期的陶片，推测洪水泛滥事件发生在龙山晚期，这场洪水冲毁了西金城的龙山古城。

（三）海岱和冀中地区

位于黄河下游的海岱地区属于中国的第三级地貌阶梯，这里地处黄河古三角洲的外围，地势低平、平原广阔、河谷宽浅。由于地势的变化，黄河携带的泥沙在这里大量沉积，导致河道易淤善徙，形成广阔的泛滥平原，每当洪水事件发生时，随着河水的迅猛上涨，河流决口改道频繁，洪水可以冲毁和淹没河流两岸人类栖息的大片土地。因此，自古以来这里就是黄河流域最容易发生洪涝灾害的地方。代表性的地点见于鲁西南地区和冀中地区。

鲁西南地区的菏泽和微山湖一带，是史前黄河改道南流的地区。这里的冲积平原之上分布上有众多的土丘，这些土丘突兀在现今的平原之上，相对高程一般在10米~20米，当地称堌堆，堌堆保留有龙山时期的文化遗址[20]。与此同时，在平原之下1米~3米的深处，也埋藏有龙山时期的遗址（图11）。说明这里在龙山时期就是洪水频发的地方，洪水堆积在不断淤积的同时，也把龙山时期的人类生活面掩埋在地面之下。在泗水的尹家城遗址，我们发现在高于地面约21米的堌堆上部，分布有龙山文化层和岳石文化层，两个文化层之间夹有一层厚约50厘米的河流相细砂层。根据龙山文化层顶面所测的AMS^{14}C年龄为3700±95aB.P.（日历年龄为1880cal aBC），

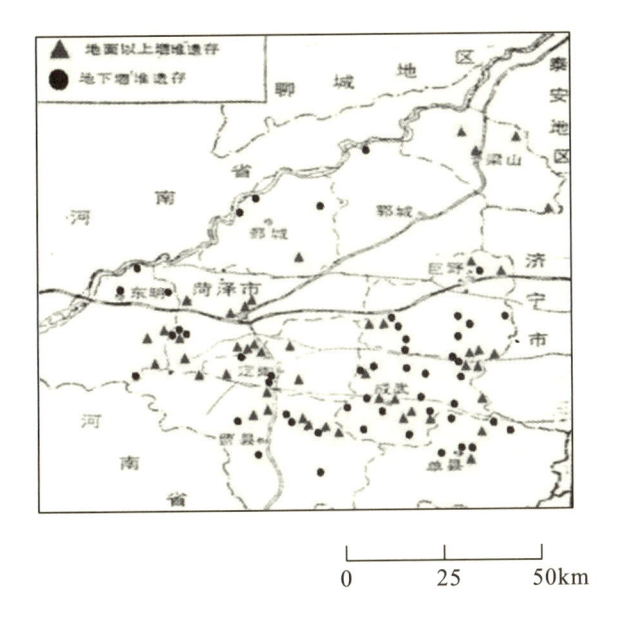

图11 山东菏泽地区文化遗址分布图，图中三角形表示地面以上的龙山文化遗址（堌堆），圆圈表示地下埋藏的龙山文化遗址。（据致田夫，1987，原图修改）

图12 尹家城堌堆相对高程21米，其下部为龙山文化层，文化层顶部有AMS^{14}C年龄1880cal BC，上覆0.5米左右的河流相细砂层（照片中用白线表示），砂层之上为岳石文化层，说明在距今4000年前后，龙山晚期的人类活动面曾经被河流堆积物所掩埋。

推断在龙山晚期到岳石文化之间，本地曾出现洪水泛滥，并淹没了龙山晚期的人类生活面[21]（图12）。

在冀中平原的肃宁等地，是古黄河北流的地区。据报道，在目前地势较高的河间地上，发现有大面积的泛滥平原堆积，堆积物厚1米~2米，下部为具上爬层理和交错层理的细砂层，上部为具水平层理的黏土层，两者构成一个典型的泛洪沉积旋回。黏土层的^{14}C测年数据在3500aB.P.左右，说明黄河下游在3500aB.P.前后发生过异常洪水事件，漫槽洪水淹没了广大的河间地，形成广阔的泛滥平原[22]。

三、异常洪水事件对华夏文明进程的影响

中国黄河流域4000aB.P.前后发生的异常洪水事件，恰好出现在华夏文明诞生的前夕，因此它对华夏文明进程的影响一直受到人们广泛的关注[23~28]。

异常洪水的发生会造成严重的洪涝灾害，但洪涝灾害的严重程度与地理条件，尤其与地形条件有密切的关系，进而影响到区域文明化的进程。

黄河上游的甘青地区是中国西北地区齐家文化的分布地。齐家文化农业经济发达，聚落规模较大，出土有大量的陶器、玉器和铜器，说明这里当时已经进入铜石并用时期。但在4000aB.P.前后，齐家文化突然衰退，齐家文化晚期出现的黄河异常洪水事件，可能是造成文化衰退的主要原因。这一地区峡谷深切、盆地狭小、谷盆相间的地貌格局，造成洪水的影响十分显著。在齐家文化主要分布区之一的官亭盆地，当时暴发的异常洪水冲毁了古人的聚落。在洪水

堆积的顶部，分布有辛店遗址，与属于齐家文化的喇家遗址不同，其中出土有大量的动物残骸，表明在洪水之后，重新回到这里的先民，他们的生活方式和生产方式都发生了明显的变化，农业经济被畜牧业和农业并存的经济形态所取代，文化的这种转变可能与环境的剧变有密切的关系，除了洪水灾害之外，洪水带来的红黏土堆积，质地黏重紧实，不利于农作活动，也可能是造成农业文化衰退和转型的原因之一。受距今4000年左右异常洪水事件的影响，黄河上游的甘青地区的文明化进程出现停滞和后退。

黄河下游的鲁西南和鲁西北地区是山东龙山文化的分布区。与上游的齐家文化几乎同时，在4000aB.P.之前，先民们在这里创造了以黑陶为代表的山东龙山文化。但在4000aB.P.左右，龙山文化突然衰退，取而代之的是比较落后的岳石文化。龙山晚期出现的黄河异常洪水，可能是造成文化衰退的主要原因。这一地区属黄河泛滥平原，地势平坦，河谷宽浅，先民们通常选择低矮的河流阶地或河间地生活。每到洪水来临时，这些地方很容易遭到洪水的强烈冲刷和破坏，甚至被洪水堆积所掩埋。龙山晚期发生的异常洪水，彻底肢解了当时的泛滥平原，形成目前平原面上的蚀余残丘——堌堆，堌堆上往往保留有龙山时期的文化遗存，形成所谓的"堌堆遗址"。一个个孤立的堌堆，使一度十分繁盛的山东龙山文化的生命力大大减弱，导致这里的文明化进程出现停滞和衰落。洪水事件之后出现的岳石文化，无论在遗址数量和规模上，还是在文化内涵上，都比龙山文化落后很多，黄河下游的海岱地区也没有能迈进文明的门槛。

黄河中游的豫西晋南地区是龙山文化的主要分布区，也是以二里头文化为代表的华夏文化的诞生地。由于地处两个地貌阶梯的过渡带，又是黄土的主要堆积区，因此这里河流下切较深，黄土台地分布广泛，台地面宽阔倾斜。当异常洪水来临时，上涨的洪水一般只能淹没台地的前缘或在台地上形成漫洪河道，冲毁了部分遗址，给史前人类的生存环境造成一定的破坏，但这里特定的地貌条件给先民们保留了较大的迂回空间，人们可以通过就地后退选择新的栖息地，从而使文化得以延续，并有能力与洪水进行抗争，在抗争的过程中，人类的生产水平、技术水平和社会组织得到发展，龙山文化发展演变为二里头文化，在中原建立了我国历史上第一个王朝——夏朝。不少学者提出，华夏文明就是先民在与洪水的抗争中诞生和发展起来的，这很有道理。

注释

[1] Kerr, R. A.. A Victim of the Black Sea Flood Found. *Science*, vol. 289 (2000), pp. 2021~2022.

[2] Sandweiss, D. H., Maasch, K. A., Anderson, D. G.. Transitions in the Mid-Holocene. *Science*, vol. 283 (1999), p. 499.

[3] Ely, L. L., Enzel, Y., Baker, V. R., et al. A 5000-Year Record of Extreme Floods and Climate Change in the Southwestern United States. *Science*, vol.262 (1993), pp. 410~412.

[4] O'Connor, J. E., Ely, L. L., Wohl, E. E., et al. 4500-Year Record of Large Floods on the Colorado River in the Grand Canyon, Arizona, *Journal of Geology*, vol. 102 (1994), pp. 1~9.

[5]〔日〕铃木秀夫：3500年前的气候变迁与古文明，李中菊译，地理译报，1988（4），37~44。

［6］许靖华：太阳、气候、饥荒与民族大迁移，中国科学（D），1998（4），66~84。

［7］Daniel, G. *The First Civilization: The Archaeology of their Origins*. Thames and Hudson, 1968.

［8］韩嘉谷：河北平原两侧新石器文化关系变化和传说中的洪水，考古，2000（5），57~67。

［9］朱诚、于世永、卢春成：长江三峡及江汉平原地区全新世环境考古与异常洪涝灾害研究，地理学报，1997（3），268~276。

［10］陈中原、洪雪晴等：太湖地区环境考古，地理学报，1997（2），131~137。

［11］朱诚、宋健、尤坤元等：上海马桥遗址文化断层成因研究，科学通报，1996（2），48~152。

［12］Yang Dayuan, Yu Ge, Xie Yubo, et al. Sedimentary Records of the Large Holocene Floods from the Middle Reaches of the Yellow River, China. *Geomorphology*, no.3 (2000), pp. 73~88.

［13］侯甬坚、祝一志：历史记录提取的近5-2.7ka黄河中下游平原重要气候事件及其环境意义，海洋地质与第四纪地质，2000（4），23~29。

［14］中国社科院考古研究所、青海文物考古研究所：青海民和喇家史前遗址的发掘，考古，2002（7），579~581。

［15］中国社科院考古所：河南密县新寨遗址的试掘，考古，1981（5），398~408。

［16］夏正楷、杨晓燕、叶茂林：青海喇家遗址史前灾难事件，科学通报，2003（6），18~23。

［17］夏正楷、杨晓燕：我国北方4kaB.P.前后异常洪水事件的初步

研究，第四纪研究，2003（6），667~674。

［18］夏正楷、王赞红、赵青春：我国中原地区3500aB.P.前后的异常洪水事件及其气候背景，中国科学（D），2003（9），881~888。

［19］张俊娜、夏正楷：中原地区4kaB.P.前后异常洪水事件的沉积证据，地理学报，2011（5），685~697。

［20］郅田夫、张启龙：菏泽地区的堌堆遗存，考古，1987（11），1002~1008。

［21］夏正楷：我国黄河流域距今4000年的史前大洪水，中华文明探源工程文集（三），北京：科学出版社，2009，245~264。

［22］殷春敏、邱维理、李容全：全新世华北平原古洪水，北京师范大学学报（自然科学版），2001（2），280~284。

［23］袁广阔：关于孟庄龙山城址毁因的思考，考古，2000（3），39~44。

［24］吴文祥、刘东生：4000aB.P.前后降温事件与中华文明的诞生，第四纪研究，2001（5），443~451。

［25］方修琦、孙宁：降温事件：4.3kaB.P.岱海老虎山文化中断的可能原因，人文地理杂志，1998（5），71~76。

［26］俞伟超：良渚文化与龙山文化衰变的奥妙，文物天地，1992（3），9~11。

［27］靳桂云、刘东生：华北北部中全新世降温气候事件与古文化变迁，科学通报，2001（20），1725~1730。

［28］王守春：黄河流域气候环境变化的考古文化与文字记录，见施雅风主编：中国全新世大暖期气候与环境，北京：海洋出版社，1992年，175~184。

原载：考古学与永续发展研究，2013，119~156

河南二里头遗址的古代地理环境

◎ 夏正楷　张俊娜　张小虎

二里头遗址坐落在洛阳盆地东端伊河与洛河交汇处两河合围的三角地带，其地理位置大致为34°41′19″N，112°41′15″E，是距今1500年前后的夏朝大型都邑遗址。

一、山川形势

二里头遗址所在的洛阳盆地属于豫西地区的一个山间盆地，它地处黄河主要支流伊洛河的下游，与以孟津为顶端的古黄河洪积扇平原，仅隔以狭窄低缓的邙山低山丘陵。洛阳盆地周围为基岩山地和黄土台塬，其中盆地北侧为连绵起伏的邙山，邙山由黄土台塬和黄土覆盖的低山丘陵组成，地势低缓，西北高东南低，北部靠近黄河一侧有基岩出露，形成突兀于黄土堆积面之上的一系列山峰，构成黄河与伊洛河之间的分水岭。由分水岭向南为广阔的黄土台塬，海拔高程大致在300米左右，台塬顶面波状起伏，黄土沟谷发育，深度可达40米~60米。盆地南侧为万安山，系嵩山余脉，山势陡峭，海拔在1400米以上，山地北麓也广泛分布有黄土台塬，海拔高程一般在300米左右。盆地底部为伊洛河冲洪积平原,由河流阶地和河漫滩组成,东西长约40公里,南北最宽处约15公里,呈枣核形,海拔一般在110米左右,地势平坦开阔,洛河和伊河分别从西向东和由西南向东北方向从盆地底部流过,并于二里头村东汇流,汇流后称伊洛河,在盆地最东端的巩县附近注入黄河。二里头遗址就位于伊河和洛河两河相夹的狭小三角地带东端(图1)。

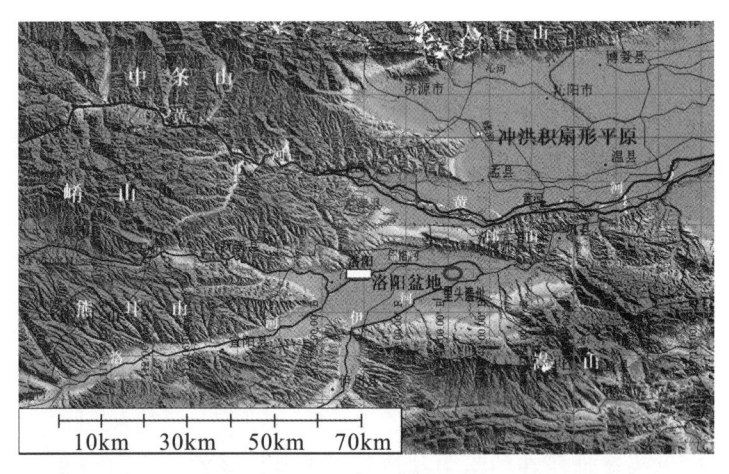

图1　洛阳盆地和二里头遗址地理位置图(圆圈为二里头遗址所在地)

二、区域地貌分析

如上所述,本区地貌类型比较简单,主要有基岩山地、黄土覆盖的低山丘陵、黄土台塬和河流阶地等,它们由高到低依次分布,具有明显的成层性。通过区域地貌,尤其是河谷地貌结构的分析,可以了解本区地貌和水系的演变过程。

（一）黄土台塬

黄土台塬是由黄土组成的台地，它们广泛分布在洛阳盆地南北两侧，是区内仅低于基岩山地的最高一级地貌单元。区域地质调查表明，这些黄土属于中更新世的风成黄土，它们充填在山间盆地之中，形成山间黄土堆积平原，早期的古伊洛河蜿蜒于广阔平坦的黄土堆积平原上，虽然早期的古伊洛河的面貌我们还不甚清楚，但根据黄土剖面中所夹的河流砂砾石层可以见到它的踪迹。

在晚更新世之末—全新世之初，随着全球气候逐渐转暖，发育在黄土堆积平原上的古伊洛河开始下切，形成新的伊洛河河谷，河谷中河漫滩广泛发育，而黄土堆积平原则因河流的下切转变为河谷两侧地势较高的黄土台塬。

（二）河流阶地

在黄土台塬前缘的谷坡上，全新世期间由于伊洛河的间歇性下切形成了三级河流阶地，根据阶地的分布可以了解全新世期间水系的基本格局（图2、3）。

1. 三级阶地（T3）

三级阶地沿伊河和洛河有广泛的分布，在洛阳盆地，三级阶地沉积具有典型的河流二元结构，其下部为河床相的砂砾石层，上部为漫滩相的黄土状堆积。这一级阶地主要坐落在盆地两侧黄土台塬的前缘陡坎上，属于以黄土为基座的基座阶地。阶地面高于河面20米左右，宽度比较狭小，阶地前缘陡坎清楚。在二里头地区，三级阶地仅见于洛河北岸和伊河南岸，在伊河和洛河之间的二里头遗址区，没有见到三级阶地。推测这里原来也可能发育有三级阶地，受后期河流下切和侧方移动的影响，阶地堆积已经被侵蚀破坏殆尽。

目前T3阶地还缺少测年数据，根据它下切于黄土台塬之中，且黄土台塬顶部保留有S0古土壤，估计这级阶地的形成年代应在马兰黄土堆积期之后，属于晚更新世阶地。

2. 二级阶地（T2）

在洛阳盆地，二级阶地沿伊河两岸和洛河两岸都有分布，高于河面10米左右，阶地堆积物由下部的河床相砾石层和上部的漫滩相黄土状堆积组成，属堆积阶地。在二里头遗址所在地，二级阶地由洛河和伊河共同形成，并成为两者之间的现代分水岭。遗址北侧二级阶地北缘陡坎清楚，洛河的河漫滩可以直达陡坎底部，遗址南侧二级阶地前缘陡坎不清楚，二级阶地面与伊河的一级阶地面连成一片，在地貌上难以区分。根据这里伊河和洛河之间的分水岭是由二级阶地组成的，说明在二级阶地发育时期，洛河和伊河的汇合点可能在二里头的上游，二里头遗址所在地当时为洛河和伊河合流之后的古伊洛河河道，河道中接受大量的河流沉积物，随着洛河和伊河的汇合点下移，两河分流并下切，在二里头遗址所在地形成河流阶地，以阶地为分水岭，原有的古伊洛河被分割为南北两支，北支称洛河，南支称伊河，南北两支在二里头遗址以东汇合。根据阶地堆积物上部的测年数据在1万年左右，推断阶地形成的年代大致在晚更新世—全新世初期。

3. 一级阶地（T1）

在流经洛阳盆地的伊河和洛河两岸，在二级阶地之下，广泛分布有一级阶地，一般高于河面3米~5米，属堆积阶地。该阶地之上往往覆盖有不同历史时期的特大洪水泛滥堆积。在二里头地区，除分布在二级阶地前缘的一级阶地之外，在二级阶地上也发现有多处这一时期的埋藏古河道，表明在一级阶地发育时期，河道并不稳定，时有改道和迁徙现象发生，新生的河道有时会从二级阶地中穿过，形成今天的埋藏古河道。根据阶地堆积物底部的测年数据在距今9000年左右，推断一级阶地开始堆积的年代为距今9000年，属于全新世阶地。

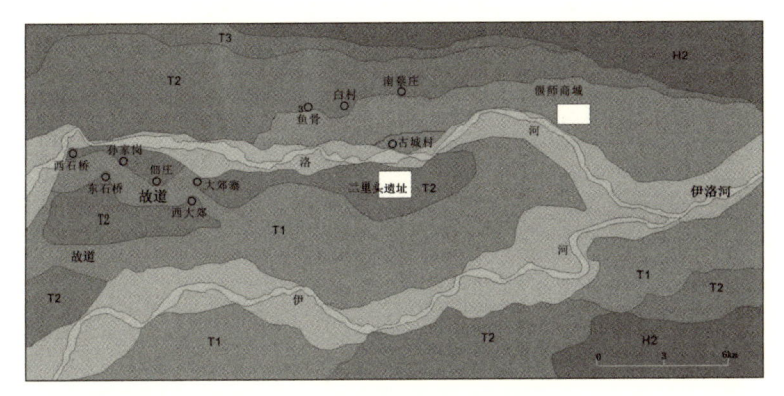

图2 洛阳二里头遗址地区地貌图

图中H2代表黄土台塬，T3代表河流三级阶地，T2代表河流二级阶地，T1代表一级阶地。

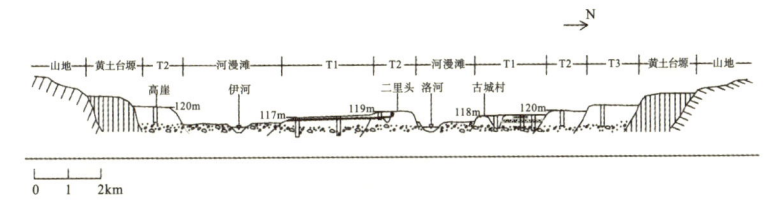

图3 洛阳盆地南北地貌第四纪地质综合剖面图

三、全新世阶地的沉积结构分析

以上区域地貌分析为我们提供了二里头地区地貌和水系演化的大概轮廓。为进一步研究二里头都邑遗址的周边环境及其演变历史，我们在二里头遗址以南的伊河北岸、以北的洛河北岸和以西的两河分水岭等三个地区，进行了深部钻探，共施钻37个，初步揭示了本区全新世阶地的沉积结构，并以此为根据，探讨了遗址周边地区全新世时期的河流演变历史（表1，图4）。

表1 二里头遗址附近钻孔数量统计

地区	二里头南伊河北岸		二里头北洛河北岸		二里头西古河道	
地貌部位	T1	T2	T1	T2	T1	T2
钻孔数量	21	1	5	4	12	2
合计 各区钻孔数	22		9		14	
全区钻孔数	45					

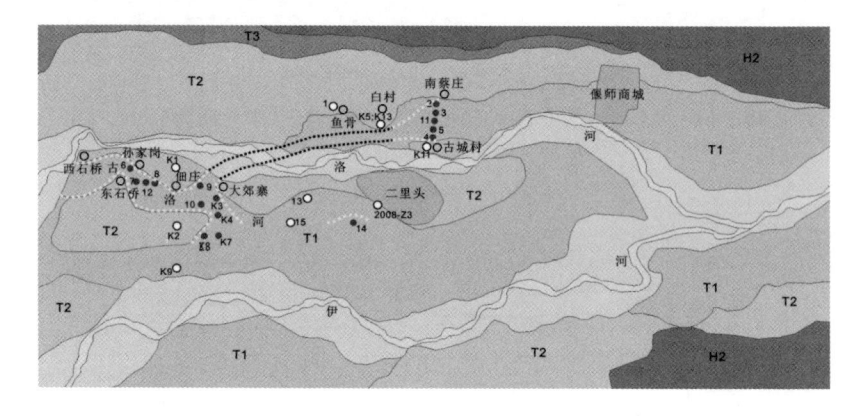

图4 二里头地区主要钻孔分布图

图上空心透明圆圈代表村庄，充填颜色的圆圈代表钻孔位置，其中深色圆圈代表岩芯以粗粒堆积为主的钻孔，白色圆圈代表岩芯以细粒堆积为主的钻孔；圆圈旁边的数字注记代表钻孔编号。

（一）伊河北岸的阶地结构

在二里头遗址以南的伊河北岸，T1阶地广泛分布，阶地面平坦，最大宽度可达4公里。

T2阶地相对分布较少，且与T1阶地连成一片，两者之间没有明显的地形陡坎。二里头遗址就位于二级阶地上。

我们在伊河北岸，采用汽车钻打了22孔钻，除一口钻孔（2007-Z1）在T2阶地之外，其他都位于T1阶地上，深度在10米左右（图5）。T1阶地上的各孔岩芯基本类似，其中阶地堆积层除底部为砂砾石层之外，其他均为细粒的黏土质粉砂和粉砂质黏土（表2，图6）。

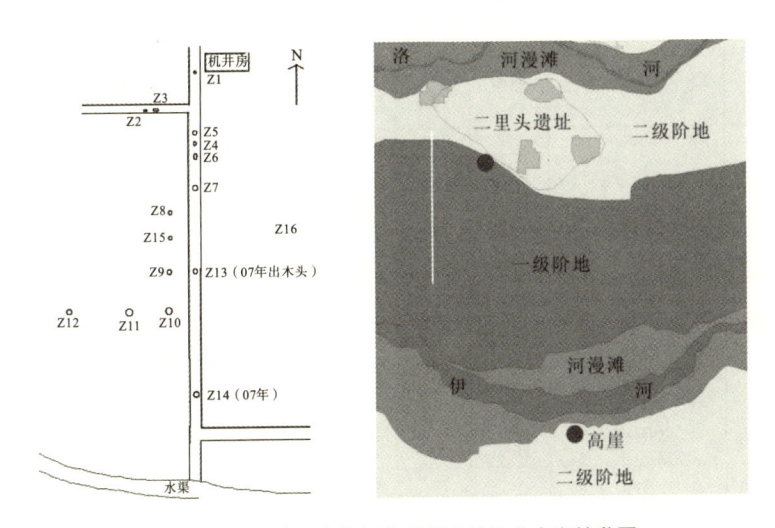

图5　二里头遗址南伊河北岸部分钻孔分布和地貌图

表2　二里头遗址南伊河北岸钻孔一览

编号	原始井号	地理位置	地貌部位	岩性特征
Z1	2007-Z1	二里头西南	T2	晚近堆积：0~1.5米，黄褐色粉砂质黏土，上部为耕作土 二里头堆积：1.5米~4米，文化层（1.5米见具绳纹的夹砂灰陶片） 洪水堆积：4米~4.5米，黄色细砂，含小砾石

续表

编号	原始井号	地理位置	地貌部位	岩性特征
Z2	2007-Z2	二里头西南	T1	晚近堆积：0~1米，黄褐色粉砂质黏土，上部为耕土层 汉魏堆积：1米~2.4米，夹水锈的黄褐色黏土质粉砂，黄沙层，夹灰陶、瓷片；2.4米~3米，灰褐色黏土，夹锈斑，出土灰陶、汉代青砖和瓦片；3米~4.5米，青灰泥，夹有水锈、青色烧土颗粒、汉代布纹瓦片，出土一粒坚果种子，大小似杏仁 阶地堆积：4.5米~5.1米，棕褐黏土，夹有料姜石；5.1米~6.3米，黄褐色黏土质粉砂
Z3	2007-Z3	二里头西南	T1	晚近堆积：0~3米，黄褐色粉砂质黏土，上部为耕作土 汉魏堆积：3米~4米，青灰土 阶地堆积：4米~9.7米，棕褐黏土质粉砂
Z4	2007-Z4	二里头西南	T1	晚近堆积：0~3米，黄褐色粉砂质黏土，上部为耕作土 汉魏堆积：3米~4米，青灰土 阶地堆积：4米~9.7米，棕褐黏土质粉砂
Z5	2007-Z5	二里头西南	T1	晚近堆积：0~3米，黄褐色粉砂质黏土，上部为耕作土 汉魏堆积：3米~4米，青灰土 洪水堆积：4米~5.2米，青灰—褐色细砂 阶地堆积：5.2米~8.4米，褐色黏土质粉砂，中间夹有灰色团块
Z6	2007-Z6	二里头西南	T1	同2007-Z5
T1	2008-Z1	二里头西南	T1	晚近堆积：0~2.5米，黄褐色粉砂质黏土，上部为耕作土 汉魏堆积：2.5米~5米，灰土 阶地堆积：5米~8.5米，黄褐色—红褐色—浅黄色粉砂；8.5米~9.4米，黄色粉砂中夹杂青灰色；±9.4米以下，砾石层
T2	2008-Z2	二里头西南	T1	同2008-Z1(T1)
T3	2008-Z3	二里头西南	T1	同2008-Z1(T1)
T4	2008-Z4	二里头西南	T1	同2008-Z1(T1)
T5	2008-Z5	二里头西南	T1	晚近堆积：0~2.5米，黄褐色粉砂质黏土，上部为耕作土 阶地堆积：2.5米~7米，黄褐土；7米~8.5米，黄沙；8.5米~11.5米，砂砾石层

续表

编号	原始井号	地理位置	地貌部位	岩性特征
T6	2008-Z6	二里头西南	T1	晚近堆积：0~2米，黄褐色粉砂质黏土，上部为耕作土 汉魏堆积：2米~5米，青灰土，其中3.5米处发现瓷片 阶地堆积：5米~9.6米，黄褐色粉砂质黏土；9.6米~10米，青灰土（下湖相层）；10米~11米，砾石层
T7	2008-Z7	二里头西南	T1	晚近堆积：0~2.5米，黄褐色粉砂质黏土，上部为耕作土 汉魏堆积：2.5米~4米，青灰土，颜色较浅 阶地堆积：4米~9.4米，黄褐色粉砂质黏土；9.4米~10.4米，青灰土（下湖相层）；10.4米~11米，砂砾石层
T8	2008-Z8	二里头西南	T1	晚期堆积：0~4米，黄褐色粉砂，夹灰色团块，含螺壳 阶地堆积：4米~9.8米，黄褐色粉砂质黏土；9.8米~11米，含砂青灰土（下湖相层）；11米，砾石层
T9	2008-Z9	二里头西南	T1	晚近堆积：0~3.5米，黄褐色粉砂质黏土，上部为耕作土 阶地堆积：3.5米~8.5米，灰黄色黏土质粉砂和粉砂；8.5米~10.5米，青砂土（下湖相层）；10.5米~11米，砾石层
T10	2008-Z10	二里头西南	T1	晚近堆积：0~4米，黄褐色粉砂质黏土，上部为耕作土 汉魏堆积：4米~4.5米，青灰土（上湖相层） 阶地堆积：4.5米~9.8米，黄褐色黏土质粉砂；9.8米~10.1米，青灰土（下湖相层）；10.1米~11米，砾石层
T11	2008-Z11	二里头西南	T1	晚近堆积：0~3.2米，黄褐色黏土质粉砂，上部为耕作土 汉魏堆积：3.2米~5米，青灰土（上湖相层） 阶地堆积：5米~9.5米，黄褐色黏土质粉砂，含小螺；9.5米~11米，青灰土（下湖相层）；11米~11.5米，砂砾石层
T12	2008-Z12	二里头西南	T1	同2008Z11（T11）
T13	2008-Z13	二里头西南	T1	同2008Z11（T11）

续表

编号	原始井号	地理位置	地貌部位	岩性特征
T14	2008-Z14（ZK2）	二里头西南	T1	晚期堆积：0~4.4米，黄褐色粉砂质黏土（2.5米处见炉渣） 洪水堆积：4.4米~7米，灰黄色中细砂 阶地堆积：7米~9.3米，黄褐色黏土质粉砂，夹有灰色团块；9.3米~12.6米，黄色中粗砂，夹有零星碎石
T15	2008-Z15	二里头西南	T1	同2008Z16（T14）
T16	2008-Z16（ZK3）	二里头西南	T1	晚期堆积：0~3米，黄褐色黏土质粉砂，夹杂有红褐铁锈斑 汉魏堆积：3米~3.7米，青灰土，夹汉魏青砖残块（上湖相层）；3.7米~4.25米，青灰—褐色黏土质粉砂 洪水堆积：4.25米~4.58米，深褐色粉砂质黏土 阶地堆积：4.58米~5.78米，青灰—褐色黏土质粉砂；5.78米~9.9米，褐色—黄褐色黏土质粉砂，含灰色团块；9.9米~10.6米，浅灰—青灰色粉砂（下湖相层）；10.6米~11米，砾石层

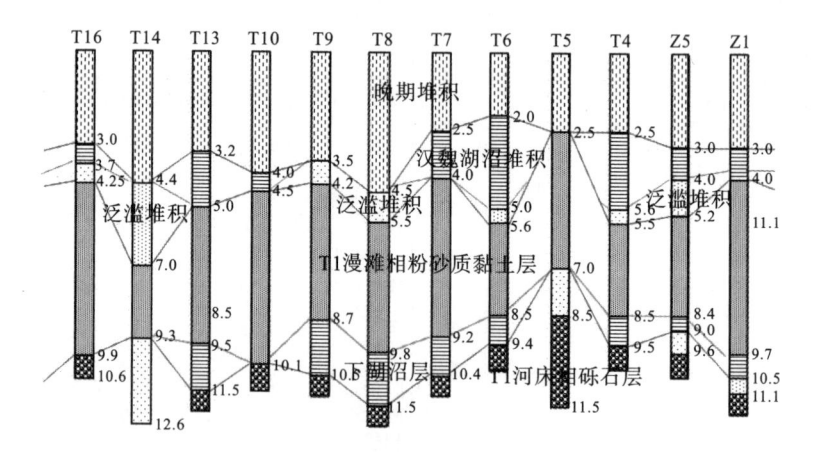

图6 二里头遗址南伊河T1阶地钻孔对比图

我们选择T16钻作为本区代表性的沉积剖面（图7）。该钻孔位于遗址西南约1千米的伊河一级阶地上。该钻孔井口海拔116米，地理坐标：34°41′33.5″N，112°41′08.3″E，孔深11米。根据岩芯描述，钻孔剖面可以划分为四部分，共12层：

顶部：

（1）0~300厘米：褐色黏土质粉砂，略发黄，其中夹杂有类菌丝体状的红褐色铁锈斑，靠顶面50厘米为现代耕作土，为近代堆积。

（2）300厘米~370厘米：青灰色粉砂质黏土，为湖泊相堆积，其中夹杂有少量汉魏时期的青砖残块，为汉魏时期堆积。

上部：

（3）370厘米~420厘米：褐色黏土质粉砂，可见明显的团块结构。

（4）420厘米~425厘米：青灰色黏土质粉细砂。

（5）425厘米~438厘米：褐色粉砂质黏土。

下部：

（6）438厘米~458厘米：深褐色粉砂质黏土，略发灰黑，具明显的棱块状结构，可能是土壤化作用的结果。本层含较多的炭屑，在深440厘米处炭屑样品的AMS^{14}C年龄为6190±40aB.P.，日历年龄为5180cal aBC；456厘米处炭屑样品的AMS^{14}C年龄为6100±45aB.P.，日历年龄为

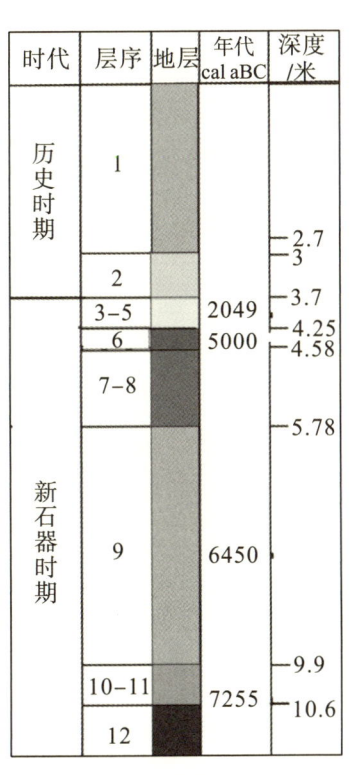

时代	层序	地层	年代 cal aBC	深度/米
历史时期	1			
	2			2.7 / 3
新石器时期	3–5		2049	3.7
	6		5000	4.25 / 4.58
	7–8			5.78
	9		6450	
	10–11		7255	9.9
	12			10.6

图7 T16钻孔剖面的地层划分与时代

5070cal aBC。

（7）458厘米~568厘米：褐色或棕褐色黏土质粉砂。

（8）568厘米~578厘米：青灰色黏土质粉砂，为牛轭湖堆积。

（9）578厘米~920厘米：褐色黏土质粉砂，含较多的炭屑，为漫滩堆积。本层740厘米处炭屑样品的AMS^{14}C年龄6970±55aB.P.，日历年龄为5910cal aBC；750厘米处炭屑样品的AMS^{14}C年龄为6780±50aB.P.，日历年龄为5715cal aBC；778厘米处炭屑样品的AMS^{14}C年龄7895±40aB.P.，日历年龄为6800cal aBC；799厘米处炭屑样品的AMS^{14}C年龄7895aB.P.，日历年龄为6820cal aBC；808厘米处炭屑样品的AMS^{14}C年龄为7705±40aB.P.，日历年龄为6590cal aBC。

（10）920厘米~990厘米：黄褐色黏土质粉砂，其中含有灰色团块。

（11）990厘米~1060厘米：浅灰—青灰色粉砂质黏土，质地纯洁，黏重，为牛轭湖堆积。其中埋藏有榆树的树干残体。树木的AMS^{14}C年龄为8195±45aB.P.和8200±35aB.P.，日历年龄为7300cal aBC。

（12）1060厘米以下：中粗砂层，夹杂有磨圆较好的砾石，为河床相堆积。未见底。

表3 钻孔测年数据

Lab 编号	样品 性质	深度 （厘米）	原始 样号	层位	AMS^{14}C （aB.P.）	树轮校正后年代（cal aBC） 1σ（68.2%）	2σ（95.4%）
BA 091327	灰色 黏土	444	Elt (3)-76	6	6190±40	5220（6.9%） 5200 5180 （61.3%） 5060	5300（5.3%）5240 5230（90.1%） 5020

续表

Lab编号	样品性质	深度（厘米）	原始样号	层位	AMS^{14}C（aB.P.）	树轮校正后年代（cal aBC）1σ（68.2%）	2σ（95.4%）
BA 091328	灰色黏土	456	Elt (3)-82	6	6100±45	5200（7.9%）5170 5070（60.3%）4940	5210（95.4%）4900
BA 081142	木炭	740	Elt (2)-175	8	6970±55	5970（5.3%）5950 5910（62.9%）5770	5990（12.9%）5940 5930（82.5%）5730
BA 081143	木炭	750	Elt (2)-180	8	6780±50	5715（68.2%）5640	5750（95.4%）5610
BA 081144	木炭	778	Elt (2)-190	8	7895±40	6820（68.2%）6650	7030（8.6%）6960 6950（2.0%）6930 6920（6.7%）6870 6850（78.2%）6640
BA 081145	木炭	799	Elt (2)-197	8	7895±40	6820（68.2%）6650	7030（8.6%）6960 6950（2.0%）6930 6920（6.7%）6870 6850（78.2%）6640
BA 081146	木炭	808	Elt (2)-201	8	7705±40	6590（68.2%）6490	6630（95.4%）6460
BA 071756	木头	1050	Elt 2007-1	9	8195±45	7300（32.1%）7210 7200（28.1%）7130 7110（8.0%）7080	7340（95.4%）7070

该剖面下部（12~6层）为河流相堆积，具明显的二元结构，下部为河床相的砂砾石堆积，上部为河漫滩相的褐色黏土质粉砂和粉

砂质黏土堆积，夹有多层湖沼相的青灰色黏土堆积。其中第6层还具有明显的土壤化现象，测年数据表明，第6层的年龄大致为距今7000年，其上覆第5层的年龄大致在距今4000年前后，上下地层之间相差近3000年，说明在距今7000—4000年期间，本区存在有一个沉积间断，沉积间断和土壤化现象的存在，说明大致在距今7000年前后，亦即在第6层堆积之后，河流下切，一级河流阶地形成。而剖面上部的第5~3层，亦属河流相堆积，它叠压在T1阶地面之上，表明当时这里发生过一次特大的异常洪水事件，T1阶地被河流洪水淹没。事件其发生的年代大致在距今4000年前后。

剖面顶部的第2层为灰绿色粉砂质黏土，其中包含有汉魏时期的砖瓦碎块，表明第2层属于汉魏时期的湖沼堆积，湖沼堆积的出现说明这里汉魏时期地势低洼，曾再次被洪水淹没，泛滥平原上残留有洪水后退之后遗留下来的积水洼地。直到今天，伊河泛滥时，洪水有时还会漫上T1阶地，最远可以淹到二里头遗址所在的T2阶地前缘。

（二）二里头北洛河北岸T1阶地

在二里头遗址以北的洛河北岸T1阶地上，我们施钻5孔，此外在T2阶地上打了4孔，共计9孔（图4，表4）。据T1阶地上的5个钻孔揭示，洛河T1阶地的岩性除底部为砂砾石之外，上部主要为黄砂层与黄褐色黏土质粉砂，相比于二里头南的伊河T1阶地，其物质成分明显要粗一些（图8）。

表4 二里头北洛河北岸钻孔统计

	井号	地点	地貌部位	岩性特征
1	2008-ZZ1	鱼骨村	T2	缺详细记录，岩芯所见主要为黄土状土，被认为是T2阶地堆积
2	2008-ZZ2	南蔡庄南	T1	晚期堆积：0~4.4米，黄褐色黏土质粉砂 洪水堆积：4.4米~7米，黄褐色细砂 阶地堆积：7米~9.3米，黄褐色黏土质粉砂，夹灰色团块；9.3米~12.6米，黄色中粗砂，夹有砾石 下伏地层：12.6米，灰褐色粉砂质黏土
3	2008-ZZ3	南蔡庄南	T1	晚期堆积：0~4米，黄褐色发灰黄粉砂土，夹杂碎砖块 洪水堆积：4米~6米，灰黄色中细砂 阶地堆积：6米~7.2米，褐色略发灰黄粉砂；7.2米~8.7米，褐色黏土质粉砂，夹有灰色水锈斑；8.7米~11米，中粗砂
11	2008-ZZ1	南蔡庄南	T1	晚期堆积：0~4米，黄褐色粉砂土 洪水堆积：4米~5.2米，黄褐色黏土质粉砂 阶地堆积：5.2米~7米，黄色细砂；7米~11.1米，黄色细砂，夹杂有褐色黏土块；11.1米~12.6米，中细砂；12.6米见砾石层
5	2008-ZZ5	南蔡庄南	T1	晚期堆积：0~4米，褐色土 洪水堆积：4米~4.3米，黄色偏白细砂 阶地堆积：4.3米~5.6米，褐色粉砂；5.6米~7.3米，黄色细砂，夹有1厘米钙结核；7.3米~7.5米，褐色粉砂土；7.5米~7.7米，黄色粉细砂；7.7米~11米，黄褐色粉砂，夹灰色团块，具水锈；11米~14.7米，黏土成分增多，颜色变深，夹较多钙结核（2厘米）；14.7米~15米，砾石层
4	2008-ZZ4	古城村北	汉魏洛河故道	晚期堆积：0~5米，褐色粉砂质黏土，夹炭屑 汉魏故道：5米~7米，红褐色黏土质粉砂，夹灰色团块，具水锈，5.3米处出土汉代陶片，7米处出现清砖残块 阶地堆积：7米~10.7米，褐色黏土质粉砂，混杂有灰黑色团块；10.7米~11米，砾石层
K11	2010-Z11	古城村北	T2	晚期堆积：0~1米，扰土 阶地堆积：1米~3.2米，红褐色黏土质粉砂，夹水锈；3.2米~4米，黄褐色黏土质粉砂，含砂量高；4米~5.5米，红色黏土夹黄色砂层；5.5米~6米，红棕色黏土质粉砂，瓣状；6米~11米，黄色粉砂质黏土；11米~13米，细砂；13米~13.2米，砾石层

续表

井号	地点	地貌部位	岩性特征
K5	2010-Z5	白村	T2	晚近堆积：0~1米，耕作土 阶地堆积：1米~2米，红褐色黏土质粉砂，淤土；2米~3.5米，红黏土，夹水锈，发灰，有虫孔；3.5米~5米，黄褐色黏土质粉砂，含料姜石；5米~7米，黄褐色黏土质粉砂，瓣状，夹灰色团块，夹水锈；7米~9米，纯净黄砂层；9米~11.5米，黄色粉砂，纯净、瓷实，向下黏度增大，底部为青灰色黏土，含螺壳碎片
K13	2010-Z13	白村	T2	同2010-Z5（K5）

11孔岩芯被视为这一地区的代表性剖面。该钻孔位于南蔡庄—古城中间的一级阶地上，钻深大于12.6米，剖面由上而下描述如下：

顶部：晚期堆积

第1层：黄褐色/红褐色黏土质粉砂，含虫孔和水锈，夹有杂碎砖块。0~4米。

上部：阶地上覆的河流堆积

第2层：黄褐色黏土质粉砂。含有直径1厘米左右的钙结核。4米~5.2米。

第3层：黄色砂层。黄色细砂—中粗砂层，纯净。5.2米~7.0米。

下部：阶地上部的河漫滩和湖沼堆积

第4层：黄褐色黏土质粉砂，具灰色团块，夹杂有酱褐色水锈斑，含直径2厘米的钙结核，靠近底部为青灰色粉砂质黏土，含螺壳碎片。7.0米~11.1米。

底部：阶地底部的河床相堆积

第5层：黄色中细砂或中粗砂。11.1米~12.6米。

第6层：砂砾石层。12.6米以下。

本钻孔岩芯没有进行测年，仅根据埋藏深度，初步判断位于地表以下7米~12.6米的第4~6层，属于洛河T1阶地的堆积，可以与伊河的T1阶地沉积物相对应。地面以下4米~7米的黄砂层，有可能相当于伊河T1阶地见到的4000年洪水堆积。值得注意的是在靠近T1阶地南端的4孔，该孔7米以下的地层属于T1阶地的堆积。而5米~7米的岩性与其他钻孔上部的洪水堆积存在有明显不同，其中在5米和7米深处还分别发现有汉代的陶片和青砖，推断该钻孔5米~7米处的地层可能是下切于洪水层之中的汉魏时期洛河故道堆积，故道的位置大致在5孔和古城村北的K11孔之间（图4）。

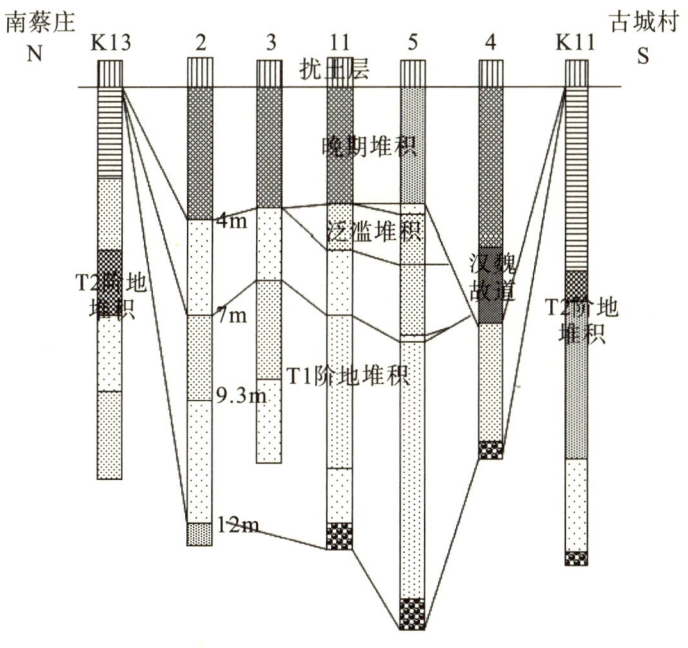

图8　二里头遗址北洛河北岸阶地钻孔南北对比，显示T1阶地堆积切割充填在T2阶地之中，其顶部为异常洪水堆积。值得注意的是，钻孔4揭示在剖面南端，在靠近古城村北埋藏有汉魏时期的洛河故道。

（三）二里头遗址以西伊洛分水岭地区

二里头遗址以西的西石桥—大郊寨一带，在由T2阶地构成的伊河和洛河分水岭上，自北向南，分布有若干条近东西向的长条状洼地，我们选取其中最北边的西石桥—大郊寨洼地进行了解剖。

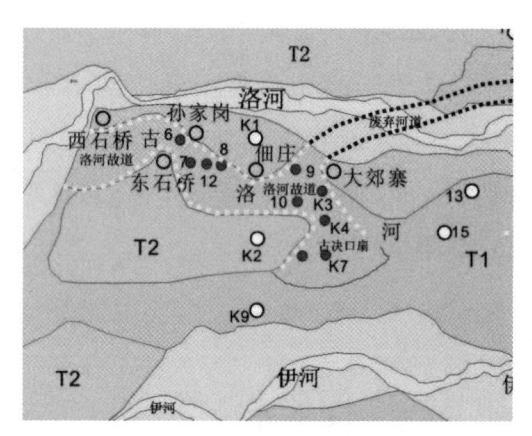

图9　二里头西分水岭地区地貌与主要钻孔分布图
图中深色圆圈代表钻孔岩芯以粗粒为主，白色圆圈代表钻孔岩芯以细粒为主。

西石桥—大郊寨洼地在地貌上属于T2阶地之中的东西向长条状低地，其西端与洛河T1阶地相通，东端有两个出口，分别与洛河和伊河的T1阶地相通。我们沿此洼地施钻12孔，在两侧的分水岭上施钻2孔，孔深基本都在10米左右（图9，表6）。

表6　二里头遗址西分水岭地区钻孔统计

室内编号	野外编号	地点	地貌部位	地层
6	2008-ZZ6	东石桥北	古河道西段	晚期堆积：0~3米，人工垫土 泛滥堆积：3米~4.5米，夹细砂的粉砂 古河道堆积：4.5米~7.5米，细砂；7.5米~8.6米，粉细砂含小砾，夹青灰色黏土；8.6米~9.5米，砂层；9.5米~10米，砾石层

续表

室内编号	野外编号	地点	地貌部位	地层
7	2008-ZZ7	东石桥东	古河道西段	晚近堆积：0~2米，耕作土 泛滥堆积：2米~3米，细砂 古河道堆积：3米~5米，青灰色粉细砂；5米~9米，黄褐色黏土质粉砂—粉砂—细砂；9米~10米，砾石层
8	2008-ZZ8	佃庄村西	古河道西段	晚近堆积：0~1.2米，耕作土 泛滥堆积：1.2米~1.5米，黄色细砂；1.5米~2.5米，黄褐色粉砂，夹杂有黏土质粉砂，灰色斑点 古河道堆积：2.5米~5米，黄褐色粉砂质黏土；5米~6.5米，纯净的黄褐色粉砂土；6.5米~7米，砾石层
9	2008-ZZ9	大郊寨西	古河道北出口	晚近堆积：0~1.5米，耕作土 泛滥堆积：1.5米~3.5米，含黏土的块状粉细砂 古河道堆积：3.5米~5.5米，青灰黑色粉砂质黏土；5.5米~7.8米，黄褐色黏土质粉砂，具灰色斑点；7.8米~8.1米，砂砾石层；8.1米~10米，纯净的中砂
10	2008-ZZ10	大郊寨西南	古河道东端	晚近堆积：0~1.5米，耕作土；1.5米~2.5米，淡黄色粉细砂 泛滥堆积：2.5米~2.9米，棕褐色粉砂质黏土，具锈斑；2.9米~4.5米，砂砾石层（直径4厘米×5厘米） 古河道堆积：4.5米~6.6米，黄褐色粉砂；6.6米~7.2米，砂砾石层（直径4厘米×5厘米）；7.2米~8.5米，青灰色砂；8.5米~9米，砾石层
12	2008-ZZ12	东石桥东古河道内	古河道西段	晚近堆积：0~1.3米，耕作土 泛滥堆积：1.3米~3.4米，黄色细砂 古河道堆积：3.4米~4米，青灰土；4米~8.7米，黄褐色黏土质粉砂；8.7米~10.6米，砂砾石层
13	08-ZZ13	西罗洼西	T1	晚近堆积：0~1.3米，耕作土；1.3米~3.8米，黄色黏土质粉砂 汉魏堆积：3.8米~3.9米，青灰土（上湖相层） 泛滥堆积：3.9米~4.8米，黄色黏土质粉砂 阶地堆积：4.8米~9.4米，黄褐色黏土质粉砂，含灰色团块；9.4米~12.9米，青灰色粉砂（下湖相层）；12.9米~13米，砾石层

续表

室内编号	野外编号	地点	地貌部位	地层
14	2008-ZZ14	二里头西南	T1	晚近堆积：1米~2米，耕作土；2米~3.2米，褐色黏土质粉砂；3.2米~4米，黄褐色粉砂 泛滥堆积：4米~4.5米，黄色细砂；4.5米~6米，夹砾石的中粗砂（直径4厘米×5厘米） 阶地堆积：6米~6.3米，粉砂；6.3米~12米，青灰色砂，夹砾石（≈下湖相层）；12米~13米，砾石层
15	2008-ZZ15	大郊寨东	T1	晚近堆积：0~0.7米，耕作土；0.7米~1.7米，黄褐色黏土质粉砂，含小螺残片和瓦片 泛滥堆积：1.7米~3.7米，褐灰色粉砂，夹有红烧土颗粒 阶地堆积：3.7米~7.7米，黄褐色黏土质粉砂，含水锈；7.7米~7.8米，青灰色砂（≈下湖相层）；7.8米~9米，砂砾石层
K4	2010-Z4	大郊寨正南	决口扇	晚近堆积：0~0.8米，耕作土；0.8米~1.4米，红褐色黏土 汉魏堆积：1.4米~3米，黄色淤土，向下含砂量增大；3米~3.5米，黑色淤土，下部砂砾石层；3.5米~4.5米，黄褐色黏土质粉砂，夹瓦片 决口扇堆积：4.5米~5.5米，中粗砂；5.5米~6.2米，砾石层（直径6厘米×5厘米） 阶地堆积：6.2米~7.2米，黄褐色纯净黏土；7.2米~9.5米，青灰泥（下湖相层）；9.5米~10.4米，砂砾石层
K7	2010-Z7	K4孔南前张-和村间	决口扇	晚近堆积：0~0.3米，耕作土；0.3米~1.8米，黄褐色淤土 汉魏堆积：1.8米~4.2米，红褐色粉砂质黏土，含瓦片、红烧土 决口扇堆积：4.2米~6.5米，纯净的粗砂 阶地堆积：6.5米~9米，黄红褐色黏土，夹水锈；9米~10米，砂砾石层
K9	2010-Z9	碑楼村南	T1	晚近堆积：0~2米，红色淤土，含大量水锈，夹铁块、瓦片 汉魏堆积：2米~2.6米，较纯净的黄色黏土质粉砂；2.6米~3.8米，黄褐色黏土质粉砂，夹水锈、木炭 泛滥堆积：3.8米~6.6米，褐色黏土，夹水锈，致密，含炭屑 阶地堆积：6.6米~9.1米，青灰泥，含砂，出芦苇（下湖相层）；9.1米~10米，砂砾石层

我们选取位于佃庄附近的12孔作为古河道堆积的代表。该孔主要由三部分组成：

上部：晚期堆积

黄褐色黏质粉砂，人工扰动比较严重，含瓷片等近现代堆积物。厚2米。

中部：古河道的上部堆积

淡黄色细—中粗砂，偶夹黄褐色黏土质粉砂，属河漫滩相堆积。厚7米。

下部：古河道的下部堆积

砂砾石层，由粗砂砾石组成，砾石最大直径可达10厘米×7厘米，属河床相堆积。厚2米。

钻孔岩芯特征表明，洼地中的堆积物与两侧二级阶地的堆积物截然不同，主要为厚层的砂质堆积，属于二级阶地上河道下切形成的切割充填堆积，亦即古河道堆积，其时代应相当于T1阶地。由于

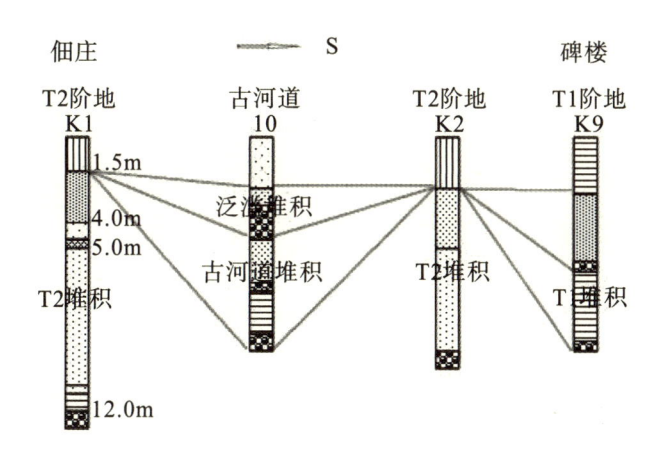

图10 佃庄—碑楼东古河道钻孔剖面对比图，古河道下切于T2阶地之中，属于T1阶地发育时期的切割填充堆积。

古河道堆积的物质组分明显粗于伊河的T1阶地堆积，而与洛河北的T1阶地堆积相近，据此，我们认为它应该是洛河的故道，指示在洛河T1阶地发育时期，洛河主要流经大石桥到大郊寨，现在分水岭上见到的低洼地，是当时洛河留下的古河道（图10）。

在该洼地东南端的大郊寨与西大郊村之间，我们在二级阶地组成的高地上发现一明显的垭口地形。垭口处的堆积物据钻孔揭示（图9、11），主要为厚层砂层，它向西与古河道的砂层相连，向东南（从K3孔开始）方向，物质变粗，出现较多的砂砾石夹层或透镜体，形成切割充填在伊河T1阶地之中的扇形堆积体，再向东与伊河T1阶地之上的洪水泛滥堆积逐渐过渡。据此推测该扇形体属于古洛河的决口扇堆积，决口的年代可能与距今4000年前后的洪水事件相当。受异常洪水的影响，当时流经东石桥到大郊寨段的古洛河，在

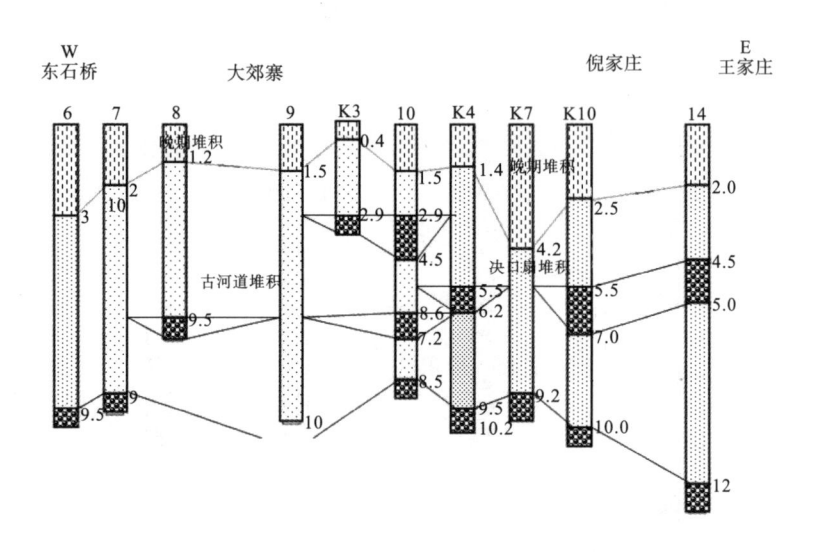

图11 古河道东西向（东石桥—大郊寨—王家庄）钻孔剖面对比图，图中西段为古河道堆积，东段为决口扇堆积，相比之下，决口扇堆积中砂砾石夹层明显增多。

大郊寨与西大郊村之间决口，洪水由决口处进入伊河，并形成决口扇。洛河在二里头上游改道入伊河，造成流经二里头北侧的原洛河河道被废弃。

四、距今10000年以来伊洛河的发育历史

根据以上有关二里头地区的地貌分析和钻孔资料，我们可以把该地区伊洛河的演变历史大致划分为如下几个阶段（表7，图12）：

第Ⅰ阶段：距今10000年之前

在10000年前的晚更新世，受末次冰期干冷气候环境的影响，本区与我国北方大部分地区一样，是马兰黄土大规模堆积的时期，铺天盖地的黄土粉尘，降落在不同的原始地貌上，在伊洛河流域形成大面积波状起伏的黄土平原。在黄土平原上也有水系发育，但其分布格局可能不同于今天的伊洛河水系，这有待进一步的工作。

第Ⅱ阶段：距今10000年前后

在距今10000年前后，随着冰期的结束和气候的转暖，原来蜿蜒于黄土平原之上的河流开始间歇性下切，形成伊洛河河谷和河谷两岸的黄土台塬、三级阶地和二级阶地，根据T1阶地底砾层之上埋藏古树的AMS^{14}C年龄为9300aB.P.，推测河流下切的时间要早于9300aB.P.，大致在距今10000年前后。

目前这些阶地沿伊河和洛河河谷有广泛的分布，说明这一时期这两条河流基本上同时出现。在两河所夹的二里头遗址所在地区，仅分布有二级阶地，且构成两河之间的分水岭，说明在二级阶地发育时期，伊河和洛河的汇合口在二里头上游，二里头地区当时是两

河汇合之后形成的古伊洛河河谷。虽然目前二里头地区没有三级阶地发育，但这并不意味着在三级阶地发育时期，这里没有河流分布，有可能当时的河流堆积已经被后期的河流侵蚀殆尽。所以在三级阶地发育时期，伊河和洛河的汇聚情况还不清楚。

第Ⅲ阶段：距今10000—7000年

钻孔资料和测年数据表明，一级阶地的堆积始于一万年前后，结束于距今7000年，大约延续了3000年，这一时期伊洛河河谷中河漫滩十分发育，并伴有湖沼出现。根据二里头地区T1阶地的分布格局，可以推断在10000—7000aB.P.期间，二里头地区以T2阶地为分水岭，伊河和洛河分别从二里头遗址所在地的南北两侧流过。

目前在伊洛两河的分水岭西段，在西石桥—大郊寨一带，保留有明显的古河道，这一古河道的两端在地貌上与洛河相通，沉积物特征与洛河T1阶地相近，层位相当，推测在洛河T1阶地形成时期，这里是洛河的主河道，目前位于古河道北侧的洛河现代河道，当时可能还没有出现。

第Ⅳ阶段：距今7000—4000年

到7000aB.P.前后，河流在此发生下切，伊洛河流域的T1阶地形成，前述西石桥—大郊寨一带的洛河故道，也应河流下切成为分水岭上的低洼地（当时洛河是否仍从低洼地中流过，还有待进一步的工作）。在随后的7000—4000年间，水系处于相对比较稳定的时期。伊河和洛河分别从二里头遗址所在地南北两侧流过，广泛分布在河流两岸的T1和T2阶地，地势开阔，地面平坦，土质肥沃，是仰韶—龙山时期人类的主要活动场所。目前在二里头地区，这一时期的遗址主要分布在T2阶地之上，在T1阶地很少发现，这可能与这里T1阶地属埋藏阶地，阶地埋深较大，遗址不易发现有关。

第Ⅴ阶段：距今4000年之后（新石器文化末期—历史时期）

在这一时期，伊洛河流域多次发生洪水事件，其中以距今4000年前后的洪水事件和汉魏时期洪水事件最为重要。

距今4000年前后的异常洪水事件，不仅淹没了T1阶地，而且也淹没了部分T2阶地，在阶地上堆积了河流的漫洪沉积。西石桥—大郊寨间的洛河废弃故道，此时也被洪水淹没。在古河道的东南，在由二级阶地构成的狭窄分水岭上有一缺口，古河道从中通过并呈向东南展开，形成决口扇堆积体，向东决口扇下切充填在二里头西南侧的伊河T1阶地之中，说明洛河当时曾经在此决口，并形成进入伊河的决口扇。这次决口可能是造成洛河改道南流注入伊河，原洛河一度废弃的直接原因。

汉魏时期的异常洪水主要淹没本区的T1阶地，造成在二里头遗址以南的伊河T1阶地上覆的泛滥堆积之上又出现一层含有汉魏陶片的湖沼相堆积。在二里头遗址以北的洛河，这次洪水事件造成废弃河道中汉魏故河道的出现，当时汉魏河道下切深度达7米，其中也含有汉魏陶片。

表7　全新世伊洛河演化历史

演化阶段	文化时期	年代/aB.P.	河流演变阶段的特征	相应的文化时期	人类活动场所
Ⅴ	汉魏时期之后	2000-	泛滥平原上湖沼发育	汉魏时期文化	T1阶地及以上地貌面
	二里头时期汉魏时期之前	4000-2000	泛滥平原广泛发育	二里头文化	T1阶地及以上地貌面

续表

演化阶段	文化时期	年代/aB.P.	河流演变阶段的特征	相应的文化时期	人类活动场所
Ⅳ	新石器文化末期	≈4000	异常洪水事件，T1（包括部分）T2阶地被淹。洛河决口改道入伊河，洛河故道废弃		
Ⅲ	新石器文化中—晚期	7000–4000	河流停止下切，T1阶地面经历土壤化	仰韶—龙山时期	T1阶地及以上地貌面
		≈7000	河流下切，形成T1阶地		
	新石器文化早期	9300–7000	河流侧方移动和加积，河谷展宽，河漫滩发育	裴李岗时期	T2阶地及以上地貌面
Ⅱ	旧石器晚期—新石器初期	≈10000	河流强烈下切，形成伊洛河河谷和黄土台塬，下切中有两次停顿，形成T3和T2阶地	李家沟时期	漫滩、阶地和黄土台塬面
Ⅰ	旧石器晚期	>10000	马兰黄土堆积时期，形成山间堆积平原	旧石器晚期（北窑人）	黄土堆积面

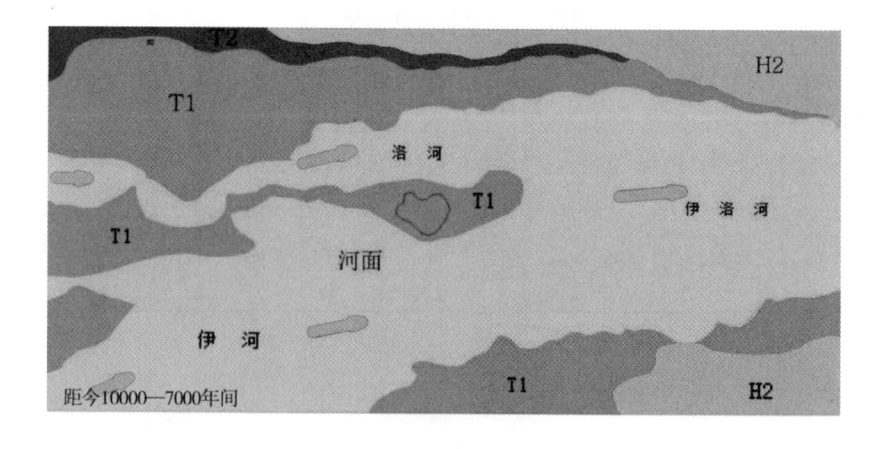

距今10000—7000年间

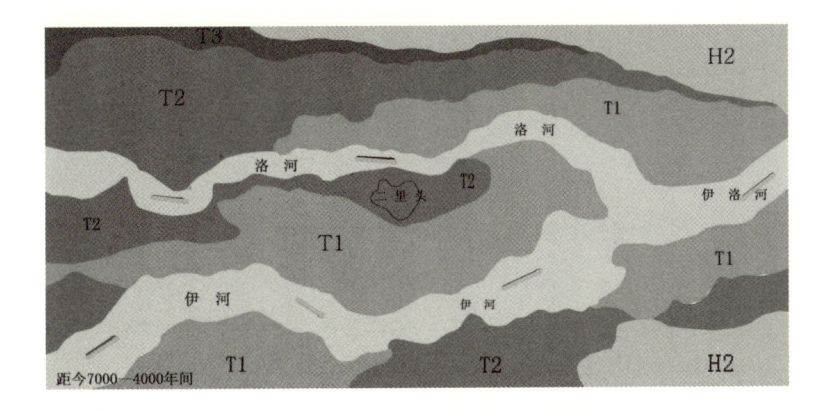

区域环境考古 | 177

距今7000—4000年间

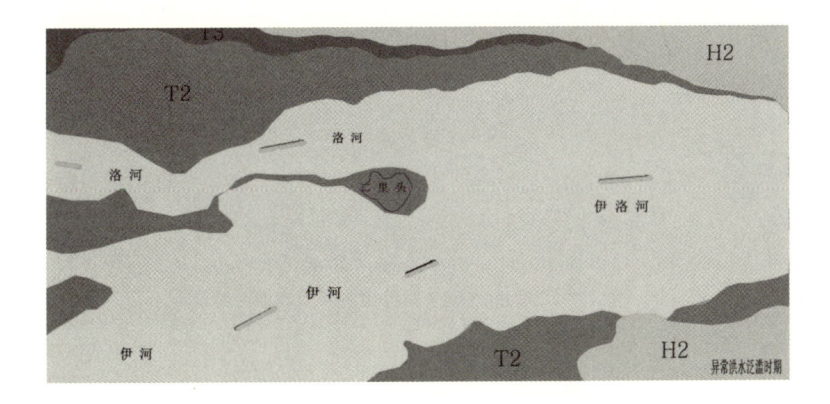

异常洪水泛滥时期

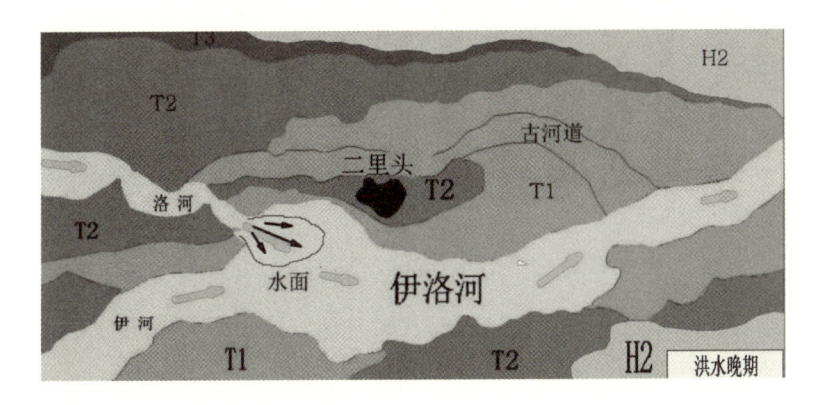

古河道
二里头
水面
伊洛河
洪水晚期

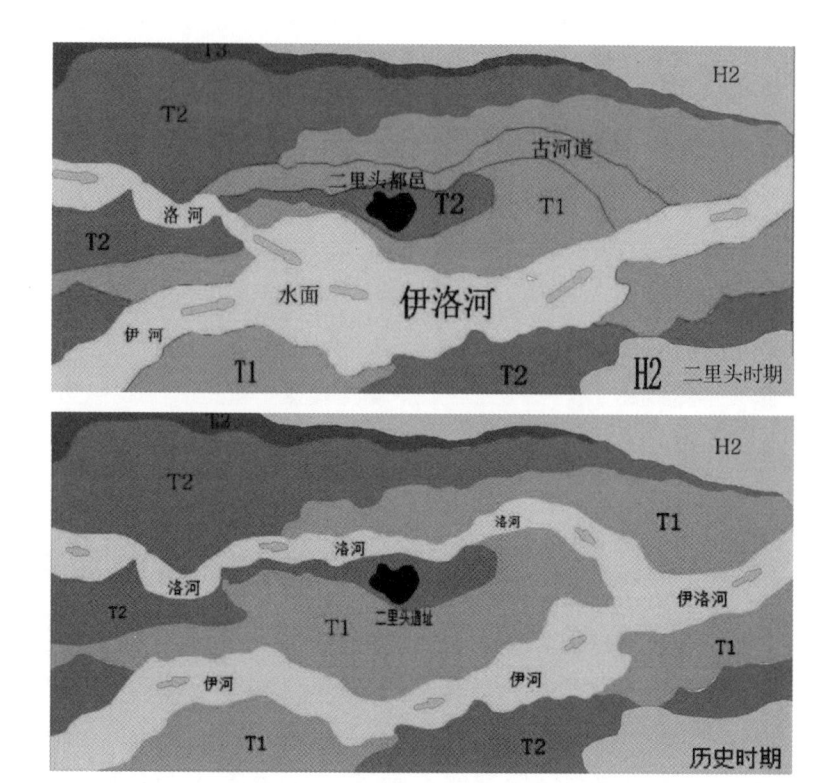

图12　二里头地区全新世伊洛河河道演变图

五、4000 aB.P.异常洪水事件与二里头都邑的出现

在华夏文明的演进过程中，距今4000年前后发生的异常洪水是一次重要的环境事件，它对中原地区华夏文化的形成和发展有着极其重要的影响。

大量的研究表明，在距今4000年前后，在华夏文明诞生前夕，中原地区出现过一个异常洪水频发的时期，这次洪水事件的遗迹见于黄河中游的伊河流域、洛河流域、涑水河及沁河流域和淮河上游的双洎河流域，包括河南新密市新寨遗址，孟州市孟县遗址，焦作市徐堡遗址，山西绛县的周家庄遗址，河南焦作市的西金城遗址，洛阳市矬李遗址、二里头遗址、王湾遗址，三门峡市三里桥遗址等（图13）。这些距今4000年前后古洪水遗迹的发现为我们探讨华夏文明的起源与史前异常洪水事件的关系，提供了难得的机会。其中二里头遗址的古洪水遗迹，由于它出现在夏王朝早期都邑的所在地，其意义就显得更为重要。

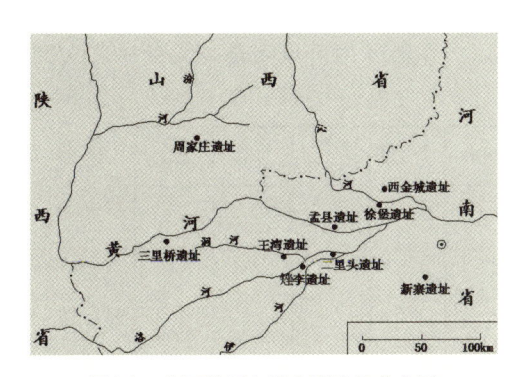

图13 中原地区古洪水遗迹的分布图

（一）二里头遗址古洪水的证据

二里头遗址位于伊洛河二级阶地的顶面，高于现代河面约5米~10米。其南面为宽阔的伊河一级阶地和河漫滩。我们在二级阶地前缘、二里头遗址南区和遗址以南的一级阶地钻孔剖面中，都见到了古洪水的遗迹。

1. 二级阶地前缘的洪水层

二里头遗址南伊河二级阶地面与一级阶地面基本连成一片，地表几乎见不到二级阶地的前缘陡坎。仅在二里头村南，由于人工灌渠的开挖，在渠道的北壁出露了一处较为完整的二级阶地前缘剖面，称水渠剖面（图14，表8），我们在剖面上发现了古洪水堆积层（地理坐标：34°41′19.2″N，112°41′15.1″E，海拔约118米）。

根据剖面的岩性和沉积结构特征，可以将水渠剖面自上而下划分为如下5层：

（1）近现代堆积，顶部为耕土层。厚110厘米。

（2）土灰黄色粉砂，混杂有少量残砖，为历史时期堆积。靠近底部有光释光年龄2642±150aB.P.（样号L1）。厚40厘米。

（3）褐色黏土质粉砂，其中夹有4条宽约1厘米的细砂质条带，反映流水的作用。在粉砂中可见水流带来的碎小灰陶片。中部有光

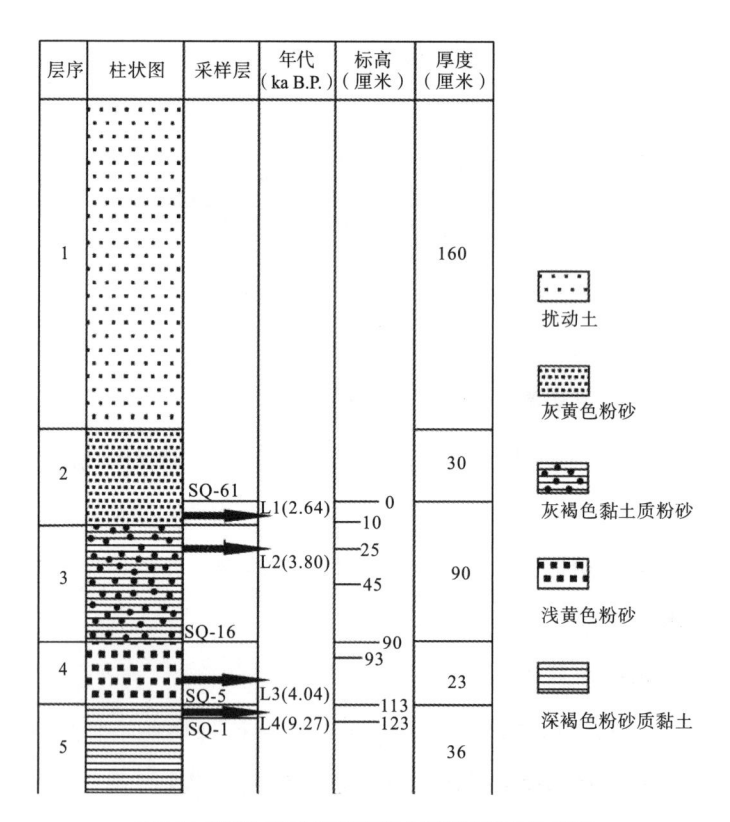

图14 偃师二里头遗址南侧水渠剖面综合柱状图

释光年龄3805±248aB.P.（样号L2）。厚80厘米。

（4）浅黄色粉细砂，具波状层理，夹有厚约1厘米的褐色黏土质条带，含有个别灰陶片。靠近下部有光释光年龄4044±338aB.P.（样号L3）。厚23厘米。

（5）褐黄色粉砂质黏土，质地较坚硬致密，具明显的棱块状结构，其中夹杂有灰色斑块。靠近顶部有光释光年龄9270±330aB.P.（样号L4）。居T2阶地堆积。厚55厘米。

表8　水渠剖面T2顶部测年数据表

编号	实验室编号	层位	剂量率（Gy/ka）	等效剂量（Sec）	等效剂量（Gy）	年龄（kaB.P.）	误差	
L1	Lap080109	3	5.51	147	4	14.56	0.39	2.64	0.15	0.06
L2	Lap080108	3	5.59	215	9	21.29	0.89	3.80	0.25	0.07
L3	Lap080103	4	5.12	209	14	20.70	1.39	4.04	0.34	0.08
L4	20110331	5	3.58	353	8	33.25	0.77	9.27	0.33	0.04

我们在水渠剖面的第3层、4层、5层按照2厘米样长连续采集沉积物样品61个（样品号为SQ1~SQ61），进行了沉积物的粒度分析。粒度分析在北京大学第四纪沉积物分析实验室的英制Mastersizer2000激光粒度仪上进行，根据粒度参数值［中值粒径、体积平均粒径、表面积平均粒径、粗粉砂（0.01毫米~0.05毫米）含量百分比、黏土（<0.005毫米）含量百分比、粉砂/黏粒比值（Kd）］作为主要指标由上而下的变化，并结合磁化率的变化，可以大体划分出上、中、下三部分（图15、16）：

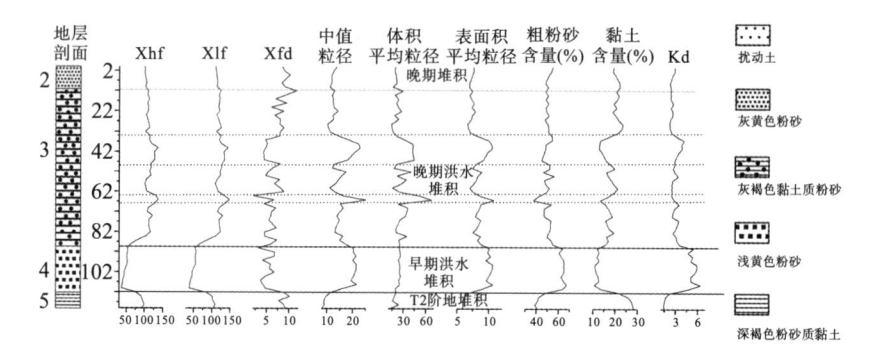

图15 水渠剖面的磁化率和粒度变化曲线图。粒度曲线表明，该剖面的第3~4层明显不同于下伏的第5层，它们自身组成一个下粗上细的沉积旋回，代表一个新的河流过程。

粒度的频率曲线和概率累积曲线图进一步表明，剖面下部第5层的频率曲线峰值粒径在6~6.5Φ之间；概率曲线以悬浮组分为主，占90%~95%以上，斜率中等，分选一般，滚动段（少于1%）和跃移段（少于5%）不多。反映了以悬浮质为主，粒度较细的河漫滩泛滥平原堆积特征。第4层的频率曲线呈正偏态，峰值粒径在5Φ前后，属窄峰；概率累积曲线呈三段式，以跃移段为主，占55%，斜率较大，分选较好，悬浮段次之，占40%，斜率中等，分选一般，滚动段不足5%。反映了以跃移组分为主，粒度较粗，分选较好的滨河床砂坝的沉积特征。第3层频率曲线的峰值粒径在5Φ左右，属宽峰型；概率曲线以悬移段为主，占90%以上，斜率低，分选不好，属递变悬浮。反映了以悬浮质为主，粒度较细的河漫滩泛滥平原堆积特征。但与第5层相比，第3层沉积物的峰值粒度较粗，悬浮段分选较差，说明当时水动力状况要比第5层时期要强烈紊乱一些。

区域环境考古 | 183

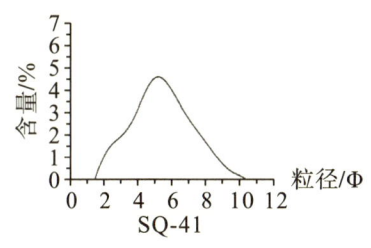

A1:第3层样品粒度频率曲线
沉积环境——泛滥平原

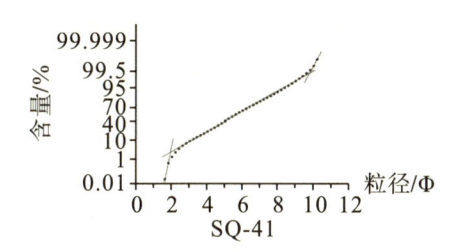

A2:第3层样品粒度概率累积曲线
沉积环境——泛滥平原

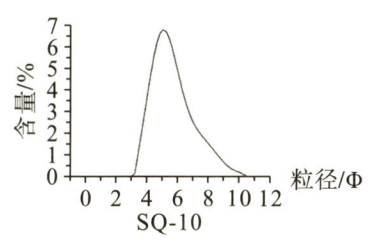

B1:第4层样品粒度频率曲线
沉积环境——边滩—漫滩

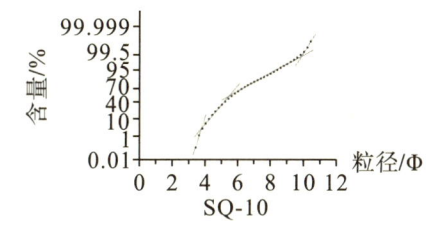

B2:第4层样品粒度概率累积曲线
沉积环境——边滩—漫滩

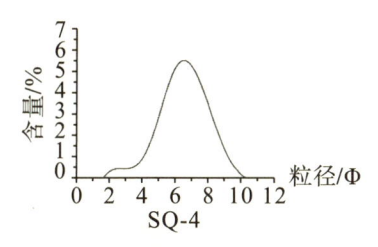

C1:第5层样品粒度频率曲线
沉积环境——泛滥平原

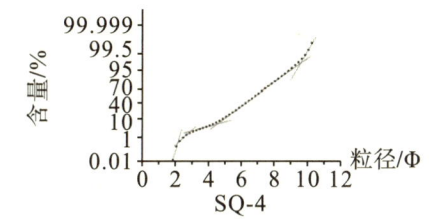

C2:第5层样品粒度概率累积曲线
沉积环境——泛滥平原

图16 偃师二里头遗址水渠剖面粒度曲线图。其中上图是剖面第3层代表性样品（SQ-41）的粒度频率曲线和粒度概率累积曲线，反映了以悬浮质为主的水动力较强的河流泛滥平原沉积特征；中图是剖面第4层代表性样品（SQ-10）的粒度频率曲线和粒度概率累积曲线，反映了具有较多跃移组分的河流边滩沉积特征；下图是剖面第5层代表性样品（SQ-4）的粒度频率曲线和粒度概率累积曲线，反映了以悬浮质为主的水动力较弱的河流泛滥平原沉积特征。

根据以上岩性描述、粒度组构分析和年龄数据，我们认为第5层形成在1万年之前，属于组成二级阶地沉积上部的泛滥平原堆积。而叠压在第5层之上的3~4层，包括早期的砂坝堆积和后期的泛滥平原堆积，它们属于另一次河流过程，其年代大致在距今4000年前后，与下伏的二级阶地沉积之间存在有一个长达6000年的沉积间断，说明在第3~4层堆积之前，二级阶地已经形成，而第3~4层所代表的一次新的河流过程，实际上指示一次漫上二级阶地的异常洪水记录，其年代大致在4000–3800aB.P.。

2. T2阶地上的古洪水堆积

为了进一步研究这一次异常洪水过程的性质，我们由水渠剖面分别向南北两侧对第3~4层的分布进行了横向追索（图17、18）。

水渠剖面北侧为伊河的T2阶地，据洛阳铲的系统钻探揭示，水渠剖面所见的第3~4层，亦即距今4000年前后的异常洪水层，可以从T2阶地前缘一直向北延伸到二里头遗址区的南界附近。继续向北，在遗址区南部的路边土坎上，也可以见到有这一洪水层，其下伏地层，或者是T2阶地堆积，或者是打破T2阶地面的龙山灰坑，而在洪水层之上，往往覆盖有二里头文化层。

这说明，距今4000年前后发生的异常洪水，当时不但淹没了伊河的二级阶地，而且也给生活在阶地面上的新石器时期人类带来了灾难。洪水过后，在洪水形成的泛滥平原上，二里头的先民们开始生活。

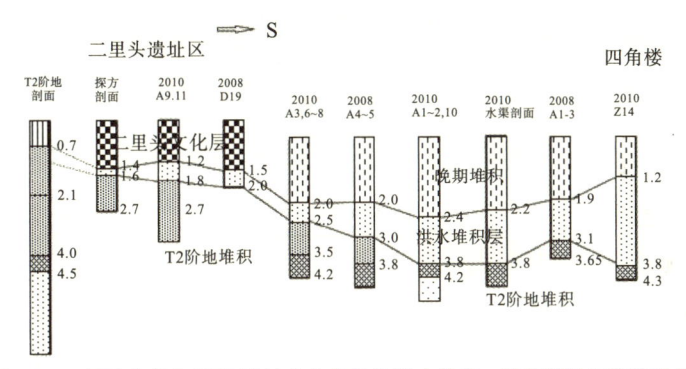

图17　二里头南侧伊河T2阶地之上的异常洪水堆积。洛阳铲钻探和野外露头揭示，洪水层覆盖在T2阶地堆积层的不同层位之上，其上覆盖有二里头文化层或其他晚期堆积。

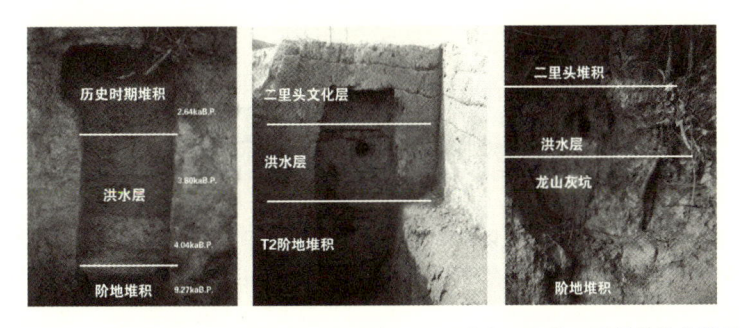

图18　在二级阶地上见到的洪水堆积剖面。其中左图是位于阶地前缘的地层剖面，这里洪水层直接覆盖在T2阶地堆积层的不同层位之上；中图为二里头遗址内探方中所见的地层剖面，洪水层直接覆盖在阶地堆积之上，其上为二里头文化层；右图是位于遗址南侧路边见到的地层剖面，洪水层之下为打破T2阶地堆积的龙山灰坑，灰坑又被二里头文化层覆盖。

3. 伊河一级阶地钻孔中的异常洪水堆积层

水渠剖面南侧为伊河的T1阶地（图19），一系列钻探揭示，在该地区地面以下4米深处，普遍存在有一层厚约0.5米~1米的细砂—粉砂堆积层，这一堆积层向北与水渠剖面的洪水层（第3和4层）相连，为距今4000年前后同一次洪水过程的产物。在Z3孔，洪水层之下的第6层漫滩堆积，其年代在距今7000年前后，与洪水堆积（第3~5层）之间有近3000年的沉积间断，进而根据第6层顶部具有棱柱状结构，呈现一定程度的土壤化现象，推测第6层堆积之后，亦即距今7000年之后，伊河一级阶地形成。区域调查表明，在这一级阶地上曾发现有仰韶和龙山时期的文化遗存，说明当时人类已经活动在此阶地面上，直到3000年之后，阶地被距今4000年前后的异常洪水所淹没。当时洪水不仅淹没了位置较低的一级阶地，而且也淹没了位置较高的二级阶地。

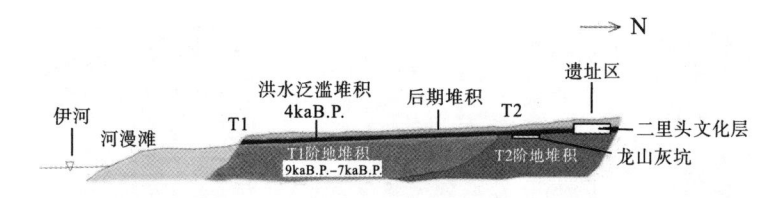

图19 偃师二里头遗址以南伊河阶地横剖面图，图中深灰色条带为距今4000年前后的异常洪水堆积，它超覆在T1和T2阶地之上。在二里头遗址区，洪水层之下可见打破T2阶地面的龙山时期灰坑，其上部被二里头文化层覆盖打破，说明异常洪水发生在龙山时期—二里头时期之间。

（二）古洪水对二里头都邑出现的影响

根据阶地沉积物的分析、测年及地层对比，我们得到这样一个初步的结论：二里头遗址所在的伊洛河流域在4050–3800aB.P.前后曾经发生过一场大规模的洪水事件，当时河水不仅淹没了一级阶地，而且也漫上了位置较高的二级阶地，因此这不是季节性的常态洪水，而是规模大、水位高的异常洪水。受这次距今4000年异常洪水的影响，二里头地区的生态环境发生了一系列重要的变化，这些变化表现在地貌、水文和土壤等诸方面，为夏代先民在此定都提供了良好的区位优势和自然环境。

首先，距今4000年的异常洪水属于特大洪水，它不仅淹没了一级阶地，而且淹没了部分二级阶地，给生活在这两级阶地上的仰韶—龙山时期先民们带来严重的灾难。当时的二里头地区是一片汪洋大海，只有部分二级阶地呈零星的岛屿突兀于水面之上。洪水过后，这里出现了广阔平坦的泛滥平原，平原上由洪水形成的冲积土，土质肥沃，有利于农业的发展，种子浮选结果表明，二里头时期这里除大量种植粟黍之外，还种植豆、稻、麦等，形成以粟为主，五谷齐全的发达的农业经济。泛滥平原上多积水洼地，利于稻作，是造成二里头时期稻的种植规模比龙山时期有明显扩大的重要原因。

其次，洪水的重要环境效应是古洛河的决口和改道，古洛河的决口和改道导致洛河在二里头以西注入伊河，并造成二里头北侧的洛河断流，成为废弃河道，从而在二里头以北形成一个统一的冲积平原。二里头地区一改先前两河相夹，地域狭小的封闭状况，成为位于伊洛河北岸冲积平原最南端的一个高地，高地四周为地势平坦，土地肥沃的泛滥平原，滔滔伊洛河水从高地南侧流过，踞高地之顶，南望嵩山，巍然屹立，气势磅礴；北望邙山，连绵起伏，大有王者之气，是夏王朝建都的首选之地。

原载：二里头遗址1999-2006，叁，文物出版社，2014，1239~1263，原题目"古代地理环境"

遗址环境考古

中国环境考古

郑州织机洞遗址MIS3阶段古人类活动的环境背景
◎ 夏正楷　王幼平　刘德成　曲彤丽

距今5万—2.5万年的深海氧同位素3阶段（MIS3）是寒冷干燥的末次冰期中一个气候相对比较温暖湿润的小间冰阶。国内外大量的考古资料证明，在世界各地这一时期全球人类活动都十分活跃，不仅文化遗址分布广泛，数目众多，而且人类文化也出现显著的进步，石器形态更加规范，骨角器和装饰品大量出现，狩猎工具更加专业化，遗址功能分区日趋明显，出现了有意识的埋葬行为等。这些新内容的出现标志着旧石器中期文化的结束和晚期文化的开始[1~9]。气候变化与文化演进的耦合似乎暗示着两者之间存在着某种内在的联系。目前，人们已经开始关注MIS3气候变化与文化演进之间的关系，试图揭示旧石器中期文化向晚期文化过渡的环境背景。

河南郑州织机洞遗址属于旧石器时代中—晚期，遗址中下文化层的时代距今约为5万—3.5万年，恰好对应于深海氧同位素3阶段（MIS3），因此，织机洞下文化层人类生存环境的研究，对于揭示MIS3阶段我国中原地区的气候环境及其对人类活动的影响，具有重要的意义。本文试图通过对织机洞内外沉积物的古环境分析，重建当时人类的生存环境，探讨当时我国北方人类活动相对比较活跃的环境背景。

一、织机洞遗址的概括

织机洞遗址位于河南郑州市西南30公里的荥阳崔庙乡（图1），是一处旧石器时代中至晚期的洞穴遗址。地理坐标：34°38′N，113°13′E。20世纪90年代，河南省郑州市文物考古所在织机洞发现了大量的石制品和动物残骸，根据出土石制品的性质，认为这是一处旧石器时期文化遗址[10]。2001—2004年，北京大学文博学院和郑州市文物考古所合作，对该遗址的下文化层进行了进一步的考古发掘和年代测定，确认下文化层的年代大致在距今5万—3.5万年之间，属于旧石器时代中至晚期文化堆积。

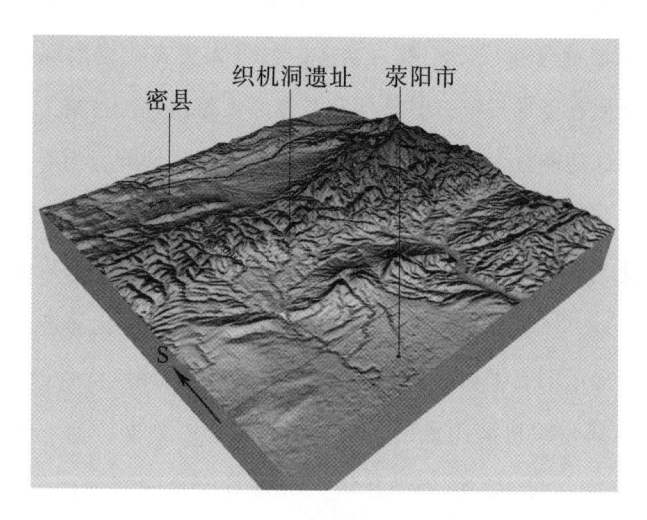

图1　织机洞遗址位置与地貌图

遗址所在的织机洞，是一个发育于寒武纪厚层灰岩中的一个大型溶洞。洞口朝西，高4米，宽13米~16米，洞深22米。索须河西支沟从洞前流过，织机洞位于支沟右岸的山坡上，洞口高于河床10

米。沿沟发育有三级河流阶地，其中三级阶地属基座阶地，阶地沉积物主要由黄土状堆积组成，厚13米，本级阶地在洞口附近不发育，但在洞口的南、北两侧保存较好，阶地地面平整，宽数十米，高于河床10米，与织机洞洞口的高程大致相当。二级阶地和一级阶地均为基座阶地，分别高于河床6米和2米，在洞口附近保留完好，现已被用为作农田（图2）。

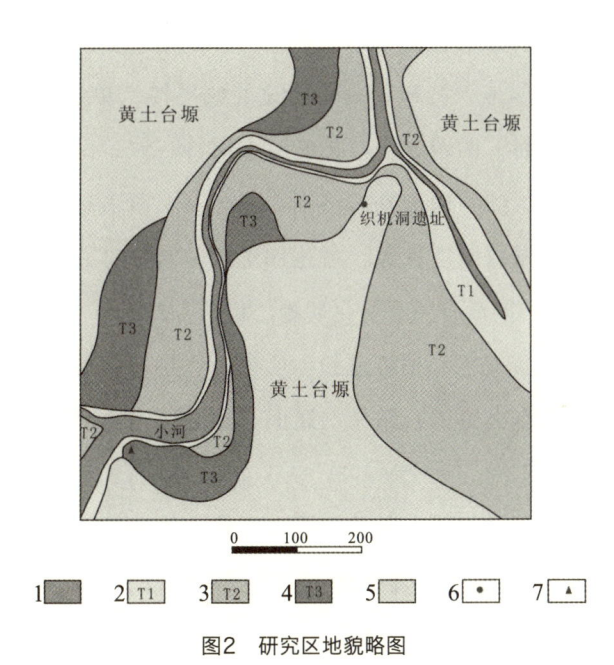

图2　研究区地貌略图
1.河流　2.一级阶地　3.二级阶地　4.三级阶地　5.黄土台塬　6.织机洞　7.黄土剖面

考古发掘揭示，织机洞中充填有巨厚的洞穴堆积物，剖面总厚可达31米。根据岩性特征和所含文化遗物，整个剖面可以分为以下四部分：

顶部：为含灰岩角砾的棕黄色黏土质粉砂，角砾大小不一，数量较多。靠近本层底部有一层厚0.5米左右的棕红色黏土质粉砂。本层中发现有裴李岗文化时期的陶片，属新石器时代。称上文化层。0~7米。

上部：为含角砾的棕黄色黏土质粉砂堆积，角砾成分全部为灰岩，大小不一，砾径大者30厘米~40厘米，小者3厘米~5厘米，一般在10厘米~15厘米之间，呈悬浮状分布在棕黄色黏土质粉砂之中，略具成层性。其中产石制品，属旧石器晚期。称中文化层。7米~17米。

中部：为浅红灰色钙质粉砂质黏土，呈上平下凹的袋状产出，袋深5米，口宽4米，沉积物具有明显的成层性，单层厚1厘米~2厘米，靠底部层面下凹明显，与袋底基本保持一致，由下而上地层的曲率逐渐变大，到顶面已基本趋于平直。其上覆盖有一层透镜状的黑色泥炭层，洞内厚度较大，可达50厘米，向洞口方向变薄，厚仅10厘米左右。本层没有发现文化遗物。17米~23米。

下部：为黄褐色和褐红色粉砂质黏土互层，含有少量的灰岩角砾。其中出土有大量的石制品，属旧石器时代中至晚期。称下文化层。23米~31米。

根据下部层位出土大量的旧石器时代中至晚期石制品，我们特选择剖面的下部层位作为本次研究的主要对象

二、下文化层的沉积特征与时代

我们主要对遗址下文化层进行了深入的研究。研究剖面位于织机洞洞口东侧，厚8米。根据岩性特征，该剖面由上而下可以划分为以下9层：

1. 表土层，棕黄色黏土质粉砂，含有灰岩碎屑。0~0.60米。

2. 土黄色黏土质粉砂，含有少量3厘米~5厘米灰岩角砾。本层光释光测年数据为37.4±3.51kaB.P.。0.60米~1.60米。

3. 钙板层，上部为灰白色，下部为砖红色，风化强烈，呈团块状，顶部起伏不平，厚度变化较大。含有少量石制品。1.60米~3.00米。

4. 褐灰色钙质粉砂质黏土，含极少量灰岩碎屑，夹灰黑色锰质条带。含有少量的石制品。3.00米~3.65米。

5. 褐灰色钙质粉砂质黏土，底部含薄层灰岩碎屑。含有少量石制品。本层光释光测年数据为46.5±4.12kaB.P.。3.65米~3.82米。

6. 砖红色钙质黏土，含较多灰岩碎屑，砾径3厘米~5厘米，扁平状，含有大量的钙结核。本层底部颜色变深，出现灰黑色锰质条带。含有较多的石制品。本层光释光测年数据为48.1±11.1kaB.P.。3.82米~4.30米。

7. 灰黑色砂质黏土，含有少量灰岩碎屑，发育钙质条带，西侧钙质条带较多。含有丰富的石制品。本层光释光年代数据为49.7±5.76kaB.P.。4.30米~4.59米。

8. 灰褐色粉砂质黏土，夹灰白色钙板团块，夹有较多的灰黑色锰质条带，分布不均。含有少量的石制品。4.59米~5.26米。

9. 褐灰色砂质黏土，混杂有大量的灰黑色锰质条带和灰白色钙质条带，条带弯曲，产状多变，但基本上与洞壁保持一致，为洞底的落水洞充填物。本层中含有少量的石制品。5.26米~9.00米。

据初步研究，织机洞遗址下文化层出土的石制品具有旧石器中期向晚期过渡的文化特征，光释光测年结果表明，下文化层的时代大致在距今5万—3.5万年之间，属于MIS3阶段（表1）。

表1　织机洞遗址下文化层光释光测年数据*

样号	层位	等效剂量(Gray)	年剂量率(Gray/ka)	年龄(ka)
B2	2	171.2 ± 15.3	4.58 ± 0.13	37.4 ± 3.51
B5	5	199.5 ± 16.6	4.289 ± 0.13	46.5 ± 4.12
B6	6	244.8 ± 55.9	5.09 ± 0.16	48.1 ± 11.1
B7	7	255.1 ± 28.5	5.13 ± 0.16	49.7 ± 5.76

* 光释光测年由北京大学第四纪与考古学年代学实验室完成。

三、下文化层的孢粉组合特征

在下文化层层位（剖面深0.60米~5.26米），按样长4厘米连续采集孢粉样品79个。在实验室经酸碱处理，用д-6重液浮选，镜下共鉴定出孢粉科属39种，其组合如下（图3）：

草本植物花粉占72.2%~100%，为主要组分，共有17个科属，其中以蒿属（*Artemisia*）、藜科（Chenopodiaceae）、禾本科（Gramineae）为主，还有菊科（Compositae）、毛茛科（Ranunculaceae）、唐松草属（*Thalictrum*）、唇形科（Lamiaceae）、蓼属（*Polygonum*）、玄参科（Scrophulariaceae）、旋花科（Convolvulaceae）、豆科（Leguminosae）、茄科（Solanaceae）、十字花科（Cruciferae）、小檗科（Berberidaceae）、车前属（*Plantago*）、伞形科（Umbelliferae）、大戟科（Euphorbiaceae）等。

木本植物花粉占0.0%~37.5%，为次要组分，共有18个科属，除松属（*Pinus*）和柏科（Cupressaceae）之外，还有桦木属（*Betula*）、桤木属（*Alnus*）、鹅耳枥属（*Carpinus*）、栎属（*Quercus*）、胡桃属（*Juglans*）、枫杨属（*Pterocarya*）、漆树属（*Rhus*）、榆属

（Ulmus）、槭属（Acer）、臭椿属（Ailanthus）、柳属（Salix）等。灌木植物花粉有桑科（Moraceae）、木樨科（Oleaceae）、鼠李科（Rhamnaceae）、麻黄属（Ephedra）、蔷薇科（Rosaceae）等。

蕨类植物孢子较少，仅占0.0%~20.8%，共有4个科属，包括卷柏属（Selaginella）、水龙骨科（Polypodiaceae）、铁线蕨属（Adiantum）、石松属（Lycopodium）等。

下文化层所含孢粉组分表明，当时织机洞周围基本上属于以蒿属—藜科—禾本科组合为主并生长有落叶阔叶树的暖温带草原—疏树草原环境，气候比较温暖湿润。进一步的孢粉统计结果表明，下文化层由上而下可以划分为四个孢粉带（图3）。

第Ⅰ孢粉带（深0.60米~1.60米）：相当于剖面第2层。本带孢粉浓度为2.8~41.4粒/克，孢粉组合草本植物占72.2%~100%，以蒿属、禾本科为主，还有藜科、菊科、豆科、毛茛科、唇形科、茄科、唐松草属、十字花科、小檗科、大戟科等；木本植物占0.0%~12.5%，以松属为主，上部出现较多的落叶阔叶树，有榆属、栎属、臭椿属、漆树属，灌木植物花粉有桑科、木樨科、蔷薇科、鼠李科；蕨类植物占0.0%~20.8%，有卷柏属、水龙骨科。属温带蒿属草原，后期气候出现向温湿方向发展的趋势，出现暖温带草原—疏树草原环境。

第Ⅱ孢粉带（深1.60米~3.65米）：相当于剖面第3、4层。孢粉浓度为6.3~52.2粒/克，孢粉组合草本植物占86.0%~100%，以蒿属、藜科、禾本科为主，还有菊科、豆科、唐松草属、茄科、毛茛科、唇形科、蓼属、旋花科、车前属、小檗科、玄参科等；木本植物占0.0%~10.4%，以松属为主，落叶阔叶树数量普遍较低。属于暖温带干燥草原环境，气候比较温和干燥。但个别层位阔叶树有所增多，出现栎属、榆属、槭属、胡桃属、枫杨属、漆树属等。蕨类植物孢子中卷柏属占0.0%~7.1%，有卷柏属、水龙骨科、石松属等。

第Ⅲ孢粉带（深3.65米~4.59米）：相当于剖面第5、6、7层。本段孢粉浓度为11.6~88.5粒/克，草本植物花粉占76.8%~100%，主要为蒿属、禾本科、藜科，其次有蓼属、菊科、毛茛科、豆科、唐松草属、唇形科、茄科、旋花科、大戟科、车前属、玄参科、伞形科等；木本植物花粉占0.0%~18.3%，以落叶阔叶树为主，有栎属、鹅耳枥属、榆属、胡桃属、枫杨属、桦属、桤木属、槭属、漆树、柳属、桑科，还有针叶植物花粉松属、柏科及灌木植物麻黄属；蕨类植物孢子占0.0%~19.3%，有水龙骨科、卷柏属、铁线蕨属。孢粉组合特征反映生长有喜暖落叶阔叶树的暖温带疏树草原环境，气候温暖较湿润。本带上部（第5层）出现了藜科和麻黄等耐旱植物，而胡桃、枫杨等喜暖的阔叶树种消失，指示后期气候有变冷变干的趋势。

第Ⅳ孢粉带（深4.59米~5.26米）：相当于剖面第8层。本段孢粉含量较少，孢粉浓度3.0~33.8粒/克，草本植物占88.2%~100%，其中以蒿属、禾本科、藜科为主，还有菊科、豆科、毛茛科、茄科、大戟科、车前属、伞形科、唐松草属等；木本植物占0.0%~9.8%，主要

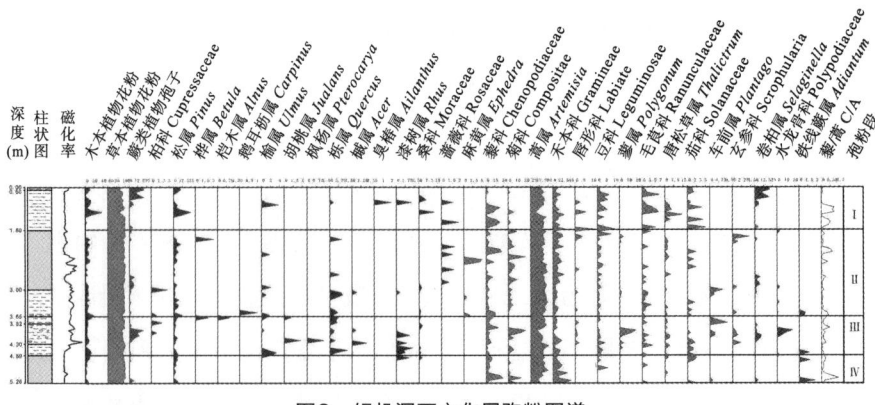

图3　织机洞下文化层孢粉图谱

为松属，偶见漆树、桑科；蕨类植物孢子有卷柏属、铁线蕨属。此孢粉组合反映暖温带蒿属草原植被环境，气候温和较干。

四、下文化层人类活动与气候环境的关系

文化层中石制品的数量在一定程度上可以反映当时人类活动的程度，为此我们对文化层中石制品分布情况进行了分层数量统计（表2）。结果表明，在距今5万—3.5万年下文化层中，石制品的分布十分普遍，说明MIS3是人类活动比较活跃的时期。其中位于文化层下部的第7层和第6层，尤其是第7层，石制品最为集中，其数量达到2596片，第6层次之，为247片，其他层位石制品数量明显变少。孢粉分析表明，第7层和第6层属于MIS3阶段气候最为适宜的时期，在温暖湿润的气候条件下，织机洞周围是一片生长有喜暖落叶阔叶树的暖温带疏树草原环境，适宜的生态环境有利于古代人类的活动。从第5层开始，石制品明显减少，说明人类活动比前期有所减弱，孢粉分析表明，当时气候向干旱方向发展，温和干燥的草原环境取代了原先温暖湿润的疏树草原环境，生态环境的变化可能是导致人类活动减弱的重要原因（表2）。

表2　织机洞下文化层石制品分布与生态环境

层位	石制品数量	孢粉带	生态环境特征
2	0	I	温暖较湿，为暖温带草原—疏树草原

续表

层位	石制品数量	孢粉带	生态环境特征
3	2	Ⅱ	温和干燥，为温带干燥草原
4	43		温和较干，为温带干燥草原
5		Ⅲ	温暖较干，为暖温带草原—疏树草原环境
6	247		
7	2596		温暖较湿，为喜暖落叶阔叶树的暖温带疏树草原环境
8	71	Ⅳ	温和较干，为温带蒿属草原环境

五、与洞外黄土—古土壤剖面的对比

织机洞周边地区，黄土堆积广泛出露。为了进一步了解MIS3阶段古代人类的生存环境，我们选择织机洞周边地区的代表性的黄土剖面进行了地层学和古环境学的研究，通过黄土剖面与洞穴堆积的对比研究，把织机洞的洞穴堆积与洞外的黄土—古土壤剖面联系起来，试图从更大的视野来认识我国北方MIS3阶段气候环境与旧石器时代中—晚期人类活动之间的相互关系。

（一）织机洞南黄土—古土壤剖面

织机洞南侧约500米，在与洞口基本等高的位置上发育有黄土剖面，该剖面厚16.5米，其中夹有上、下两层古土壤，其中上古土壤层为棕红色粉砂质黏土，致密块状，有孔隙，厚3米，热释光测年数据为30.9±1.9kaB.P.和32.0±2.0kaB.P.；下古土壤层棕红色粉砂质黏土，致密块状，易干裂，沿裂隙面有铁锰膜，下部有铁锰小结核分布，厚3.3米，热释光测年数据均大于10万年。由此可以推断上古土壤层属于L_1S，属于MIS3阶段，与织机洞下文化层位同期堆积；下古土壤层属于S_1，属于末次间冰期。

在该黄土—古土壤剖面上，我们连续采集孢粉样品60个，其中上古土壤层30个，孢粉分析结果表明（图4），上古土壤层的孢粉组合（图中的第Ⅱ孢粉带）中草本植物占优势，以蒿属（Artemisia）为主，藜科（Chenopodiaceae）、禾本科（Gramineae）次之，还有菊科（Compositae）、毛茛科（Ranunculaceae）、唐松草属（Thalictrum）、玄参科（Scrophulariaceae）、豆科（Leguminosae）、茄科（Solanaceae）、十字花科（Cruciferae）、唇形科（Lamiaceae）、旋花科（Convolvulaceae）等温带草原常见种属；有一定数量的木本植物孢粉，除松属（Pinus）之外，还有栎属（Quercus）、榆属（Ulmus）、椴属（Tilia）、漆树属（Rhus）、桑科（Moraceae）等喜暖的落叶阔叶树种；蕨类植物孢子有卷柏属（Selaginella）和水龙骨科（Polypodiaceae）。这一孢粉组合代表了比较温暖湿润的暖温带草原—疏树草原环境，与织机洞下文化层所反映的生态环境基本相同。

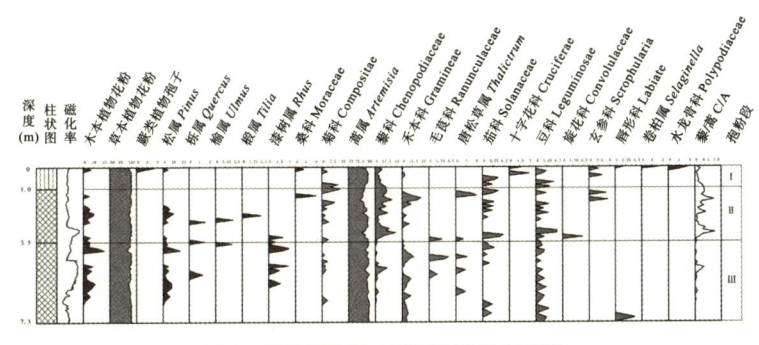

图4 织机洞外黄土剖面孢粉组合图谱

（二）洛阳北窑遗址黄土—古土壤剖面

洛阳北窑遗址位于织机洞西约100公里，属于旧石器时代中—晚期的旷野遗址[11]。遗址沉积剖面以黄土堆积为特征，黄土堆积中夹有两层古土壤层，其中下古土壤层顶部热释光测年数据为89490aB.P.，底部热释光测年数据为103500aB.P.，相当于黄土—古土壤序列的第一层古土壤（S_1），对应于末次间冰期。上古土壤层顶部热释光测年数据为30110aB.P.，底部按沉积速率计算大致在距今4万年左右，相当于马兰黄土中部所夹的古土壤层（L_1S），对应于MIS3阶段。

石制品主要分布在这两层古土壤之中，其中上古土壤层出土的石制品比较细小，属旧石器晚期文化，与织机洞下文化层的性质相当，下古土壤层出土的石制品比较粗大，属旧石器中期（图5）。我

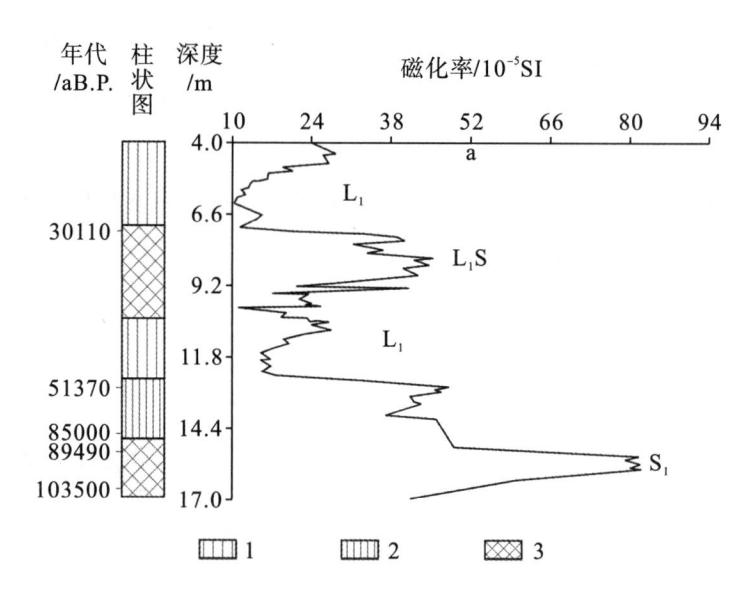

图5　洛阳北窑黄土剖面磁化率变化曲线
1. 马兰黄土　2. 弱成土古土壤　3. 古土壤层

们对剖面的磁化率进行了系统测试，测试结果表明，这两层古土壤都具有较高的磁化率，说明它们都是比较温暖湿润的气候环境下的产物，适宜于古代人类的活动。进而根据上古土壤层的磁化率明显低于下古土壤层，推测上古土壤层形成时期的气候环境不如下土壤层温暖湿润，上下古土壤层在气候环境上的差别似乎可以解释两者在文化上的变化。

以上两个黄土—古土壤剖面中的上古土壤层（L_1S）与织机洞遗址下文化层在层位上相当，时代相近，都属于末次冰期中的间冰阶，说明织机洞遗址所在的中原地区，MIS3阶段普遍出现比较温暖湿润的气候环境，植被以生长有落叶阔叶树的暖温带草原—疏树草原为特征，适宜于人类生存和发展。

六、讨论和结论

距今5万—2.5万年的MIS3阶段，在世界各地普遍出现古人类遗址增多，旧石器文化进步的现象，有人把这一现象称之为"旧石器时代晚期革命"[12]。已有的证据显示，这场"革命"在西亚大致出现在距今6.5万—3万年之间，在中欧和西欧出现在距今4.7万—3万年之间，在南西伯利亚和蒙古分别出现在距今4.3万—3.7万年和3.3万—2.7万年之间。尽管这场革命发生的机制和模式非常复杂，但是它们都与全球气候在末次冰期内发生的一次气候升温事件，即"小间冰阶"（MIS3阶段）的出现有着密切的关系。织机洞遗址属旧石器中—晚期遗址，是我国这一时期人类遗址的代表，与它同期的古人类遗址在我国有广泛的分布[13~19]，其中比较著名的就有宁夏水洞沟遗址、内蒙古萨拉乌苏遗址、辽宁海城仙人洞遗址、山西峙峪遗址、北京山顶洞遗址、北京王府井遗址以及四川资阳人B地点、福建船帆洞遗址等，它们的年代大致在距今5万—2万年之间（尽管目前有的遗址在年代上还有争论），都属于MIS3阶段的旧石器中—晚期（或晚期）文化遗址。分布如此广泛的MIS3阶段旧石器中—晚期（或晚期）文化遗址说明，MIS3阶段也是中国出现"旧石器时代晚期革命"的重要时期，与世界其他地方一样，中国旧石器中—晚期（或晚期）文化的发展和演变与MIS3阶段的气候环境似乎也存在有某种内在的关系。

大量的研究已经揭示，MIS3阶段是寒冷干燥的末次冰期中的一个间冰阶，其时间大致在距今5.5万—2.5万年之间。这一气候事件在深海岩芯中表现为深海氧同位素第3阶段（通常称MIS3阶段）的暖湿记录，在黄土—古土壤剖面中表现为马兰黄土中古土壤层（通常称L_1S）的形成。当时的气候状况介于末次盛冰期与全新世适宜期之间，属于现代气候的相似型[20]。中国位于亚洲东部季风区，研究表明，MIS3阶段我国气候以增温增雨为主要特征[21、22]，温暖湿润的气候环境为古代人类提供了适宜的气候、丰富的食物和广阔的生存空间，人类活动空间扩大，人口增加，文化发展。虽然当时动植物资源相对比较容易获取，但气候波动和人口增加导致的生存压力仍然迫使人类要不断改进石器工业，获取更多的食物，以维持生计。我国在这个阶段遗址数目大大增加，并且不同程度地表现出旧石器晚期的石器面貌和技术特点，如出现端刮器和复合型工具等，也显示出环境对我国古代人类的影响和人类对环境的适应。

注释

［1］John J. Shea. The Middle Paleolithic of the East Mediterranean Levant. *Journal of World Prehistory*, vol.17, no.4 (2003), pp. 313~393.

［2］P Jeffery Brantingham et al. The Initial Upper Paleolithic in Northeast Asia. *Current Anthropology.*, vol. 42, no.5 (2001), pp. 735~747.

［3］Vadim Yu. Cohen and Vadim N.Stepanchuk, Late Middle and Early Upper Paleolithic Evidence from the East European Plain and Caucasus: A New Look at Variability, Interactions, and Transitions. *Journal of World Prehistory*. Vol.13, no.3 (1999), pp. 265~319.

［4］João Zilhão and Francesco D'Errico. The Chronology and Taphonomy of the Earliest Aurignacian and Its Implications for the Understanding of Neanderthal Extinction. *Journal of World Prehistory*, vol.13, no.1 (1999), pp. 1~68.

［5］Obsjorn M. Pearson. Activity, Climate, and Postcranial Robusticity: Implications for Modern Human Origins and Scenarios of Adaptive Change. *Current Anthropology*, vol. 41, no.4 (2000), pp. 569~607.

［6］Paul Mellars. The Impossible Coincidence: A Single-Species Model for the Origins of Modern Human Behavior in Europe. *Evolutionary Anthropology*, no.14 (2000), pp. 12~27.

［7］John J. Shea. Neanderthals, Competition, and the Origin of Modern Human Behavior in the Levant. *Evolutionary Anthropology*, no. 12 (2003), pp. 173~187.

［8］Michael Bolus, Nicholas J Conard. The Late Middle Paleolithic and the Earliest Upper Paleolithic in Central Europe and their Relevance for the Out of Africa Hypothesis. *Quaternary International*, no. 75 (2001), pp. 29~40.

［9］S. Carrion．Correspondence: The Use of Two Pollen Records from Deep Sea Cores to Frame Adaptive Evolutionary Change for Humans: A Comment on "Neanderthal Extinction and the Millennial Scale Climate Variability of OIS3" by D'errico and M.F. Sánchez Goñi. *Quaternary Science Reviews*, vol. 23 (2004), pp. 1217~1224.

［10］张松林、刘彦锋等：织机洞旧石器时代遗址发掘报告，人类学学报，2003（1），1~17。

Zhang Song-lin, LIU Yan-feng et al. Report on the Excavation of Zhijidong Cave Site. *Acta Anthropologica Sinica*, vol. 22, no. 1 (2003), pp. 1~17.

［11］夏正楷、刘富良等：洛阳黄土地层中发现旧石器，第四纪研究，1999（3），286。

Xia Zhengkai, Liu Fuliang et al. Discovery of the Late Paleolithic Site from the Loess Profiles at Beiyao, Luoyang, Henan Province, *Quaternary Sciences*, vol. 19, no. 6 (1999), p. 286.

［12］Bar-Yosef. The Upper Paleolithic Revolution. *Annual Review of Anthropology*, vol.21(2002), pp. 363~393.

［13］原思训、陈铁梅等：用铀子系法测定河套人和萨拉乌苏文化的年代，人类学学报，1983（1），69~76。

Yuan Sixun, Chen Tiemei, Gao Shijun, et al. Uranium Series Dating of "Ordos Man" and "Sjara-Osso-Gol Culture". *Acta Anthropologica Sinica*, no. 1 (1983), pp. 69~76.

［14］袁宝印：萨拉乌苏组的沉积环境及地层划分问题，地质科

学，1978（3），220~234。

Yuan Baoyin. Sedimentary Environment and Stratigraphical Subdivision of Sjara Osso-Gol Formation. *Chinese Journal of Geology*, no. 3 (1978), pp. 220~234.

［15］高星、李进增等：水洞沟的新年代测定及相关问题讨论，人类学学报，2002（3），211~218。

Gao Xing, LI Jin-zeng, D. B. Madsen, P. J. Brantingham, R. G. Elston, R. L. Bettinger. New ^{14}C Dates for Shuidonggou and Related Discussions. *Acta Anthropologica Sinica*, vol. 21, no. 3 (2002), pp. 211~218.

［16］袁宝印等：水洞沟遗址第四纪地层与环境变迁，宁夏文物考古研究所编：旧石器时代论集——纪念水洞沟遗址发现八十周年，北京：文物出版社，2006年，50~56。

［17］陈铁梅等：山顶洞遗址的第二批加速器质谱—^{14}C年龄数据与讨论，人类学学报，1992（2），112~116。

［18］尤玉柱、徐钦琦：中国北方晚更新世哺乳动物群与深海沉积物的对比，古脊柱动物与古人类，1981（1），77~86。

You Yuzhu and Xu Qinqi. The Late Pleistocene Mammalian Faunas of Northern China and Correlation with Deep-Sea Sediments, *Certebrata Palasiatica*, vol. 19, no. 1 (1981), pp. 77~86.

［19］李超荣等：北京王府井东方广场旧石器时代遗址发掘简报，考古，2000（9），781~788。

［20］刘东生等：黄土高原马兰黄土记录的MIS3温湿气候，第四纪研究，2003（1），69~76。

［21］Li Yumei, Liu Tungsheng, Wu Wenxiang, Han Jiamao, Hong Yetang. Paleoenvironment in Chinese Loess Plateau During MIS 3: Evidence from Malan Loess. *Quaternary Sciences*, vol. 23, no. 1 (2003), pp. 69~76.

［22］施雅风、于革：40-30ka B.P.中国暖湿气候和海侵的特征与成因探讨，第四纪研究，2003（1），1~11。

Shi Yafeng, Yu Ge. Warm-Humid Climate and Transgressions During 40-30 kaB.P. and their Potential Mechanisms. *Quaternary Sciences*, vol. 23, no. 1 (2003), pp. 1~11.

原载：第四纪研究，2008，28（1）：96~192

黄河中游地区末次冰消期新旧石器文化过渡的气候背景

◎ 夏正楷　陈戈　郑公望　陈福友　韩军青

末次冰消期是地球历史上一个重要的时期。在这一时期，一方面全球气候发生了急剧的变化，末次冰期由极盛期转为冰消期，并进入冰后期；另一方面人类文化也出现了重大的进步，延续200多万年的旧石器文化迅速过渡为新石器文化。气候变化和人类文化演进在时间上的耦合，使人们联想到两者之间可能存在着某种内在的联系[1~3]。因此，这一时期的气候特征及其对人类文化的影响，一直是人们关心的热点问题。

山西吉县柿子滩遗址是我国黄河中游新旧石器文化过渡时期的代表性地点。1999年，配合考古发掘，我们在柿子滩遗址系统地采集了孢粉样品，根据孢粉分析的结果和测年数据，本文试对该地区末次冰消期新旧石器文化过渡的气候背景做一些初步的分析。

一、遗址的地貌部位与年代

柿子滩遗址位于山西吉县西南约30千米，西距黄河约2千米，地理坐标：110°04'N，36°00'E。该遗址所在的地貌部位属黄河支流——清水河北岸的基座阶地。清水河在遗址附近形成高达15米左右的大跌水，大跌水以上该阶地高于河床15米，为二级阶地，裂点以下该阶地高于河床30米，为三级阶地。

遗址所在阶地的沉积物厚度为8.70米，其顶部0~90厘米为褐赭色黑垆土层，富含有机物，具有较高的磁化率；上部90厘米~306厘米为质地疏松的灰黄色黄土，磁化率偏低；下部306厘米~728厘米为质地疏松的深灰黄色黄土，磁化率偏高，其中306厘米~366厘米处和372厘米~420厘米处分别夹有两层颜色较深的弱成土的古土壤层，具有较高的磁化率；底部为砂砾石层，直接覆盖在三叠纪砂岩之上，厚1.54米。

1998年原思训等人[4]曾对该遗址进行过专门的年代学研究，按平均沉积速率（0.805mm/a）推算，黄土堆积的上界在10.5kaB.P.左右，下界在17.0kaB.P.左右，属末次冰消期堆积。我们在下部砂砾石层底部埋深8.70米处所测的热释光年龄为（35.14±1.92）kaB.P.，表明砂砾石层形成于35.1—17.0kaB.P.，属末次冰期堆积。

二、古气候的孢粉记录

我们在遗址沉积剖面上系统采集了67个孢粉样品，每个样品长4厘米，间隔8厘米。分析结果表明，遗址的沉积剖面可以分为4个孢粉段（图1）。

（Ⅰ）第1孢粉段：深0~90厘米（10.5-9.4kaB.P.），对应于剖面顶部的黑垆土层。本段草本植物占76.4%~90.4%，以蒿属为主，藜科和禾本科次之，蒿/藜比值较高，唐松草属、毛茛科、蓼科、菊科、十字花科、豆科、木樨科和唇形科等典型的中生草原植物种属比较丰富；木本植物占3.8%~13.9%，花粉浓度上部较高，为12~14粒/克，中下部较低，多数为2~5粒/克，其中松属比较普遍，花粉浓度2~4粒/克，落叶阔叶树集中于上部，花粉浓度可达9~10粒/克，树种有桦属、栎属、槭属、柳属、鹅耳枥属、臭椿属、漆树属、桑科等；中下部落叶阔叶树罕见，出现少量的柽柳科；蕨类植物中卷柏属比较普遍，水龙骨属主要出现在上部。反映本段的早—中期为温和半干旱的典型草原环境，晚期过渡为温暖半湿润，生长有较多的桦属、栎属、槭属等落叶阔叶树的草原环境。

（Ⅱ）第2孢粉段：深90厘米~306厘米（11.9—10.5kaB.P.），对应于剖面上部的灰黄色黄土堆积。本段草本植物占86.8%~100%，以蒿属和藜科为主，藜科显著增多，蒿/藜比值偏低，其他草本植物仅有草本科、毛茛科和莎草属等；木本植物占0~13.2%，花粉浓度绝大多数为0~4粒/克，以松属为主，落叶阔叶植物花粉罕见，仅有个别的桦属、椴属和漆树属等，但有较多的柽柳科；未见蕨类植物。反映寒冷干燥气候下的荒漠草原环境。

（Ⅲ）第3孢粉段：深306厘米~728厘米（17.0—11.9kaB.P.），对应于剖面下部的深灰黄色黄土堆积。本段草本植物占72.9%~100%，以蒿属为主，藜科、禾本科次之，蒿/藜值较高，常见温带草原的代表性植物种属，如毛茛科、菊科、豆科、莎草属、唐松草属、蔷薇科等；木本植物占0%~24.3%，花粉浓度为0~18粒/克，以松属为主，落叶阔叶树的分布极不均匀，主要集中于底部、中部和顶部三段，花粉浓度为0~11粒/克，有栎属、桦属、榆属，鹅耳枥属、臭椿属、漆树属、柳属等，而下部和上部仅见极个别的落叶阔叶树出现，柽柳科比较普遍。反映当时以温和干旱的典型草原和温和半干旱、生长有少量栎属、桦属、鹅耳枥属等落叶阔叶树的草甸草原交替出现为特征。

根据本段孢粉组合的变化,可以进一步划分为5个亚段:(1)深306厘米~366厘米(12.7-11.9kaB.P.),对应于第1层弱成土的古土壤。本亚段草本植物占80.3%~94.5%,以蒿属为主,藜科和禾本科次之,蒿/藜比值较高;木本植物占5.5%~18.0%,花粉浓度为3~11粒/克,以松属为主,阔叶落叶树较多,花粉浓度为1~4粒/克,有桦属、栎属、榆属、桑科等,还有柽柳科;靠底部有少数卷柏属和水龙骨属等蕨类植物。属气候温和半干旱、生长有少数桦属、栎属、榆属等落叶阔叶树的草原环境。(2)深366厘米~462厘米(14.0-12.7kaB.P.),对应于深灰黄色黄土层。本亚段草本植物占81.3%~97.3%,以蒿属和藜科为主,蒿/藜比值较低;木本植物占2.7%~18.8%,花粉浓度为2~18粒/克,以松属为主,仅见极个别阔叶落叶树,有较多柽柳科;未见蕨类植物。属于温和干旱的草原环境。(3)深462厘米~510厘米(14.5-14.0kaB.P.),对应于第2层弱成土的古土壤。本亚段草本植物占79.2%~97.3%,以蒿属为主,藜科和禾本科次之,蒿/藜比值较高;木本植物占2.7%~18.8%,花粉浓度6~18粒/克,以松属为主,落叶阔叶树较多,花粉浓度2~6粒/克,有桦属、鹅耳枥属、栎属、槭属、臭椿属、柳属、桑科,还有柽柳科、麻黄属等灌木;下部有较多的蕨类植物。属于气候温和半干旱,生长有少量桦属、鹅耳枥属等落叶阔叶树的草甸草原环境。(4)深510厘米~618厘米(15.8-14.5kaB.P.),对应于深灰黄色黄土层。本亚段草本植物占82.9%~100%,以蒿属和藜科为主,蒿/藜比值较低,禾本科次之;木本植物占0~17.1%,花粉浓度为0~12粒/克,以松属为主,阔叶落叶树极少,仅1个样品中见有零星的桑科,还有

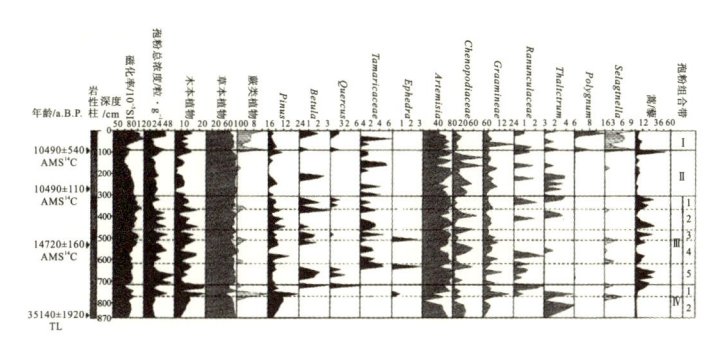

图1 山西吉县柿子滩遗址35.1-9.4kaB.P.的孢粉百分含量图式

桎柳科和个别的麻黄属；蕨类植物少量。属温和干旱的草原环境。

（5）深618厘米~728厘米（17.0-15.8kaB.P.），对应于暗灰黄色黄土层。本亚段草本植物占72.9%~97.1%，以蒿属为主，藜科和禾本科次之，蒿/藜比值较高；木本植物占2.9%~24.3%，花粉浓度为4~17粒/克，以松属为主，阔叶落叶树较多，花粉浓度为6~11粒/克，有桦属、栎属、漆属、槭属、臭椿属、柳属等，未见桎柳科和麻黄属；蕨类植物少量，仅1个样品中见有零星的卷柏。属气候温和半干旱，生长有少量桦属、栎属、漆属等落叶阔叶树的草甸草原环境。

（Ⅳ）第4孢粉段：深728厘米~870厘米（35.1-17.0kaB.P.），对应于剖面底部的砂砾石层。草本植物占59.8%~96.5%，主要为蒿属和藜科，藜科较多，禾本科次之；木本植物占3.5%~25.2%，花粉浓度绝大多数为2~7粒/克，以松属为主，未见落叶阔叶树。属寒冷干燥气候条件下的草原—荒漠草原环境。

本段孢粉组合上下变化较大，可以进一步划分为两个亚段：（1）深728厘米~768厘米（29.9-17.0kaB.P.），对应于砂砾石层上部的细粉砂堆积。本亚段草本植物占59.8%~87.7%，以蒿属为主，藜科和禾本科次之，蒿/藜比值较高；木本植物占12.3%~25.2%，花粉浓度为6~7粒/克（顶部样品的花粉浓度达27粒/克），以松属为主，未见阔叶落叶树，有个别的麻黄属；蕨类植物较多，主要为卷柏属。反映寒冷半湿润的草原环境。（2）深768厘米~870厘米（35.1-29.9kaB.P.），对应于砂砾石层下部的中细砂堆积。本亚段草本植物占90.4%~96.5%，以蒿属和藜科为主，藜科增多，蒿/藜比值偏低；木本植物占3.5%~9.6%，花粉浓度为2~5粒/克，以松属为主，未见阔叶落叶树和蕨类植物花粉。反映寒冷干燥的荒漠草原环境。

三、结论与讨论

柿子滩遗址剖面的孢粉组合表明，本区在35.1-9.4kaB.P.期间始终是以蒿属为主的草原和荒漠草原植被环境，不同时期植被的成分有明显的变化。其中35.1-17.0kaB.P.处于末次冰期的极盛期，气候干燥寒冷，环境恶劣，植被较差，草本中蒿/藜值较低，木本花粉浓度低，不见落叶阔叶树，属寒冷干燥气候条件下的荒漠草原环境；后期蕨类植物明显增多，反映气候一度变湿，出现寒冷半湿润的草原环境。从17.0kaB.P.开始，本区进入末次冰消期，冰消期早—中期（17.0-11.9kaB.P.）蒿/藜比值的高低变化明显，且与落叶阔叶树的变化基本同步。反映当时气候存在有一定的波动，出现温和干旱的草原环境和温和半干旱、生长有少量落叶阔叶树的草甸草原环境的多次交替。冰消期晚期（11.9-10.5kaB.P.）再次出现干燥寒冷的冰期气候，植被较差，蒿/藜比值低，木本植物中落叶阔叶树罕见，耐旱的柽柳科普遍，属于寒冷干燥的荒漠草原环境。10.5-9.4kaB.P.期间，本区开始进入冰后期，气候变暖，蒿/藜比值增高，草本植物丰富，为典型的温和半干旱的草原环境。后期木本植物花粉浓度加大，落叶阔叶树和蕨类植物增多，草原逐步过渡为温暖半湿润、生长有较多落叶阔叶树的草甸草原环境。孙湘君在陕西渭南剖面所做孢粉分析的结果表明[5]，同一时期在黄土高原南缘的渭南一带，也是以草原植被为主，没有出现过典型的森林植被，与本区的情况基本相同。只是由于渭南位置靠南，受秦岭山地影响，水热条件较好，植被主要以草甸草原为主，间有蒿属草原，与本区以蒿属草原为主的植被面貌略有不同。

试将气候的变化与石器的分布进行比较，不难发现两者之间存在有密切的关系：以大型打制石器为代表的旧石器晚期文化对应于末次冰期极盛期寒冷干燥的气候环境，而以细石器为代表的新旧石器文化过渡时期对应于末次冰消期，当时温和干燥和半干燥的草原环境为古人类提供了广阔的空间和丰富的动植物，加工精良、适宜于狩猎和采集的小型打制石器——细石器在这一时期得到迅速的发展，并取代了粗笨的大型旧石器，为新石器的诞生打下了基础[6,7]。末次冰消期相对温暖，且有一定波动的气候环境可能是促进文化发展和石器工业发展的主要原因[8]。根据剖面中细石器主要分布在黄土堆积中的两层古土壤附近，推测温和较湿润、生长有落叶阔叶林的草甸草原环境更适宜于当时人类的生活。

注释

[1]〔英〕A.高迪著，邢嘉明译：环境变迁，北京：海洋出版社，1981年，131~134。

［2］赵朝洪：更新世—全新世界限的划分与中国石器时代分期研究综述，江汉考古，1996（1），45~54。

［3］Mannion A M. *Global Environmental Change*. New York: Longman, 1997, pp. 42~128.

［4］原思训、赵朝洪、朱晓东等：山西吉县柿子滩遗址的年代与文化研究，考古，1998（6），57~62。

［5］孙湘君、宋长青、王琫瑜等：黄土高原南缘10万年以来的植被——陕西渭南黄土剖面的花粉记录，科学通报，1995（13），1222~1224。

［6］贾兰坡：中国细石器的特征和它的传统、起源与分布，古脊椎动物与古人类，1978（2），137~143。

［7］安志敏：海拉尔的中石器遗存——兼论细石器的起源和传统，考古学报，1978（3），289~315。

［8］Madsen D B, Li J Z, Elston R G, et al. The Loess/Paleosol Record and the Nature of the Younger Dryas Climate in Central China, *Geoarchaeology,* vol. 13, no. 8 (1998), pp. 847~869.

原载：科学通报，2001，46（14）：1204~1208

距今10000年前后北京斋堂东胡林人的生态环境分析

◎ 夏正楷　张俊娜　刘静　赵朝洪　吴小红

"东胡林人"于2003年发现于北京市以西约60千米的斋堂盆地。该盆地是著名的马兰黄土命名地。自1923年以来，不少地质学家、地理学家在此做过地貌和第四纪地质调查，对这一地区的河流地貌演变、黄土堆积和地文期等做了大量的工作，使斋堂盆地成为研究我国北方地区晚更新世地层和地貌演化的重要地点[1~7]。

1966年郝守刚等人在斋堂盆地东端东胡林村西北的清水河三级阶地上，首次发现了一些石化较差的人骨及贝壳项链[8]，后经中国科学院古脊椎动物与古人类研究所清理，初步认定这是一处新石器时代的墓葬遗址[9]。2000—2008年期间，北京大学考古文博学院和北京市文物研究所联合在此进行了多次考古发掘，相继出土有石制器、兽骨和早期陶片，并发现有灰堆、火塘等用火遗迹，进一步确认这里是一处新石器文化早期遗址。同期的墓葬中还出土了两具完整的古代人类骸骨，被称之为"东胡林人"。经^{14}C年龄测定，遗址主体部分的时代大致为11100-9600cal aB.P.[10]。

目前在华北地区已发现的距今12000—9000年间的新石器时代早期遗址有河北徐水南庄头、阳原于家沟，北京门头沟东胡林、怀柔转年，山西吉县柿子滩等多处[11、12]，但其中既有石器、陶器等文化遗物，又有用火遗迹及墓葬的仅有东胡林遗址一处。由于遗址的年代恰好对应于新仙女木事件（传统文献上为11000-10000aB.P.，最新数据为12900-11500aB.P.）结束后的全球气候升温期[13~16]和新旧石器文化过渡的时期[17]，因此东胡林遗址和"东胡林人"的发现引起了国内外学术界的广泛关注。本文希望能通过对遗址古环境的深入研究，进一步揭示新旧石器文化过渡的性质及其环境背景。

2002年，郝守刚通过对遗址附近黄土剖面的分层、粒度特征、矿物成分、化学成分、孢粉图谱及蜗牛相对丰度等多方面的研究，认为本地区晚更新世的气候比较干冷，气候的明显转暖出现在9281±120aB.P.之前，到8500aB.P.前后，华北地区的年均温度可能已比现在高2~3℃[18]。并提出正是在这样的环境背景下，山顶洞人的后裔们，在清水河畔的阶地上开始了全新的生活。由于当时遗址尚未正式发掘，遗址的地貌结构、堆积地层和古文化的性质都还不十分清楚，因此，这一工作只能是初步的研究，与后来揭示的遗址具体情况有一定的出入，不能真正反映东胡林人的生存环境。2000—2008年间，我们结合遗址的发掘过程，再次开展了遗址的古地貌和古环境研究，以便深入了解当时人类的生存环境，为探讨新旧石器文化过渡提供环境背景。

一、东胡林遗址的地貌结构分析

东胡林遗址位于北京斋堂盆地东端的东胡林村西北，永定河的主要支流——清水河自西向东从村南流过，河床海拔高程360米。在河流北侧的基岩山坡上，发育有黄土台地和三级河流阶地。

黄土台地高于河床约32米，台地面宽16米~100米不等，已被人工改造成梯田，其前缘为高2米~4米不等的黄土陡坎，后缘与基岩山坡相连。台地主要由马兰黄土组成，其中夹有两层古土壤，上古土壤层厚0.50米，浅棕红色，质地致密，热释光年龄为21.05±0.41kaB.P.；下古土壤层厚0.50米，棕红色，质地致密，热释光年龄为62.9±1.93kaB.P.[18、19]。台地顶部披盖有厚1米~2米的全新世黄土。

黄土台地面之下发育有三级河流阶地，其中第三级阶地宽30米左右，高于河床24米，阶地堆积物具有明显的二元结构，厚4米~5米，它坐落在黄土台地前缘，属于以马兰黄土为基座的基座阶地。东胡林遗址位于这级河流阶地，其文化层主要分布在组成阶地的河流堆积物之中（图1）。

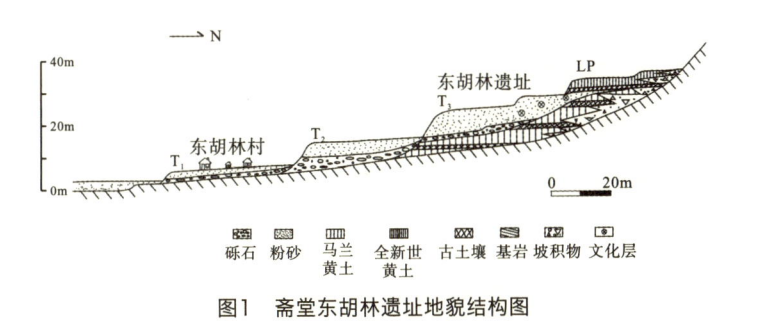

图1 斋堂东胡林遗址地貌结构图

二、东胡林遗址的剖面特征

东胡林遗址的代表性剖面见于遗址东区的T8探方西壁，该剖面厚5.86米，根据岩性特征，可以将该剖面由上而下划分为12层：

（1）灰黄色粉砂，质地疏松，垂直节理发育，含有小钙结核，其中夹有古土壤层（L0S）。属全新世黄土。厚150厘米。

（2）灰黄色粉砂，偶见小砾石及钙结核。含少量炭屑和石制品。厚36厘米。

（3）褐灰色黏土，质地较硬，下部含有零星砾石。含石器、动物骨骼和炭屑等文化遗物。厚16厘米。

（4）灰黄色粉砂，含有较多的白色碳酸盐假菌丝，可见褐色团块，偶见0.5毫米左右的小砾石。本层未见文化遗物。厚36厘米。

（5）褐灰色黏土质粉砂，夹有较多的砾径1厘米~2厘米的砾石，偶夹较大的灰岩角砾，砾径5厘米~6厘米。含有碎骨、螺壳、炭屑以及少量的红烧土颗粒等文化遗物。在整个遗址区，本层顶面上分布有较多的灰堆和灰坑，为当时人类的活动面。厚60厘米。

（6）褐黄色细砂，夹有较多的细小砾石，小型微斜层理发育，顶面出现有小型沙波，含有大量螺壳。本层不含文化遗物，仅有一墓葬开口于本层顶面。厚16厘米。

（7）褐黄色细砂，偶见小砾石，具有明显的小型斜层理，夹有少量螺壳。靠近北侧本层顶面分布有一直径80厘米，高16厘米的灰堆。厚12厘米。

（8）棕褐色黏土质粉砂，可见较多的白色碳酸盐假菌丝，偶见磨圆砾石。本层中发现的文化遗物最为丰富，有石磨盘、陶片和动物骨骼、人骨、螺壳、炭屑等。在整个遗址区，本层顶面分布有较多的灰堆，属于当时人类的活动面。厚28厘米。

（9）棕褐色黏土质粉砂，含有较多的白色假菌丝体，致密块状，局部具水平层理，偶见灰绿色小角砾和灰白色钙结核。出土有少量兽骨、螺壳、炭屑。整个遗址区本层顶面分布有灰坑、灰堆，并有一墓葬开口于本层顶面，为当时人类的活动面。厚56厘米。

（10）棕黄灰色粉砂，质地坚硬，颜色较暗，含有大量的碳酸盐斑点和结核，偶见砾径2毫米左右的小砾石。厚16厘米。

（11）砾石层，夹有薄层泥质粉砂，砾石成分复杂，有灰绿—紫红色火山岩、灰岩等，砾径2厘米~5厘米，分选较好，磨圆Ⅱ~Ⅲ级。厚60厘米。

（12）灰黄色马兰黄土，其中夹有棕红色古土壤层，与上覆地层之间存在有明显的侵蚀面，属于阶地的基座。出露厚度100厘米。

从上述描述可以看出，探方剖面中第2~11层属于组成三级阶地的河流堆积物。河流堆积之上的剖面第1层为全新世黄土堆积，属于阶地形成之后的风尘堆积，河流堆积之下的第12层为马兰黄土堆积，属于阶地的基座。

年代测试表明，河流堆积物靠底部的第9层，其AMS^{14}C年龄为9570±70aB.P.，经树轮校正为11090cal aB.P.；靠顶部的第2层，其AMS^{14}C年龄为8535±80aB.P.，经树轮校正为9560cal aB.P.。说明河流的下切发生在11090cal aB.P.前后，阶地堆积物形成于11100-9600calaB.P.期间，对应于新仙女木事件之后的升温期。东胡林人活动的遗迹主要分布在河流堆积物之中，为了探索东胡林人的生存环境，本文主要选择这套河流堆积作为研究对象，采集系列样品，在室内进行了沉积物的粒度分析和孢粉分析，以获取更多的古环境信息（表1）。

表1　遗址剖面的AMS^{14}C年代测试数据

层位	实验室编号	材料	AMS^{14}C年龄/aB.P.	树轮校正年龄/ cal aB.P. 68.2% probability	95.4% probability
2	BAO7788	木炭	8535±80	9560 (68.2%)9440	9350(1.1%)9320 9700(95.4%)9400

续表

层位	实验室编号	材料	AMS^{14}C年龄 / aB.P.	树轮校正年龄/ cal aB.P.	
				68.2% probability	95.4% probability
3	BA05890	木炭	8775 ± 40	9890(68.2%)9690	10150(2.3%)10050 9950(93.1%)9550
4	BA02146	木炭	8780 ± 90	10150(6.3%)10050 9950(61.9%)9600	10200(95.4%)9550
5	BAO5891	木炭	8805 ± 50	10120(7.2%)10090 9920(65.5%)9700	10200(95.4%)9600
7	BA05887	木炭	9155 ± 40	10380(26.5%)10310 10300(41.7%)10240	10480(1.2%)10460 10430(94.2%)10230
8	BA02150	木炭	9180 ± 80	10480(2.3%)10460 10420(65.9%)10240	10560(95.4%)10220
9	BA03420	人骨	9570 ± 70	11090(38.4%)10920 10890(29.8%)10860	11170(95.4%)10700

注：由北京大学年代学实验室和加速器质谱实验室测定，所用碳十四半衰期为5568年，BP为距1950年的年代。树轮校正所用曲线为IntCal04（1），所用程序为OxCal v3.10（2）。

（1）Reimer P J, Baillie M G L, Bard E, et al. IntCal04 Terrestrial Radiocarbon Age Calibration, 0 - 26 cal kyr BP. *Radiocarbon*, 2004, 46: 1029~1058.

（2）Ramsey B. Christopher 2000 OxCal V3.5, online: http://rlaha.ox.ac.uk/orau.html

三、粒度分析

通过河流沉积物的粒度分析获取沉积物的粒度参数和粒度曲线，并以此为根据对河流堆积物进行沉积相和微相的划分，是研究河流水文动态和地貌演化过程的重要手段[20]。东胡林遗址的人类活动遗迹分布在河流堆积物之中，且出现在沉积剖面的不同层位，因此，通过系统的粒度分析，可以了解不同时期人类活动的地貌部位和遗址所在位置的河流地貌演变过程，进而揭示古人类活动的地貌环境。

粒度分析的样品采自上述遗址剖面的第2~10层，每个样品长4厘米，连续采集沉积物样品68个，共计272厘米（剖面第11层是砾石层，为典型的河床相堆积，故没有进行粒度分析）。粒度分析在RS1000型粒度自动分析仪上进行。通过粒度分析，获取了全部样品的粒度参数和粒度曲线。

（一）粒度参数特征

我们选取平均粒径、众数粒径、中值粒径和标准离差、分选系数、偏度、尖度等粒度参数，按层位求得各层的平均值（表2），结果显示，粒度参数的变化与野外剖面观察完全一致：以第8层顶面为界，这套河流堆积物可以分为两部分，其中下部的第8~10层，具有剖面中最细的粒度和最差的分选状况，它和其下伏的第11层砂砾石共同组成一个下粗上细的粒度旋回；而上部的第6~7层具有剖面中（除砂砾石层之外）最粗的粒度和最好的分选，向上第3~5层粒度明显变细，分选变差，也组成一个下粗上细的粒度旋回（图2）。

表2　剖面2~10层粒度参数平均值

层序	粒度参数							总体特征		分段
	平均粒径/Φ	众数粒径/Φ	中值粒径/Φ	标准离差	分选系数	偏度	尖度	粒度	分选	
2	5.01912	4.20766	4.67369	1.53128	1.95551	0.36805	1.07053	较细	较差	上部
3	5.06734	4.23913	4.71964	1.53330	1.97019	0.36771	1.05553	较细	较差	
4	4.96770	4.21747	4.639	1.48669	1.87412	0.37231	1.12172	稍粗	稍好	
5	5.15168	4.29798	4.82376	1.54811	2.02700	0.34226	1.01727	较细	较差	
6	4.37485	4.06869	4.21382	1.83786	1.89812	0.13599	1.47155	粗	好	
7	4.68734	4.08965	4.38657	1.52564	1.77652	0.32775	1.33205			
8	5.36085	4.36688	5.05615	1.58848	2.20705	0.29438	0.90435	细	差	下部
9	5.42561	4.4918	5.13782	1.57602	2.1585	0.28515	0.93081			
10	5.48268	4.56683	5.21631	1.5608	2.14041	0.27187	0.93376			
11	砂砾石层（没有做粒度分析）									

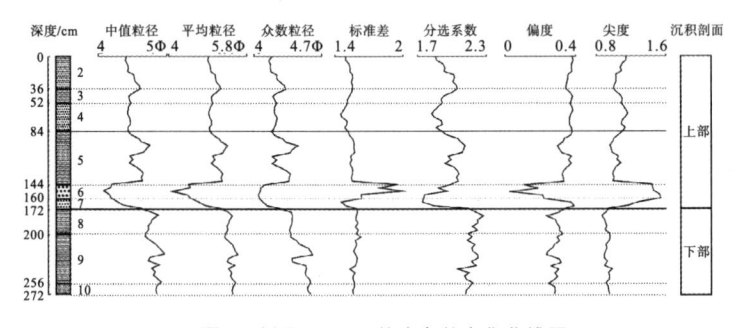

图2　剖面2~10层粒度参数变化曲线图

（二）粒度曲线特征

粒度分析结果表明，所有68个样品的频率曲线和概率累积曲线图按其特征可以明显地划分为A、B两种不同的类型，其中B类型又可以进一步划分为两种亚类，它们分别指示不同的沉积环境[21~23]（表3）。

类型A：

此类样品粒度较粗，细砂成分较多。其粒度频率曲线为双峰态，正偏态，主峰位置在4~4.5Φ之间，粗尾端陡，并在-1~1Φ之间出现一低峰，细尾端上段陡，下段较缓，在6~7Φ之间出现一和缓的平台。粒度概率累积曲线呈三段式，推移段（-1.0~1.0Φ）占1%~5%，斜率大，分选好；跃移段（1~5.0Φ）约占60%~70%，由斜率不同的两段组成，反映水流的往复作用；悬移段（>5.0Φ）约占30%，斜率小，分选差。粒度频率曲线上粗尾端次高峰的出现、粒度概率累积曲线图上推移组分的存在以及跃移段占主要组分，且由斜率不同的两段构成等特征，指示水流流速较急，颗粒主要以跃移方式运移，并受水流往复运动的影响，出现不同斜率的两部分，属于河床相的边滩堆积（图3上）。

类型A仅分布于第6和第7层。

类型B：

此类样品粒度较细，以粉砂为主。其粒度频率曲线为单峰态，主峰位置在4.5Φ左右，正偏态，曲线粗端陡，细端上半段（4.5~6.0Φ）较陡，下半段（6~10Φ）较缓。粒度概率累积曲线图呈两段式，主要由跃移总体和悬移总体两部分构成，缺乏推移组分，跃移组分（2.3~5.0Φ）约占40%~50%，由斜率不同的两段组成，反映水流的往复作用；悬移组分（>5.0Φ）约占50%，斜率小，分选差。根据样品中缺乏推移组分，跃移组分由斜率不同的两段组成，且与悬浮组分的含量大体相当等特征，应属于河漫滩堆积。

进而根据粒度曲线特征可以把类型B分为两个亚类，其中B1亚类的粒度频率曲线主峰较宽，细段部分为一圆滑曲线，属递变悬浮，反映分选不佳的悬浮环境，属于近岸的河漫滩堆积（图3中），剖面中主要见于第9~10层和第5层下部；B2亚类的粒度频率曲线的主峰较窄，细段部分在6~8Φ之间出现一明显的平台，反映分选较好的悬浮环境，属于离岸较远的河漫滩堆积（图3下），剖面中主要见于第8层、第5层上部和第2~4层。

表3　东胡林遗址剖面堆积物粒度曲线特征

类型	粒度频率曲线特征				粒度概率曲线特征			分布层位	沉积环境
	峰态	主峰/Φ	偏态	粗端	细端	图式	推移段/Φ	跃移段/Φ	悬移段/Φ		
A	双峰	4.3	正	陡立次峰	斜直平台	三段	-1.0~1.0（2%~5%）	1~5.0（70%）	>5.0（30%）	第6~7层	河床边滩
B1	单峰	4.5较宽	正	陡立	斜直	两段	无	2.3~5.0（50%）	>5.0（50%）	第5层下部 第9~10层	漫滩近岸环境
B2	单峰	4.5较窄	正	陡立	斜直平台	两段	无	2.3~5.0（50%）	>5.0（50%）	第2~4层 第5层上部 第8层	漫滩远岸环境

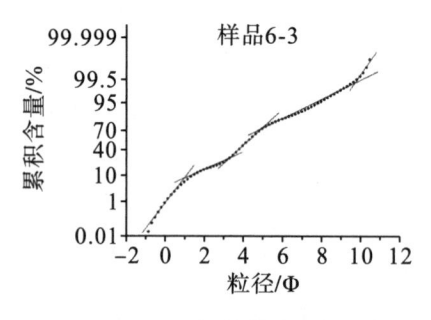

类型A：河床边滩沉积的粒度概率累积曲线 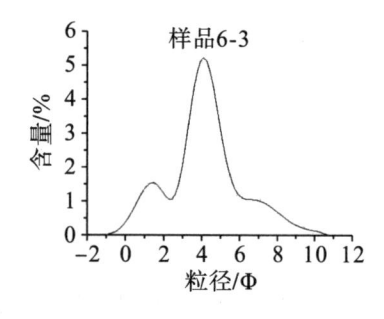　　　类型A：河床边滩沉积的粒度频率曲线

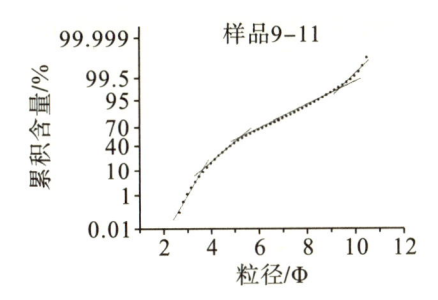

类型B1：漫滩近岸沉积的粒度概率累积曲线 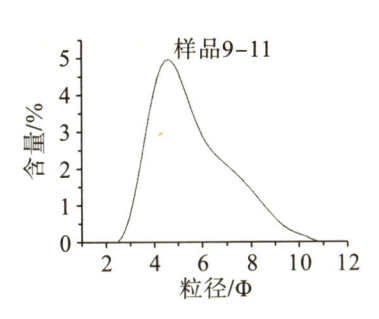　　类型B1：漫滩近岸沉积的粒度频率曲线

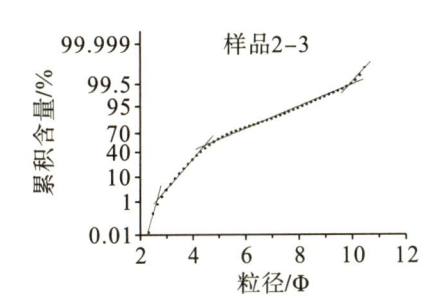

类型B2：漫滩远岸沉积的粒度概率累积曲线 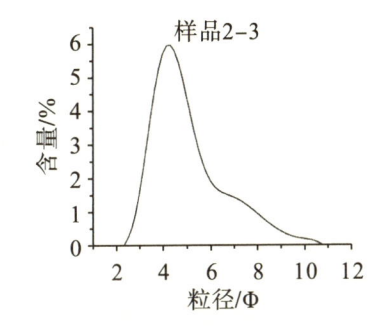　　类型B2：漫滩远岸沉积的粒度频率曲线

图3　不同类型沉积物的代表性粒度概率累积曲线和频率曲线

根据以上粒度分析结果，并结合野外实地观察，可以把剖面中的河流堆积物分为上下两部分，其中下部从底砾层（第11层）开始到第8层，代表一次从河床主流堆积（第11层）—河漫滩近岸堆积（第9~10层）—河漫滩远岸堆积（第8层）的河流过程；上部从第7层开始到第2层，代表另一次从河床边滩相（第6~7层）—河漫滩近岸堆积（第5层）—河漫滩远岸堆积（第2~4层）的河流过程。两者的分界根据第8层的测年数据，大致在10500cal aB.P.左右。人类活动遗迹的分布表明，东胡林人主要活动在两次河漫滩发育阶段，尤其是远岸河漫滩发育阶段。他们生活在洪水后退之后出露的河漫滩平

原上，并随着河水的涨落和由此引起的地貌变化，不断改换之间的营地，过着半定居的生活。

四、孢粉分析

孢粉分析可以反映区域植被的组成及其变化情况，是恢复古生态、古气候的重要手段。

我们在东胡林人遗址探方8北壁剖面上，与粒度分析样品同步，从第10层底部到第2层顶部，按样长4厘米，连续采集样品68个。在采集过程中我们注意避开了古人类的活动面，以尽量减少人类干扰的影响。

样品经酸碱处理、д-6重液（比重2.13）浮选，共鉴定出31个科属，包括木本植物花粉12个科属，有松属（*Pinus*）、柏科（Cupressaceae）、桦属（*Betula*）、鹅耳枥属（*Carpinus*）、栎属（*Quercus*）、胡桃属（*Juglans*）、椴属（*Tilia*）、榆属（*Ulmus*）、漆树属（*Rhus*）、柳属（*Salix*）、桑科（Moraceae）、木樨科（Oleaceae）；草本植物花粉17个科属，有蒿属（*Artemisia*）、藜科（Chenopodiaceae）、禾本科（Gramineae）、菊科（Compositae）、毛茛科（Ranunculaceae）、唐松草属（*Thalictrum*）、唇形科（Lamiaceae）、蓼属（*Polygonum*）、蔷薇科（Rosaceae）、玄参科（Scrophulariaceae）、旋花科（Convolvulaceae）、葎草属（*Humulus*）、豆科（Leguminosae）、茄科（Solanaceae）、十字花科（Cruciferae）、莎草科（Cyperaceae）、大戟科（Euphorbiaceae）；蕨类植物孢子2个科属，有卷柏属（*Selaginella*）、水龙骨科（Polypodiaceae）。这些都是当地目前常见的植物种属。

孢粉分析的结果表明，所有68个样品的孢粉浓度均偏低，一般不超过23粒/克,说明当时植被比较稀疏。样品中草本植物花粉、木本植物花粉和蕨类植物孢子的百分含量相对比较稳定,其中草本植物一直占绝对优势,一般在80%~90%之间,最高可达100%,主要为蒿属为主,藜科和禾本科次之,绝大多数样品的A/C值都大于1。木本植物不多,一般占0%~20%,主要为松柏类和落叶阔叶树,后者略高于前者。部分样品中还出现有少数的蕨类植物孢子(0%~3.7%),可能与河漫滩上残留的水洼地有关。通常认为,草本植物和阔叶树的花粉飞翔能力低,基本上落在原地或附近,只有松属的花粉由于具有特殊的气囊,飞翔能力强,可以到达比较远的地方[24]。上述东胡林遗址的花粉组合中,松属花粉所占比例极少,草本植物一直占绝对优势,因此我们认为它基本上可以反映当时东胡林一带的植被面貌。

根据主要孢粉百分含量特征,可将第2~9层由上而下划分为以下7个孢粉带(表4、图4):

第Ⅰ孢粉带:深度0~52厘米,对应于第2层和第3层。本带孢粉浓度6.3%~47.8%。草本植物为主,占71.1%~100%,以蒿属为主,占44.3%~61.9%,藜科、禾本科次之,分别占3.6%~20.4%和6.0%~21.4%,A/C值较高(2.28~16.00),此外还有菊科、毛茛科、唐松草属、蔷薇科、茄科、十字花科、豆科、葎草属、旋花科和莎草科等;木本植物占0%~26.8%,主要为落叶阔叶树,如桦属、鹅耳枥属、栎属、胡桃属、榆属、漆树属、柳属、桑科和木樨属等,还有少量松属和柏科;蕨类植物占0%~2.9%,有卷柏属、水龙骨科,分布比较普遍。指示存在适应于比较温暖湿润的温带草甸草原植被。

第Ⅱ孢粉带:深度52厘米~120厘米,对应第5层上部和第4层。本带孢粉浓度8.1~18.4粒/克。草本植物占绝对优势，占88.2%~100%，以蒿属为主，占36.4%~70.4%，藜科次之（11.1%~39.4%），禾本科再次之（2.8%~22.9%），A/C值较高（0.83~6.33），还有少数的毛茛科、唐松草属、茄科、十字花科、豆科、葎草属、玄参科、唇形科等；木本植物少量，仅占0.0%~11.5%，只有松属和零星的漆树属、桑科等；蕨类植物仅有卷柏属，占0%~3.4%，仅出现在个别层位。指示此带中存在温和较干的温带草原植被。

第Ⅲ孢粉带：深度120厘米~144厘米，对应于第5层下部。孢粉浓度10.2~22.8粒/克。草本植物仍占优势（83.3%~90.2%），以蒿属为主，占51.2%~65.5%，藜科次之（8.6%~26.8%），禾本科较少（3.7%~7.9%），A/C值较高（1.91~7.60），此外还有毛茛科、唐松草属、豆科、蓼属、茄科及十字花科、葎草属、旋花科、玄参科、唇形科等；木本植物花粉有所增加，占9.8%~16.7%，出现较多的落叶阔叶树，有栎属、桦属、椴属、鹅耳枥属、漆树属、桑科，还有少数的松属；未见蕨类植物。指示多为比较温暖湿润的温带草甸草原植被。

第Ⅳ孢粉带：深度144厘米~172厘米，对应第6和第7层。本带孢粉浓度4.8~12粒/克。草本植物占绝对优势（92%~100%），以蒿属为主，占18%~83.9%，禾本科次之（6.5%~62%），藜科少数（3.2%~9.1%），A/C值较高（4.50~26.22），还有少数的菊科、毛茛科、唐松草属、豆科、唇形科等；木本植物少量，仅占0.0%~6.0%，只有零星的松属和桑科；蕨类植物比例仅占0%~2.9%，只有零星的卷柏属和水龙骨科。指示此带多为温和较干的温带草原植被。

第Ⅴ孢粉带：深度172厘米~200厘米，对应第8层。本层孢粉浓度6.5~19.6粒/克。草本植物仍占绝对优势，达88.7%~100%，以禾本科为主（25.5%~61.3%），蒿属次之（17.7%~44.7%），藜科少数（1.2%~24.1%），A/C值较高（1.28~39.67），还有毛茛科、唐松草属、蓼科、菊科、豆科、茄科、旋花科、唇形科、大戟科、玄参科等；木本植物有所增加，占0%~9.7%，出现较多的落叶阔叶树种，如桦属、鹅耳枥属、栎属、榆属、椴属、柳属、漆树属、桑科、木樨科等，还有少量的松属；蕨类植物也有所增加（占0%~2.5%），主要为水龙骨科和卷柏科。指示多为比较温暖湿润的草甸草原植被。

第Ⅵ孢粉带：深度200厘米~256厘米，对应第9层。本带孢粉浓度2.0~8.6粒/克。草本植物占96.3%~100%，主要为蒿属（29.3%~66.7%），禾本科（7.7%~56.1%）和藜科（3.7%~30.8%）次之，A/C值较高（1.40~18.03），同时出现有少数中生草本植物，如菊科、毛茛科、唐松草属、豆科、茄科等；木本植物仅见个别木樨科；蕨类植物见于中部，仅水龙骨科。指示为温和较干的温带草原。

第Ⅶ孢粉带：深度256厘米~272厘米，对应第10层。本带孢粉浓度3.1~10.1粒/克。草本植物为主，占77.8%~100%，以蒿属为主（51%~65%），禾本科次之（10.0%~35.3%），藜科少数（5.0%~7.4%），还有少量豆科、茄科，A/C值较高（7.51~13.00）；木本植物0%~22.2%，全部为松属；未见蕨类植物。指示为温凉较干的温带草原。

从以上孢粉组合的总体特征来看，在东胡林人活动期间（11100-9600cal aB.P.），这一地区的植被主要以蒿属为主，藜科或禾本科次之，间有阔叶落叶树出现，属于温和较干的温带草原与比较温暖湿润的温带草甸草原交替出现的生态环境，其中比较温暖湿润的温带草甸草原更多地出现在东胡林人活动的后期（10500-

9600cal aB.P.）。

表4　各孢粉带的孢粉组合特征及生态环境

剖面	孢粉带	层位	孢粉组合特征				生态环境
^	^	^	草本植物	木本植物	蕨类植物	蒿藜比（A/C）	^
上部	Ⅰ	3~2	71.1%~100% 蒿—禾本—藜，其他多种中生草本	0%~26.8% 较多松属和落叶阔叶树出现（8种）	较多	2.28~16.00 均值5.41	比较温暖湿润的温带草甸草原
上部	Ⅱ	5上~4	88.2%~100% 蒿—藜—禾本，其他中生草本少量	0%~11.5% 有少量的松属和落叶阔叶树（漆、桑）	个别	0.83~6.33 均值2.96	温和较干的温带草原
上部	Ⅲ	5下	83.3%~90.2% 蒿—藜—禾本，其他多种中生草本	9.8%~16.7% 有较多的松属和落叶阔叶树（6种）	未见	1.91~7.60 均值3.99	比较温暖湿润的温带草甸草原
上部	Ⅳ	7~6	92%~100% 蒿—禾本—藜，其他中生草本少量	0%~2.9% 仅有少数松属和零星落叶阔叶树（柳）	少量	4.50~26.22 均值11.20	温和较干的温带草原
下部	Ⅴ	8	88.7%~100% 禾本—蒿—藜，其他多种中生草本	0%~9.7% 有少量的松属和落叶阔叶树（4种）	较多	1.28~39.67 均值11.86	比较温暖湿润的温带草甸草原
下部	Ⅵ	9	96.3%~100% 蒿—禾本—藜，其他中生草本少量	0%~3.7% 未见松属和落叶阔叶树种	个别	1.40~18.03 均值6.33	温和较干的温带草原
下部	Ⅶ	10	77.8%~100% 蒿—禾本—藜，其他中生草本少量	2.6%~2.72% 主要为松属，未见落叶阔叶树种	未见	7.51~13.00 均值9.52	温凉较干的温带草原

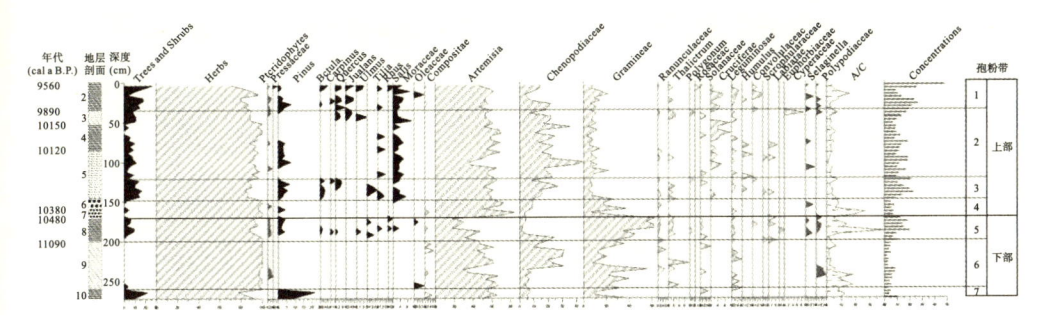

图4 东胡林遗址剖面孢粉图

五、讨论

东胡林遗址是一处新石器文化早期遗址，其地貌部位清楚、遗址地层完整、文化内涵丰富。考古学家根据东胡林遗址出土石制品分析认为，在东胡林人活动时期，不但作为新旧石器过渡时期文化重要标志的细石器得到极大的发展，而且新石器也逐渐有所增多，呈现典型的新旧石器过渡的文化面貌。

新旧石器文化过渡的原因是多方面的。本次研究发现，东胡林人活动期间属于新仙女木事件结束之后的气候升温时期，与华北其他地区一样[25~28]，当时这里的气候环境也发生了明显的变化，出现了温和较干的温带草原与比较温暖湿润的温带草甸草原交互出现的植被面貌。前人有关地文期的研究表明，在距今一万年前后，华北地区随着气候的变暖和水量的增加，河流从马兰黄土堆积面上快速下切，形成马兰黄土台地和新的谷地（地文上称之为板桥期侵蚀），在新的谷地中，由于强烈的加积作用，河漫滩发育，堆积了厚层的河流沉积物（地文上称之为皋兰期堆积）[29~32]。从东胡林遗址的地貌结构来看，当时清水河也经历了同样的侵蚀和堆积过程，东胡林人主要活动在板桥期侵蚀造成的河谷中，与皋兰期的河漫滩环境有密切的关系。华北其他几处新旧石器文化过渡时期的人类遗址，如河北阳原的于家沟遗址、山西吉县的柿子滩遗址、河南新密李家沟遗址等，与东胡林遗址一样，古人类的活动场所也都与板桥期侵蚀造成的河谷地貌和皋兰期堆积有密切的关系。由此我们推测，新仙女木期之后气候升温期的出现和板桥期侵蚀形成的河谷地貌，可能是这一地区出现新旧石器文化过渡的重要环境因素。

六、结论

综合以上地貌调查、剖面观察、年龄测定、粒度分析和孢粉分析等多方面的工作，并结合考古发掘所获得的资料，我们对东胡林人的生存环境得到如下几点初步认识：

（1）东胡林人主要活动在11100-9600cal aB.P.期间，恰好对应于新仙女木事件结束之后的气候升温时期，也对应于板桥侵蚀之后的皋兰堆积期。

（2）东胡林人的活动遗迹主要分布在清水河三级阶地的河流沉积物之中，且见于多层河漫滩沉积的顶面，说明东胡林人主要生活在古清水河的河漫滩上，并随着河水的涨落和由此引起的地貌环境变化，不断改换自己的营地。

（3）在东胡林人生活时期，本区气候较前有明显的改善，出现了温带草甸草原和温带草原交替的生态环境，温和干燥—较为温暖湿润的气候环境，河漫滩上比较丰富的动植物资源，适宜于原始人类在此从事采集和狩猎活动。

（4）在东胡林人生活期间，以10500cal aB.P.为界，地貌和气候环境都发生了一定的变化，其中河流演变从第一次河流过程进入第二次河流过程，气候环境由比较温干的温带草原为主转为以比较暖湿的温带草甸草原为主。与此同时，从10500cal aB.P.开始，遗址中作为新旧石器过渡重要标志的细石器也开始明显增多。古文化的变化是否与环境的变化有关，尚待进一步研究。

注释

［1］Andersson J G. Topographical and Archaeological Studies in the Far East. In: Samlingarna Ö, eds. Bulletin of the Museum of Far Eastern Antiquities. *Stockholm: BMFEA—Museum of Far Eastern Antiquities*, Vol. 11 (1939), pp. 7~22.

［2］叶良辅：北京西山地质志，地质专报甲种1号，1920年，51~63。

［3］卞美年、袁复礼：远东地形与考古之研究，地质论评，1940（5），119~131。

［4］赵希涛、李容全：北京斋堂地区第四纪沉积与地层，中国科学院地质研究所集刊（第2号），北京：科学出版社，1988年，112~122。

［5］傅先兰、傅金沐、李容全：北京西山清水期侵蚀及其地貌环境演变，北京师范大学学报（自然科学版），1998（1），119~123。

［6］魏兰英："清水侵蚀—马兰堆积"地文旋回的环境意义，第

四纪研究，1998（3），284。

［7］殷春敏、李容全：北京西山清水河马兰台的形成时代与环境，北京师范大学学报（自然科学版），2000（6），835~839。

［8］郝守刚："东胡林人"发现的经过，化石，1988（3），18~19。

［9］周国兴、尤玉桂：北京东胡林村的新石器时代墓葬，考古，1972（6），12~15。

［10］赵朝洪：北京市门头沟区东胡林史前遗址，考古，2006（7），3~8、97~98。

［11］Xia Z K, Cheng G, Zheng G W, et al. Environmental Background of Evolution from the Paleolithic to Neolithic Culture in Nihewan Basin, North China. *Sci China Ser D—Earth Sci*, no. 44（2001）, pp. 779~788.

［12］Xia Z K, Cheng G, Cheng F Y, et al. Climate Background of the Paleolithic-Neolithic Cultural Transition During the Deglaciation in the Middle Reaches of the Yellow River. *Chinese Sci Bull*, no. 47（2002）, pp. 71~75.

［13］Mannion A M. *Global Environmental Change*. Singapore: Longman, 1997, pp. 42~77.

［14］王文远、刘嘉麒等：热带湖光岩玛珥湖记录的末次冰消期东亚夏季风两步式的变化，科学通报，2000（45），860~864。

［15］周卫健、安芷生、S.C.Porter等：末次冰消期东亚和挪威海气候事件的对比，中国科学（D辑）：地球科学，1997（3），260~264。

［16］〔澳〕E.布赖恩特著，刘东生等编译：气候过程和气候变化，北京：科学出版社，2004年，83~97。

［17］赵朝洪：从旧石器时代向新石器时代过渡的清晰轨迹，南方

文物，1995（1），28~37。

［18］郝守刚、马学平、夏正楷等：北京斋堂东胡林全新世早期遗址的黄土剖面，地质学报，2002（3），420~430。

［19］Hao S G, Ma X P, Xia Z K, et al. The Early Holocene Loess Section in the Donghulin Site near Zhaitang in Beijing. *Acta Geol Sin*, no. 76（2002）, pp. 420~430.

［20］Reading H G. *Sedimentary Environments: Processes, Facies, and Stratigraphy*. London: Blackwell Science, 1978.

［21］成都地质学院陕北队：沉积岩（物）粒度分析及其应用，北京：地质出版社，1978年。

［22］陈中原、严钦尚：滹沱河平原段现代沉积结构、构造特征，地理科学，1982（3）：210~221。

［23］高健、严钦尚、许世远：滦河中游现代河流沉积构造与水动力的关系，沉积学报，1983（1），27~41。

［24］周昆叔：对北京市附近两个埋藏泥炭沼的调查及其孢粉分析，中国第四纪研究，1965（4），118~134。

［25］李文漪：中国第四纪植被与环境，北京：科学出版社，1998年。

［26］李月丛、王开发、张玉兰：南庄头遗址的古植被和古环境演变与人类活动的关系，海洋地质与第四纪地质，2000（3），23~30。

［27］孙湘君、宋长青、王琫瑜等：黄土高原南缘10万年以来的植被——陕西渭南黄土剖面的花粉记录，科学通报，1995（13），1222~1224。

［28］周昆叔等：北京平原第四纪晚期花粉分析及其意义，地质科学，1978（1），57~66。

［29］吴忱：华北地貌环境及其形成演化，北京：科学出版社，

2008年，422~463。

［30］李吉均、康建成：中国第四纪冰期、地文期和黄土记录，第四纪研究，1989（3），269~276。

［31］李容全、邱维理：地文期与地文期研究，第四纪研究，2005（6），676~685。

［32］周昆叔：中国北方全新世下界局部不整合——兼论板桥期侵蚀，见刘嘉麒、袁定印编：中国第四纪地质与环境，北京：海洋出版社，1997年，36~43。

原载：科学通报，2011，56（34）：2887~2905

我国北方泥河湾盆地新—旧石器文化过渡的环境背景

◎ 夏正楷　陈福友　陈戈　郑公望　谢飞　梅惠杰

人类社会从旧石器文化向新石器文化过渡与环境演变之间的关系，一直是各国古人类学家、考古学家和第四纪地质学家共同关心的热点问题[1]。末次冰消期（13—10.5kaB.P.）和冰后期早期（10.5—7kaB.P.）是全球气候从末次大冰期向全新世大暖期过渡的时期，也是人类社会从旧石器文化向新石器文化过渡的重要时期。由于气候演变和文化过渡在时间上的耦合，人们联想到两者之间可能存在着某种内在的联系[2、3]。近年来在河北省泥河湾盆地的虎头梁、西水地一带，相继发现了多处这一时期人类活动的遗迹[4]，出土有丰富的石制品和动物化石，还有早期的陶片，陶片的TL测年数据为11.6kaB.P.，是我国北方发现的年代最古老的陶片之一[5]。本文通过虎头梁于家沟遗址不同时期人类文化遗存和气候环境的对比研究，分析了该地新旧石器文化过渡时期的环境背景，并就史前人类文化过渡和环境演变之间的关系做了一些初步的探讨。

一、遗址位置和沉积剖面特征

在泥河湾盆地中部虎头梁湖积台地的前缘陡坎，桑干河发育有3级河流阶地，在高于河面约30米左右的第3级阶地上，分布有多处以楔状石核和细石叶为代表的细石器文化遗址，它们环绕台地南侧构成一个东西延伸约5千米的新月形文化带，于家沟遗址是其中文化遗存比较丰富的地点之一。

于家沟遗址位于西水地村东南约1千米的桑干河北岸，地理坐标：40°9'N，114°29'E，海拔高程865米左右。地貌上属于桑干河的三级阶地。该阶地为基座阶地，基座为泥河湾层的灰绿色黏土，阶地沉积物以黄土质粉砂为主，厚7.50米。

根据沉积特征的野外观察，阶地剖面由上而下可以分为8层：

1. 0~0.82米，棕黄色黄土质粉砂，垂直节理发育。表层为现代耕作土。

2. 0.82米~2.40米，灰黑色黏土质粉砂，质地疏松，富含有机物。含细石器。

3. 2.40米~3.68米，深棕黄色黄土质粉砂，质地疏松，含丰富的细石器和动物化石。

4. 3.68米~4.76米，深棕黄色黄土质粉砂，质地致密，含丰富的细石器和动物化石，并发现有陶片。

5. 4.76米~5.20米，褐灰色黄土质粉砂，质地致密，顶部有铁锈。含丰富的细石器和动物化石。

6. 5.20米~5.62米，咖啡色钙质细粉砂，多铁锈。含少量细石器和动物化石。

7. 5.62米~6.44米，褐灰—灰绿色钙质细粉砂，有铁锈。含较多细石器和动物化石。

8. 6.44米~7.50米，灰白色砂砾石层，具斜层理。含少量细石器和动物化石。

二、剖面的时间标尺

为了确定沉积剖面的年龄，我们进行了系统的热释光年龄测定，测试的样品为细粒的石英砂（2微米~8微米），测试在英制7185热释光测定仪上进行，工作条件为20°C线性升温，升温区间50~500°C，3ml/min高纯度氮载气。测定结果如表1所示。其中第4层中部（埋深4.28米）沉积物中石英砂的TL年龄数据为（11.1±0.9）kaB.P.，与前人所测产于同一层位的陶片TL年龄数据（11.6kaB.P.）基本相符，第2层下部（埋深2.08米）的TL年龄数据为（6.0±1.1）kaB.P.，与邻近相同层位的 ^{14}C年龄（5.79kaB.P.）基本一致（表1）。

表1 于家沟遗址剖面的热释光年龄测试数据

样号	深度/米	ED/Gy	Dy/mGy·a^{-1}	U	Th	K$_2$O/%	C/%	年龄/kaB.P.
H-1	0.82	11.88	5.58	4.6	8.2	2.5	4.69	2.1±0.3
H-2	2.08	26.62	4.38	3.0	8.7	2.1	4.55	6.0±1.1
H-3	2.60	32.00	4.61	2.5	15.5	2.4	13.21	7.0±0.8
H-4	4.28	59.11	5.32	2.9	12.1	2.4	3.72	11.1±0.9
H-5	5.62	67.34	5.52	6.2	6.9	2.7	2.52	12.2±1.0

根据所测热释光年龄数据分别求得剖面各段的平均沉积速率，进而估算得各层界面的年龄，并据此建立了剖面的时间标尺（表2）。其中第8层顶部年龄为12.9kaB.P.，这与相距不远的马鞍山遗址相当层位顶部的AMS^{14}C年龄（13.02kaB.P.）基本一致；剖面底界（即第8层底界）的年龄按平均沉积速率外推，大约在13.7kaB.P.左右。

表2 于家沟遗址剖面的主要地层界面年代

分层界面	深度/米	平均沉积速率/m·a^{-1}	^{1}TL年龄数据/kaB.P.	估算年龄/kaB.P.	相邻剖面AMS^{14}C年龄数据/kaB.P.
1/2层界面	0.82	0.32	2.1 ± 0.3		
2层下部	2.08	0.32	6.1 ± 1.1		5.795 ± 0.15
2/3层界面	2.40	0.32		6.6	
3层上部	2.60	0.40	6.9 ± 0.8		
3/4层界面	3.68	0.40		9.7	
4层中部	4.28	0.40	11.1 ± 0.9		
4/5层界面	4.76	1.23		11.5	
5/6层界面	5.20	1.23		11.9	
6/7层界面	5.62	1.23	12.2±1.0		
7/8层界面	6.44	1.23		12.9	13.02 ± 0.12
8层底部	7.50	1.23		13.7	

三、遗址剖面中文化遗物的分布特征

于家沟遗址的时间跨度比较大，从13.7kaB.P.一直延续到2.13kaB.P.。出土的文化遗物十分丰富，有石制品、陶片、骨器和动物化石等。其中剖面的中下部以打制的细石核、细石片、细石叶、石镞等细石器为特色，剖面的上部以出现的磨盘、磨棒等磨制石器为特色。

遗址出土的遗物有5467件（其中石制品2803件，骨器5件，陶片2件，动物残骨2657件）。我们按5厘米的间隔对不同类型的文化遗物进行了数量统计，结果表明，文化遗物的类型和数量沿剖面有一定的变化，其中细石器广泛分布于遗址的各个层位，其中尤以第3~5层最为丰富；新石器主要分布在第2层，在第3层也有发现；骨器主要见于第2层，在第3层也有发现；陶片出现在第4层；动物化石的分布十分广泛，见于遗址的各个层位，其中尤以第3~4层最为丰富（图1）。

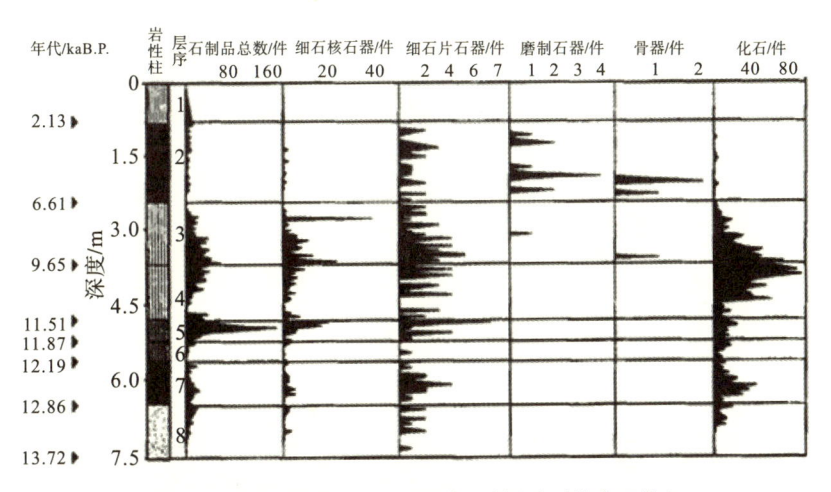

图1 于家沟遗址剖面中不同层位石制品和动物化石分布

文化遗物类型的变化可以反映文化类型的演替，而遗物数量的多少在一定意义上则可以指示人类活动强度的变化。根据剖面的时间标尺和文化遗物的分布，我们可以初步确定，在于家沟遗址，细石器出现的最早时间至少是13.7kaB.P.，并一直延续到2.13kaB.P.，期间又以11.87—6.61kaB.P.最为丰富，是细石器时代人类活动最活跃的时期；

新石器最早出现在8.7kaB.P.（深3.27米处），陶器出现在11.6kaB.P.，而6.61—2.13kaB.P.之间是新石器分布的主要时段，是新石器时代中人类活动最活跃的时期。新旧石器文化的过渡开始于13.72kaB.P.，完成于6.61kaB.P.，其中13.7—11.6kaB.P.属旧石器文化最晚期，是细石器出现和发展的时期；11.6—6.61kaB.P.属新石器文化早期，是细石器由发达到衰落，新石器由出现到发展的时期。

四、新—旧石器文化过渡时期的环境背景分析

我们采用孢粉分析和氧碳同位素、碳酸钙、有机碳等多项气候代用指标来探讨新旧石器文化过渡时期的环境背景。

（一）孢粉分析

我们在剖面上按12厘米间距共采取样品60个进行了孢粉分析，结果显示，整个剖面由下而上可以清楚地划分为4个孢粉带（图2）。

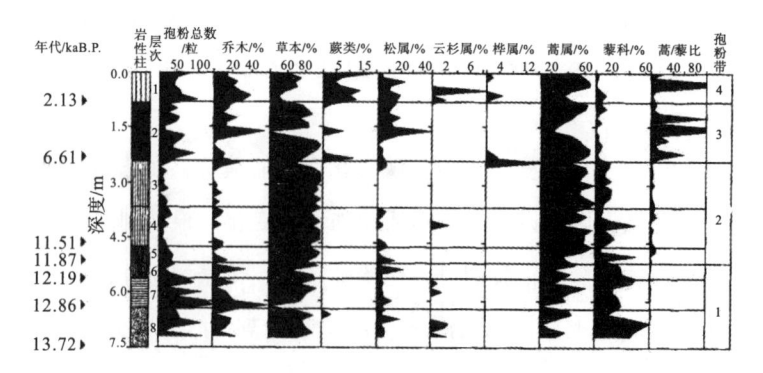

图2 于家沟剖面孢粉组合

第1孢粉带（7.20米~5.16米）：相当于第8~6层，年代大约为13.7~11.9kaB.P.，属末次冰消期的早期。该带的孢粉组合主要以草本植物占优势，绝大多数样品中草本含量在75%以上，主要有藜科和蒿属，蒿/藜比偏低，只有0.2~4.0，其次还有禾本科、毛茛科、唇形科、蔷薇科等；木本植物较少，仅占2.1%~34.6%，个别样品可达58.2%，主要为松属，其次有云杉，还有柽柳、麻黄、白刺等耐干旱乔木和灌木。属寒冷干燥气候环境下的温带疏树草原环境。

第2孢粉带（5.16米~2.40米）：相当于第5~3层，年代大约为11.9~6.6kaB.P.，属末次冰消期晚期和全新世早期。该带的孢粉组合中草本植物占绝对优势，其中半数样品中草本含量达100%，主要为蒿属，禾本科次之，藜科较前显著减少，蒿/藜比略有升高，达到0.7~13，此外还有毛茛科、菊科、玄参科、豆科等典型温带草原植物；木本植物较少，仅占0%~27.8%，主要为松属，云杉少见，阔叶落叶树明显减少，耐旱乔木少见。与第1孢粉带相比，气候明显变暖，湿度有所增加，属温暖干燥气候条件下的温带草原或疏树草原环境。

第3孢粉带（2.40米~0.84米）：相当于第2层，年代大致为6.6~2.1kaB.P.，属全新世中期。该层的孢粉组合仍以草本植物占优势为特征，主要以蒿属为主，藜科明显减少，蒿/藜比偏高，多数样品在15以上。出现较多的温带草原植物种属，如禾本科、毛茛科、菊科、玄参科、豆科、茄科、唐松草属、唇形科、小檗科等；木本植物明显增多，占0%~53.8%，其中针叶树有松属、云杉属，阔叶落叶树种属较多，有栎、桦、鹅耳枥、椴、臭椿、漆树、木樨、柽柳和柳等；蕨类植物孢子增多，占0%~11.5%，下部层位出现较多的卷柏属。与第2孢粉带相比，气候明显变湿，温度略有下降，属温暖湿润气候条件下的温带森林草原环境。

第4孢粉带（0.84米~0.00米）：相当于第1层，年代晚于2.1kaB.P.，属全新世晚期。该层的孢粉组合仍以草本植物占优势为特征，主要以蒿属为主，蒿/藜比偏高，半数样品在20以上，出现较多的温带草原植物种属，如禾本科、毛茛科、菊科、玄参科、豆科、茄科、唐松草属、唇形科、蔷薇科等；木本植物较多，占14.8%~38.7%，其中针叶树主要为松属，并出现较多的云杉，阔叶落叶树种较多，其中出现较多的耐旱植物，如麻黄、柽柳等；蕨类植物孢子增多，普遍出现较多的卷柏属。与第3孢粉带相比，气候明显变干，温度略有升高，属比较温暖湿润气候条件下的温带森林草原环境。

（二）氧碳同位素

近年来，氧碳同位素作为古气候的替代性指标开始被运用于陆相地层，并取得一定的效果[6]。于家沟剖面沉积物主要是黄土物

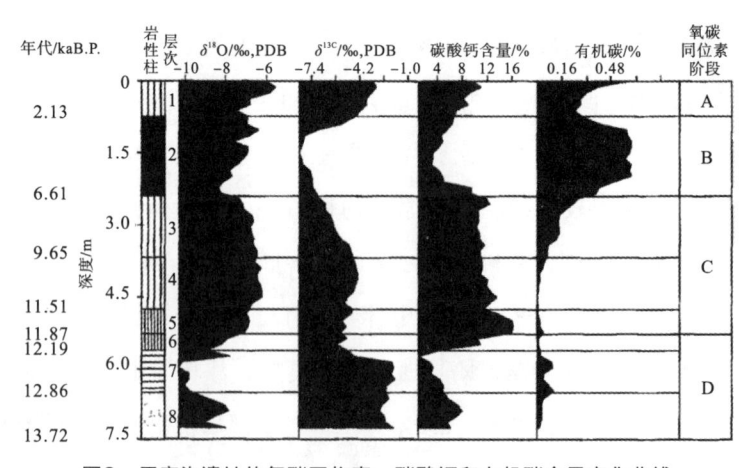

图3 于家沟遗址的氧碳同位素、碳酸钙和有机碳含量变化曲线

质，前人在黄土区的工作表明，在黄土中碳酸钙的$\delta^{18}O$值可以作为古温度的标志，较高的$\delta^{18}O$值表明碳酸钙形成时气候较为温暖，较低的$\delta^{18}O$值则表明气候较为寒冷。而$\delta^{13}C$值可以作为相对湿度的指标，较高的$\delta^{13}C$值对应于干旱气候，较低$\delta^{13}C$的值对应于湿润气候[7]。我们在剖面按12厘米间隔共采取样品60个进行了碳酸钙的氧碳同位素测定，结果显示，整个剖面由下而上可以划分为与孢粉带相对应的4个氧碳同位素阶段（图3）。

D阶段：相当于第8~6层，本段以$\delta^{18}O$具有最低值，$\delta^{13}C$具有最高值，且两者之间呈负相关关系为特征，反映这一阶段气候相当寒冷干燥。其中$\delta^{18}O$值波动明显，$\delta^{13}C$值相对比较稳定，说明当时温度变化较大，与第1孢粉带所记录的气候状况基本一致。后期出现$\delta^{18}O$急剧增高、$\delta^{13}C$值快速降低的情况，表明这一阶段的后期温度明显上升、湿度突然增大，可能是一次气候突变事件的反映。

C阶段：相当于第5~3层，本阶段以$\delta^{18}O$和$\delta^{13}C$均具有较高值，且两者之间呈正相关关系为特征。其中$\delta^{18}O$值比较稳定，$\delta^{13}C$值后期有逐步降低的趋势，表明这一阶段气候以持续的温暖干燥为特征，与D阶段相比，气候要湿润温暖一些，和第2孢粉带所反映的气候状况基本一致。

B阶段：相当于第2层，本阶段以$\delta^{18}O$具有较高值，$\delta^{13}C$具有较低值，且两者之间呈负相关关系为特征。表明这一阶段气候以温暖湿润为主，与C阶段相比，气候更加湿润，与第3孢粉带所反映的气候状况基本一致。

A阶段：相当于第1层。本阶段以$\delta^{18}O$和$\delta^{13}C$均具有高值，并且从下而上不断增高，两者之间呈正相关关系为特征。反映这一阶段的气候以温暖干燥为特征，与B阶段相比，气候变干，与第4孢粉带所反映的气候状况基本一致。

（三）碳酸钙含量

在半干旱区，碳酸钙的形成主要取决于气候的蒸发强度，在干燥或高温的气候环境蒸发强度较大，有利于碳酸钙的形成，而湿润或低温的环境下蒸发强度较小，不利于碳酸钙的形成[8]。在于家沟剖面，我们按2厘米间隔共采取样品350个，进行了全岩样品的碳酸钙含量测试，根据碳酸钙的含量，也可以把剖面由下而上分成与氧碳同位素阶段完全一致的4个阶段（图3）：

D阶段：碳酸钙含量的变化与$\delta^{18}O$值呈明显的正相关关系，反映这一阶段碳酸钙的形成主要与温度有关，本段碳酸钙含量偏低，说明当时属低温气候，晚期碳酸钙含量突然上升，表明气候急剧向温暖方向发展。

C阶段：碳酸钙含量的变化与$\delta^{18}O$值和$\delta^{13}C$值均呈正相关关系，表明这一阶段碳酸钙的形成不但与温度有关，而且也与湿度有关。本段碳酸钙含量持续偏高，说明当时以稳定的温暖干燥气候为特征。

B阶段：碳酸钙含量的变化与$\delta^{13}C$值呈明显的正相关关系，表明这一阶段碳酸钙的形成主要与湿度有关。本段碳酸钙含量偏低，且早期较高，中期较低，晚期升高，表明当时气候十分湿润，且有一个从较干—湿润—较湿润的变化过程。

A阶段：碳酸钙含量的变化与$\delta^{18}O$值和$\delta^{13}C$值呈正相关关系，表明这一阶段碳酸钙的形成不但与温度有关，而且也与湿度有关。本段碳酸钙含量偏高，且有升高的趋势，反映当时气候比较温暖干燥，并向干暖方向发展。

（四）有机碳含量

有机碳含量被认为是重要的古气候代用指标，温暖湿润的气候环境有利于植物的生长，造成沉积物中较高的有机碳含量，反之，寒冷干燥的气候环境不利于植物的生长，造成沉积物中较低的有机碳含量[9]。与碳酸钙含量分析同步，我们进行了350个样品的有机碳含量测试，根据有机碳含量的变化，可以把剖面由下而上分成与氧碳同位素阶段完全一致的4个阶段（图3）：

D阶段：有机碳含量极低，反映气候环境比较恶劣，不利于植物生长。

C阶段：有机碳含量向上明显增高，反映气候温暖湿润方向发展。

B阶段：有机碳含量具剖面最高值，表明气候以温暖湿润为特征。

A阶段：有机碳含量中等，反映气候要比B阶段干燥。顶部有机碳含量突然增高，可能与现代耕作层富含有机物有关。

从孢粉分析结果和气候替代性指标的分析结果来看，它们所反映的古气候状况基本上是一致的，这证明我们对于古气候的分析是可信的。在此基础上，我们重建了该地区末次冰消期以来的环境演变过程（表3）：末次冰消期早期（13.7-11.9kaB.P.），气候波动比较明显，为寒冷干燥气候条件下的温带疏树草原环境，其中12.2-11.9kaB.P.发生气候急剧变化和转型；末次冰消期晚期到全新期早期（11.9-6.6kaB.P.），气候稳定，为持续的温暖干燥气候条件下的温带草原或疏树草原环境，比末次冰消期早期要温暖湿润一些；全新世中期（6.6-2.1kaB.P.），气候有一定波动，主要为温暖湿润的森林草原环境；2.13kaB.P.以后，气候有一定波动，主要为比较温暖湿润的森林草原环境，比全新世中期要干燥和温凉一些。

五、新—旧石器文化过渡的环境背景分析

试比较于家沟遗址中文化遗物的分布和气候变化的关系,我们不难发现,细石器数目较少的第6~8层,对应于末次冰消期早期气候干燥寒冷,波动比较明显的疏树草原环境;细石器富集的第3~5层,对应于末次冰消期后期和全新世早期气候温暖干燥且稳定的温带草原或疏树草原环境;而新石器主要分布在第2层,对应于全新世中期气候温暖湿润的森林草原环境。人类文化演进与气候之间的对应关系暗示两者之间可能存在着一定的内在联系(表3)。

考古学研究表明,人类社会从旧石器文化向新石器文化的过渡主要取决于人类自身的发展和经验的积累,但环境的变化也起着重要的促进作用[10]。我国北方细石器文化的出现与古人类的渔猎和采集活动有密切的关系[11、12]。于家沟剖面中从底部开始就有细石器分布,说明在末次冰消期早期,随着末次冰期结束和冰消期的到来,细石器开始出现。

表3 于家沟剖面主要气候阶段划分与人类文化的演进

时代		层位	年代/kaB.P.	气候特征	人类文化演进
冰后期	后期	1	<2.1	比较温暖湿润的森林草原气候	历史时期文化
	中期	2	2.1-6.6	温暖湿润的森林草原气候	较多的磨制石器 细石器明显减少 动物的碎骨少见
	早期	3	6.6-9.7	持续的温暖干燥的草原和疏树草原气候	同末次冰消期晚期

续表

	时代	层位	年代/kaB.P.	气候特征	人类文化演进
末次冰消期	晚期	4	9.7–11.5	持续的温暖干燥的草原和疏树草原气候	丰富的细石器 大量的动物碎骨 出现磨制石器和陶片
		5	11.5–11.9		
	早期	6	11.9–12.2	寒冷干燥的疏树草原气候	少数的细石器 较多的动物碎骨
		7	12.2–12.9		
		8	12.9–13.7		

第3~5层中数以千计的细石器说明，到末次冰消期后期和全新世早期，持续的比较温暖干燥的气候和广阔的草原，为人类的狩猎和采集活动提供了适宜的生态环境，大量食草动物碎骨的出土，表明狩猎活动在当时人类的生产活动中占有重要的地位。在这样的生态环境和生产方式下，细石器文化得到迅速的发展。新石器文化的出现与农耕和采集经济有密切的关系[13]，剖面中磨制石器最早出现在8.7kaB.P.左右，而陶器出现的时间更早，大致在11.6kaB.P.左右，反映新石器文化在末次冰消期后期和全新世早期就已出现，到全新世中期，当时温暖湿润的气候和茂盛的森林草原，为新石器文化的迅速发展提供了适宜的生态环境。第2层中出土的动物化石十分稀少，但出现了石磨盘和石磨棒等加工工具，说明当时采集和食物加工已取代狩猎成为人类的主要生产和生活方式，生产和生活方式的变化导致了生产工具的进步和文化的发展。

注释

［1］Mannion A M. *Global Environmental Change*. New York: Longman, 1997. pp. 42~128.

［2］〔英〕A. 高迪著，邢嘉明译：环境变迁，北京：海洋出版社，1981年，131~134。

［3］赵朝洪：从旧石器时代向新石器时代过渡的清晰轨迹，南方文物，1995（1），28~37。

［4］盖培、卫奇等：虎头梁旧石器时代晚期遗址的发现，古脊椎动物与古人类，1977（4），287~300。

［5］陈星灿：中国新石器时代早期文化的探索——关于最早陶器的一些问题，见徐钦琦等主编：史前考古学新进展：庆祝贾兰坡院士九十华诞国际学术讨论会文集，北京：科学出版社，1999年，189~202。

［6］Cerling T E, Quade J. Stable Carbon and Oxygen Isotopes in Soil Carbonate. In: Swart P, et al eds. *Climate Change in Continental Isotopic Records*. Washington, D.C.: American Geophysical Union, 1993, pp. 217~231.

［7］顾兆炎：黄土—古土壤序列碳酸盐同位素组成与古气候变化，科学通报，1991（10），767~770。

［8］卢演俦：黄土地层中$CaCO_3$碳酸钙含量变化与更新世气候旋回，地质科学，1981（2），122~131。

［9］赵朝洪：更新世—全新世界限的划分与中国石器时代分期研究综述，江汉考古，1996（1），45~54。

［10］贾兰坡：中国细石器的特征和它的传统、起源与分布，古脊椎动物与古人类，1978（2），137~143。

［11］安志敏：海拉尔的中石器遗存——兼论细石器的起源和传

统，考古学报，1978（3），289~315。

[12] 李占扬：华北最晚期旧石器时代文化及相关问题，见徐钦琦等主编：史前考古学新进展：庆祝贾兰坡院士九十华诞国际学术讨论会文集，北京：科学出版社，1999年，103~110。

[13] 张之恒：中国考古学通论，南京：南京大学出版社，1995年，92~94。

原载：中国科学（D），2001，31（5），393~400

乌兹别克斯坦Kyzyltepa城堡遗址的古地貌环境分析

◎ 夏正楷

  Kyzyltepa是一处铁器时代的古城堡遗址，位于乌兹别克斯坦南部边陲重镇铁尔梅兹（Termez）以北约40千米。目前，Kyzyltepa古城堡遗址四周保留有残缺的城垣，平面轮廓大致呈不规则的长方形，东西长250米，南北长500米，长轴方向东南—西北，面积约75000平方米。所见古城墙残垣均由夯土构建，西北和东南两道城墙保存较好，为基本连续的残垣，高于地面约3米~4米；而西南墙保存相对较差，残垣断续分布，在西北墙与西南墙的结合部，屹立有高10米左右的夯土祭坛建筑；城堡的东北墙，墙体保存最差，唯有其东南端与东南墙的结合部位，残垣还隐约可见。

  2015年，配合考古发掘，借助于卫片和航片解译、区域地貌第四纪地质调查、钻探以及开挖探方，我们对古城堡的古地貌环境进行了初步考察和复原。

一、流域地貌特征

Kyzyltepa遗址所在地区属于阿姆河支流苏尔杭顿拉河（Сурхноарья）的河谷地带。苏尔杭顿拉河源自终年积雪的帕米尔高原，水量充沛，自东北流向西南，最后注入阿姆河。河流两侧山体高大陡峭，山前断层明显。其西北一侧为海拔3930米的Горы ходжа Тургурата山，东南一侧为海拔2000米左右的Хребет бабатат山，两山相夹，中间为宽阔的山间谷地。由南北两山的山麓地带向河谷方向，依次出现山前洪积扇、洪积倾斜台地和河谷冲积平原。谷地中村落密布，灌渠纵横，交通便利，还分布有大量的古代遗址，表明这里自古以来就是乌兹别克斯坦重要的农牧业经济发达地区和交通要道。

Kyzyltepa遗址地处苏尔杭顿拉河（Сурхандарья）的北侧支流哈勒卡雅尔河（Халкаджар）的山前洪积扇外围洪积倾斜台地上（图1）。

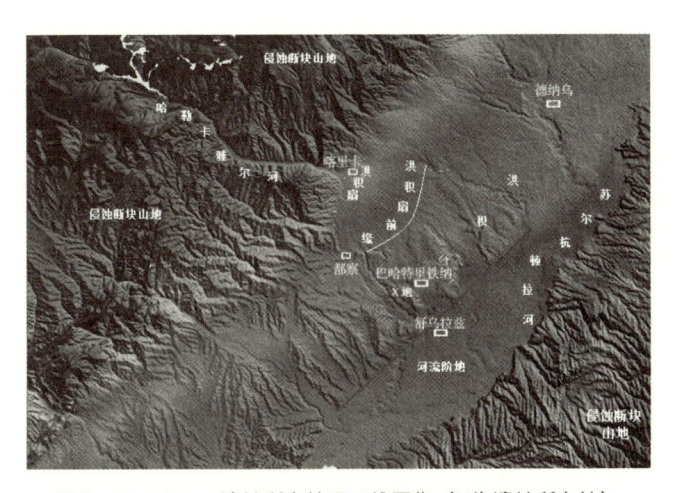

图1　Kyzyltepa遗址所在地区三维图像（X为遗址所在地）

哈勒卡雅尔河源自谷地西北的Горы ходжа Тургурата山地（主峰3723米），出山后形成以喀里卡镇（Карлук）为扇顶的山前洪积扇，洪积扇呈扇形，扇顶海拔高程750米左右，扇缘高程530米，宽约15千米，扇面向东南倾斜，坡度较大，约在15/1000左右，以Тенмаксаи河为中轴，有多条河道自扇顶向外呈辐射状分布。在位于洪积扇前缘的Шахча镇附近，由于地下水出露，发育有湿地。洪积扇之外为洪积倾斜平原，其海拔高程大致在460米~530米之间，坡度较洪积扇和缓，宽约25公里。受构造断裂活动和河流下切的影响，倾斜平原已被改造为阶梯状洪积台地，其中三级台地海拔高程在500米~530米之间，二级台地在480米~500米之间，一级台地在460米~480米之间，各级台地之间地形转折明显。台地上沟谷发育，尤其是在特马刻塞河（Тенмаксаи）到Шахча—Шурчи公路之间，台地上沟谷密度明显加大，沟壁陡立，切割深度可达10米~20米，呈现深沟和长梁相间出现的地貌景观。Kyzyltepa古城堡遗址就位于这一地区最南侧，由二级台地切割而成的一道狭窄长梁上。

从遥感图像和地形图上可以明显看出，台地上的诸多河道，包括特马刻塞河（Тенмаксаи）等主要河道在内，都在一级台地前缘向南出现明显的转折，转折点基本上都在一条直线上，表明这里可能存在有东南—西北向的断裂，台地的形成可能与此断裂的活动有关。

洪积台地以远为河流阶地和泛滥平原，海拔高程在450米~460米。阶地主要分布在苏尔杭顿拉河（Сурхандарья）的凸岸，宽度1公里~4公里不等，阶地后缘陡坎清楚，高2米~3米。阶地前缘于河漫滩泛滥平原过渡，后者主要分布在苏尔杭顿拉河（Сурхандарья）河床两岸，地势平坦，有湿地发育（图2）。

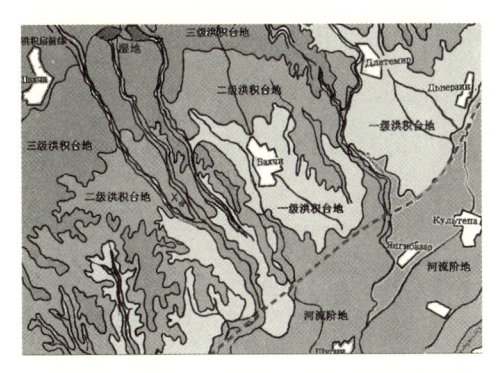

图2　Kyzyltepa古城堡遗址附近地貌图（X为遗址所在位置）

二、遗址古地貌分析

Kyzyltepa古城堡位于Шахча镇东南约15千米，地理坐标：38°03′16.6″N，67°43′16.4″E，海拔高程484米~500米。

（一）遗址地貌背景

古城堡遗址所在的二级洪积台地，由于受后期沟谷切割的影响，目前已被切割成一系列西北—东南走向的长梁，Kyzyltepa遗址就位于Янгиаарык村所在的一道狭窄的长梁上，梁长8千米~9千米，宽1.5千米~2.5千米，梁面波状起伏，略向东南倾斜，西北端海拔高程525米，东南端海拔高程480米，包括三级、二级和一级洪积台地。长梁东北侧和西南侧都发育有深切的沟谷（分别称北沟和南沟），北沟沟壁紧贴古城堡的东北城墙，南沟距西南城墙较远，相距1千米~2千米，其间靠近城墙为一片宽达300米的低洼地，低洼地与南沟之间隔以一道宽1千米~2千米的低缓平台，平台高于低洼地1米~2米。南、北两沟大致平行流向东南，并在距遗址东南不远处交汇。它们均深切在台地之中，沟壁直立陡峭，深度可达15米左右，沟底平坦，宽100米~300米，为典型的箱型谷，河道呈曲流状蜿蜒于平坦的沟谷底部，在曲流的凸岸有河漫滩发育（图3）。

图3　Kyzyltepa遗址地貌影像图

在南北两沟的陡峭谷坡上，出露的地层均为黄土状堆积夹砂砾石层，属于洪积相堆积，说明长梁属于山地河流出山后物质大量堆积形成的洪积倾斜平原，后经河流切割形成的梁状地貌。尽管目前缺少这套沉积物的年代资料，但根据遗址直接建造在这套沉积物之上，推断由这套沉积物组成的长梁，其形成年代应早于古城堡筑建的年代，亦即不会晚于铁器时代，可能属于晚更新世到全新世早中期（图4）。

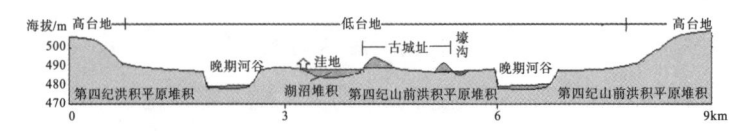

图4　Kyzyltepa遗址地貌剖面（西南—东北）

（二）城堡西部的古湖沼湿地

1. 古湖沼湿地的位置

我们在工作中发现古城址的西北城墙和西南城墙外侧被一片半月形的低洼地环绕，洼地最宽处达300米，长约500米，现在洼地中分布有农用灌渠，当地农民在此种植小麦。我们沿这一半月形洼地的东西两侧边界，使用洛阳铲进行了初步勘探，共打探孔5个。结果表明，在带状洼地内地表以下1米~4米（海拔高程480米~483米）之间，普遍可以钻遇一层厚2米左右的淤土堆积，淤土主要由灰棕—棕黄色砂质黏土和黏土组成，夹有薄层细砂。沉积物质地比较松散，具细微水平或微斜层理，偶见红色陶粒和炭屑。属于水深较浅，流速相对比较平静的湖沼堆积。其下伏地层为棕黄色粉砂质黏土，质地坚实、纯净，为洪积台地堆积物，其上覆地层为质地松软的现代耕作土。这一层湖沼相沉积的底部，其东北边界可以到达遗址的西北城墙和西南城墙外侧，与城墙走向基本一致。其西南边界可以到达现今居民的住宅附近，影像上表现为明显的圆弧，此界线以东，普遍可以钻遇上述河湖相堆积，而在界线以西，钻探所见全部为质地坚实的棕黄色洪积台地堆积（表1，图5、6）。

表1　2015年钻孔数据统计

探孔编号	位置	深度（米）	地面标高（米）	湖沼层海拔标高（米）顶面标高	湖沼层海拔标高（米）底面标高	湖沼层厚度（米）	勘探日期
1	洼地东界内	2.15	482.05	480.90	480.00	0.90	2015.6.3
2	东古城内湖湾	2.75	480.91	480.10	478.31	1.79	2015.6.8
3	城堡东环壕 中	2.80	483.18	482.48	480.48	2.00	2015.6.4

续表

探孔编号	位置		深度（米）	地面标高（米）	湖沼层海拔标高（米）		湖沼层厚度（米）	勘探日期
					顶面标高	底面标高		
4	城堡东环壕	内	2.30	483.75	483.00	481.55	1.45	2015.6.5
5		外	2.05	484.49	482.29	481.79	0.50	2015.6.5
6	东南墙外城壕内		4.20	483.31	482.11	479.11	3.00	2015.6.12
7	洼地西界内	北	3.00	483.98	483.08	481.08	2.00	2015.6.11
8		中	2.56	483.47	482.07	480.97	1.10	2015.6.11
9		南	1.00	481.20	481.00	480.80	0.20	2015.6.11

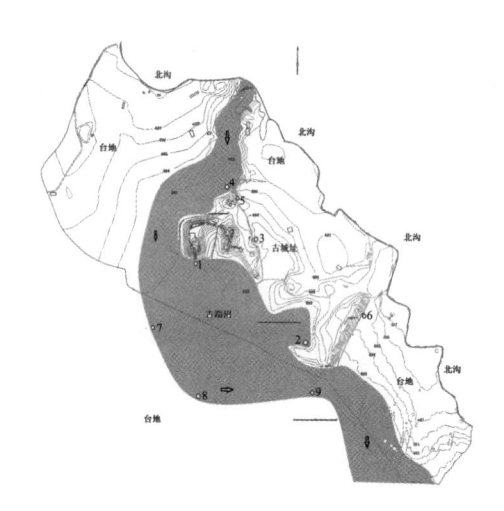

图5 古湖沼洼地平面分布和钻孔分布图

图6 城堡西南的古湖沼洼地全貌

2. 湖沼的沉积剖面

在西南城墙南端和东南城墙西端的结合部位，靠近古湖沼东界位置，我们开挖了一个探方，探方规格2米×2米，深3米，正南北方向，揭露了一个完整的河湖相堆积剖面。

探方西壁剖面由上而下描述如下（图7、8）：

第①层（0~0.83米）耕作土和扰动层

上部（0.00~0.40米）为灰黑色砂质黏土，块状，多植物根系。为耕作土层。

下部（0.40米~0.83米）为褐灰—褐黄色砂质黏土，颜色不均一。为扰动层。

第②层（0.83米~1.70米）上湖沼层堆积

上部：褐黑色砂质黏土，色较深，厚0.17米。

中部：褐灰色砂质黏土，厚0.40米。

下部：褐黄色黏质细—中砂，夹灰色黏土团块，含1毫米~2毫米的小圆砾。厚0.30米。下界面起伏，为侵蚀面。含陶片和炭屑。

本层采土样1个，样品号②-1，采自探方深1.50米处，岩性为褐灰色粉砂质黏土，含炭屑。

第③层（1.70米~1.98米）中湖沼层堆积

黄灰色黏土质细砂，具微波状层理，靠近顶部较纯，偶见含1毫米的小圆砾，底部夹灰色黏土团块。厚0.28米。下界面起伏不平，为侵蚀面。

本层采土样1个，样品号③-1，采自探方深1.90米处，岩性为灰色粉砂质黏土，具微波状层理。

第④层（1.98米~2.60米）下湖沼层堆积

褐黄色粗砂，上部含陶片和骨片；下部夹有厚20厘米~40厘米的灰绿色砂质黏土透镜体，在探方西壁灰绿色砂质黏土为漏斗状，其中含大量的炭屑和炭块。厚0.72米。下界面波状起伏，为侵蚀面。

本层采土样两个，样品号分别为④-1和④-2，其中：④-1采自探方深2.60米处。岩性为黄灰色粉砂质黏土与黏土质粉砂互层，具细微层理。含极少量陶粒和灰烬。④-2采自探方东壁深2.60米处，岩性为灰色粉砂质黏土与黏土质粉砂互层，具细微层理。含少量陶粒和灰烬。

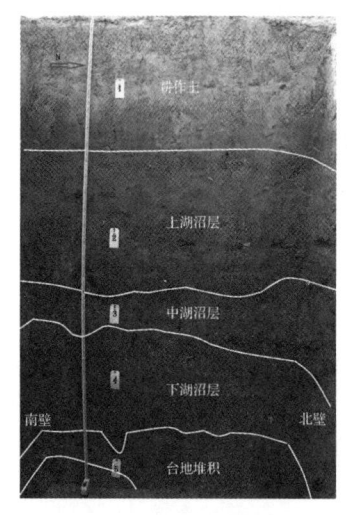

图7 探方西壁剖面照片

第⑤层（2.60米~2.90米）

褐红色粗砂和灰色黏土质中细砂，质地纯净，不见炭屑和陶片，出露厚度0.30米，未见底。为台地堆积。

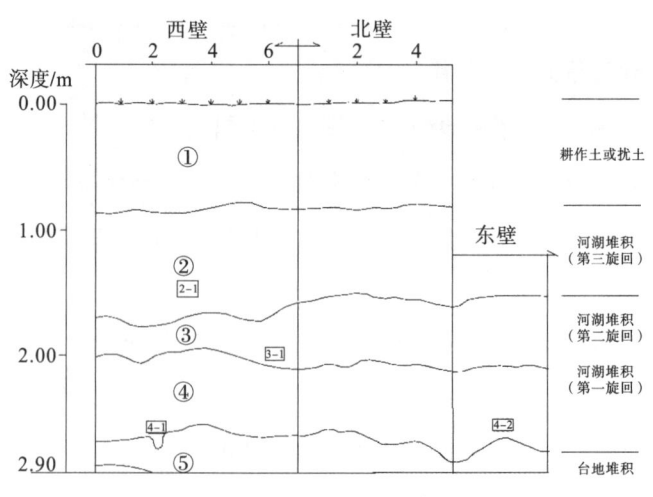

图8 探方剖面及采集样品位置图

3. 湖沼的年代

我们从探方壁上的第2、3、4层分别采取了4个土样，从中挑选部分炭屑送北京大学年代学实验室进行了年代测试，所得AMS^{14}C测年数据列表如下：

表2　探方中湖沼沉积物AMS^{14}C测年数据

实验室编号	样品	样品编号	地点	碳十四年代（B.P.）	树轮校正后年代 1σ（68.2%）	树轮校正后年代 2σ（95.4%）
BA151128	炭屑	②	古城堡探方	2515±25	770BC(14.1%)740BC 690BC(14.2%)660BC 650BC(39.9%)560BC	790BC(24.2%)720BC 700BC(71.2%)540BC
BA151129	炭屑	③	古城堡探方	2350±25	415BC(68.2%)385BC	510BC(95.4%)380BC
BA151130	炭屑	④-1	古城堡探方	1930±30	25AD(8.2%)40AD 45AD(42.2%)90AD 100AD(17.8%)125AD	AD(95.4%)140AD
BA151131	炭屑	④-2	古城堡探方	2345±25	410BC(68.2%)390BC	510BC（12.5%）430BC 420BC（82.9%）370BC

从表中可以看出，除④-1样品年代数据明显偏小之外，其他3个湖沼沉积物的测年数据均在700BC-420BC之间，说明古湖沼与古城堡几乎同时存在。

（这一年龄数据与原有的关于遗址年龄的数据有一定的出入，其原因有待进一步的分析。）

4. 湖沼的演变

剖面中第②—③—④层为湖沼堆积,总厚1.80米,其中:下部④物质较粗,下垫面起伏较大,指示洼地形成之初较强的水流环境;中部③物质较细,具有细微的层理结构,下垫面略有起伏,反映较弱的水流环境;上部②物质最细,下垫面起伏不大,反映早期水流较大,中晚期趋于平静的水流环境。湖沼层的剖面特征说明,在Kyzyltepa古城存在时期,古城东南存在有大片湖沼(或湿地),湖盆的空间位置大致在海拔480米~483米之间,略低于古城堡所在洪积台地484米的高程。湖沼堆积中出现的大量陶片、骨片以及炭屑、炭块,说明古湖沼不但是古堡西南侧的保护屏障,而且也是重要的水源地,古城居民主要生活在湖沼东岸,并遗留下大量的遗物。

此外,我们在所谓"祭坛"东南侧和西城墙东南侧,还使用洛阳铲分别打了4个探孔,发现了两条壕沟,其中一条壕沟呈弧形环绕城堡东侧,距"祭坛"100米~200米,壕沟宽3米~4米,底部高程在480米左右。壕沟贯通湖沼的上游和下游,其中充填有流水堆积,厚1.5米~2米,含有陶粒和炭屑。另一条壕沟位于东南城墙外侧,宽5米~6米,其中也充填有流水堆积,堆积层厚1.70米,底部高程479米。该壕沟呈西南—东北走向,与城墙平行,相距5米~6米,其西南端与湖沼贯通,北端因覆盖层较厚,未加勘探。根据它紧靠城墙,推测为城堡的东南城壕。这两道壕沟的深度与古湖沼层底部深度大体一致,可以相互贯通,说明湖沼是壕沟中水流的主要来源,也是维持壕沟水位高度的保障。

(三)北沟和南沟下切的年代

在城堡的西南和东北两侧,发育有北沟和南沟,其形成的年代，目前尚缺乏直接的证据。根据沟谷谷坡陡立，沟谷中没有发现明显的河流阶地，我们初步判断河谷属于快速下切的结果，其下切年代可能较晚。

古湖的研究为我们提供了有关沟谷下切年代的间接证据。如前所述，古湖沼底面的海拔高程大致在480米，顶面最大高程在483米左右，而比邻的南沟和北沟沟底海拔高程为465米~470米，两者高差达10米~15米。我们可以想象，在湖沼存在时期，作为湖泊的主要水源地，遗址的南沟和北沟的沟谷底部高程，也应在480米左右，与湖沼保持相同的水位。也就是说，当时南沟和北沟还仅仅是台地上的两条浅沟，它们与湖沼一起构成先民们主要的水源地。后期由于沟谷的快速下切，不但浅沟变成了深达10米~15米的深沟，而且也使古湖沼成为高悬于深切沟谷之上的宽浅水盆，近距离内10米的高差势必导致古湖沼入水口的断流和湖泊水体的急剧外泄，湖沼随之消亡。湖沼的消亡是城堡南沟和北沟快速下切的结果，由于湖沼存在时间大致在700BC-420BC之间，我们可以推断沟谷的快速下切时间要略早于湖沼消亡的年代，亦即在420BC之前。

这片古湖沼或湿地是Kyzyltepa古城得以存在的重要水源地，也是保卫Kyzyltepa古城的重要屏障。古城堡的兴衰可能与古湖的出现和消失有密切的关系，而发生在420BC之前的沟谷快速下切，是造成湖沼消亡、自然环境发生巨变的重要原因。

沟谷快速下切的原因，目前还缺乏深入的研究。根据加娜塔依的研究成果，在距今2700年（700BC）之前，咸海沉积物中石膏和岩盐含量很高，而在2700年（700BC）之后，石膏和岩盐含量突然急剧减少（图9）。盐类矿物含量的这种变化可能反映了距今2700年（700BC）前后中亚地区曾出现过一次气候变湿事件，气候的变湿事件可能是引发河流快速下切的重要原因。而河流快速下切的另一重要原因可能是构造抬升，在研究区一级洪积台地的前缘，分布有一条西南—东北向的断层，这一断层的活动导致了山前洪积倾斜平原的抬升和洪积台地的形成，由此造成的区域侵蚀基准面下降导致了洪积台地上沟谷的快速下切。

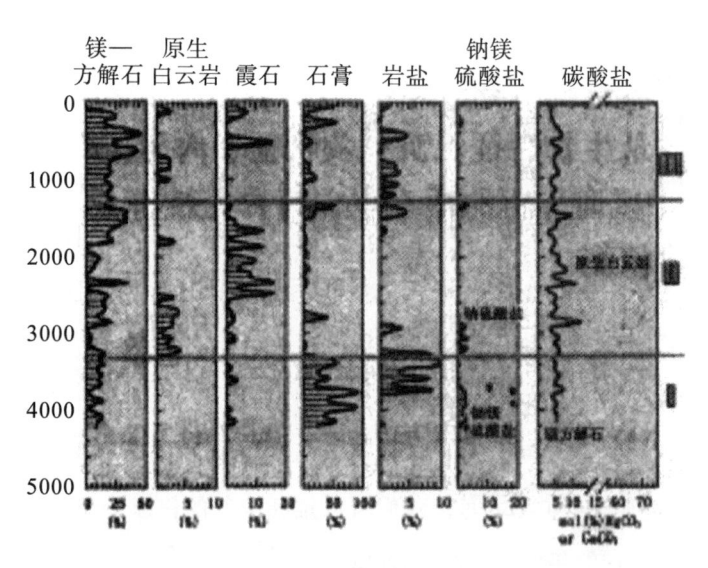

图9 咸海5000年以来盐类矿物含量的变化（据加娜塔依）

三、遗址演变过程

根据以上所述，我们可以得出Kyzyltepa古城堡存在时期周围自然环境的变化（图10）：

（一）古城堡出现之前

Kyzyltepa古城堡出现之前，当时这里宽阔的山前倾斜洪积平原，平原上河流发育，但切割不深，呈现河谷宽浅，河间地和缓，略有波状起伏的平原景观，现今存在的深沟和长梁相间的地貌景观尚未出现。

（二）古城堡存在时期

当时仍然保持之前波状起伏的平原景观，并有湖沼或湿地分布，古人依水而居，从事农业和畜牧业，并在此建筑了古城堡。在城堡存在时期，这里的自然环境良好，水草肥美，土地肥沃，水源丰富，交通方便，适宜于人类活动。

（三）古城堡的废弃

在420BC前后，由于暖湿气候的出现或地壳构造的抬升，导致高山融雪增多或地方侵蚀基准面下降，沟谷普遍快速下切，洪积平原转化为洪积台地，区域内目前形成以深沟—长梁相间出现的地貌景观。原来平原上存在的湖沼，受沟谷快速下切的影响，迅速消亡。地表破碎，水源短缺，人类的生存环境恶化，这也许是古城堡废弃的重要原因之一。

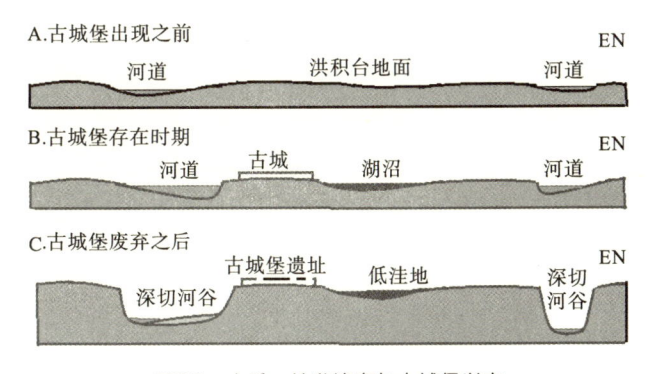

图10 水系—地貌演变与古城堡兴衰

待刊稿

事件环境考古

中国环境考古

青海喇家遗址史前遗址灾难事件

◎ 夏正楷　杨晓燕　叶茂林

自然灾害，诸如洪水泛滥、旱灾、地震活动和火山喷发等，对人类活动有着严重的威胁。近几年来，史前自然灾害对于人类文明进程的影响，引起各国科学家的普遍关注，并正在成为当前国际地学界和史学界共同关心的热点问题之一[1~14]。位于青海民和县官亭盆地的喇家遗址，是一处齐家文化中晚期的大型聚落遗址，在2000—2001年的考古发掘中，这里发现了一处十分罕见的史前灾难事件现场[15]。本文试图通过对遗址及其周边地区一些地质现象的观察，探讨引发这场灾难的原因。

一、喇家遗址概况

喇家遗址地处甘肃与青海接壤地带的官亭盆地，距青海民和县约100千米（35°48'N，102°42'E）。黄河自西向东从盆地穿过，沿河发育有三级河流阶地，遗址位于黄河北岸二级阶地的前缘，高于河面约25米，距黄河水平距离约1千米（图1）。遗址所在的二级阶地属于复合型阶地（图2），它由早晚两期阶地叠合而成。其中早期阶地是二级阶地的主体，它坐落在上新世红黏土之上，属于基座阶地，阶地堆积物上部为厚层的棕黄色细—粉砂，局部夹紫灰色粗砂层，厚7米~8米，下部为粗砾石层，厚2米~3米，两者构成完整的二元结构。晚期阶地叠置在早期阶地之上，属上叠阶地，它主要由棕红色黏土组成，其中夹有多层灰黑色黏土，厚3米~6米。早期阶地与晚期阶地的界面具有明显的起伏，发育有沙波、拖曳构造和冲刷槽等流水作用形成的层面构造。这些现象说明，在早期阶地形成之后，河水曾再次上涨，上涨的洪水淹没了早期阶地，对阶地面进行改造，并在早期阶地之上加积形成晚期的上叠阶地。喇家遗址的文化层就分布在早期阶地的阶地面上，其中出土有人类居住的房址和大量的器物，根据出土器物的特征，考古学家认定喇家遗址属于齐家文化中晚期[16、17]，晚期文化层中木炭^{14}C年代测定为（3792±43）-（3675±75）aB.P.（经树轮校正，半衰期为5370a）。齐家文化层上面覆盖的厚层棕红色黏土中夹有多处晚于齐家文化的辛店时期灰坑，其中靠上部灰坑的^{14}C年龄（表1）测定数据为（2775±75）aB.P.（经树轮校正，半衰期为5370a）。

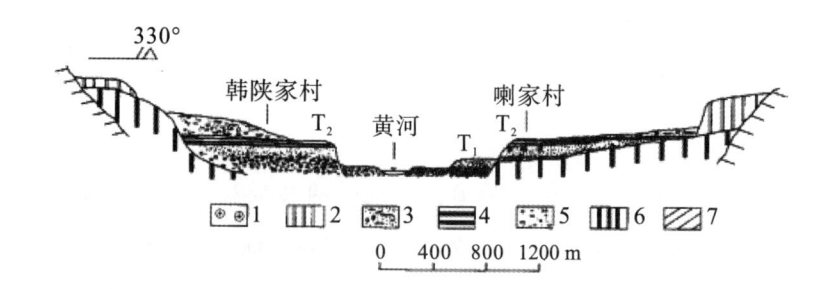

图1 官亭盆地黄河河谷地貌与第四纪地质综合剖面图
1.文化层 2.黄土堆积 3.洪积物 4.洪水堆积 5.砂砾石层 6.上新世红黏土 7.基岩

表1 喇家遗址不同文化层的^{14}C测年数据

文化层时代	实验室编号	测年材料	年龄/aB.P.	采样位置	测试单位
辛店文化		木炭	2775±75	洪水堆积上部灰坑	中国地震局地质研究所
齐家文化	3132	木炭	3678±75	探方H18	中国社会科学院考古研究所
	3133	木炭	3792±43	探方H20	
	3134	木炭	3743±77	探方M3	

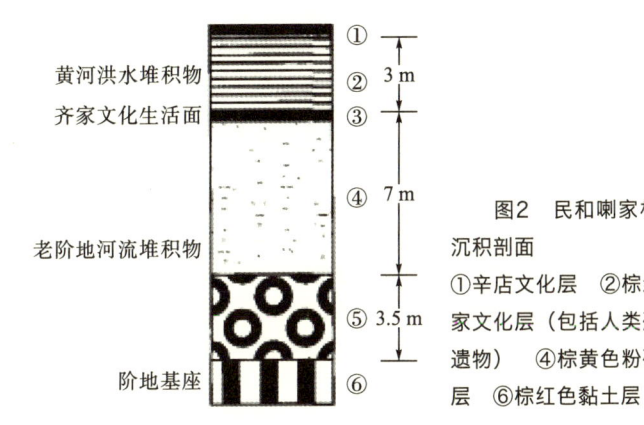

图2 民和喇家村黄河二级阶地沉积剖面
①辛店文化层 ②棕红色黏土 ③齐家文化层（包括人类残骸和其他遗迹遗物） ④棕黄色粉砾层 ⑤砂砾石层 ⑥棕红色黏土层

二、史前灾难事件的记录

2000年，考古学家在该遗址（图3）北区已揭露的三座（H4、H5和H7）半地穴式房址中，清理出数十具古人类的遗骸，这些遗骸成组分布在各房址的白灰地面上。其中在H4房址中发现有14具遗骸，在房址的东壁有一具成年女性，她身靠墙壁，面朝房屋入口跪坐在地上，右手撑地，左手搂抱一个婴儿，还用脸颊紧贴着婴儿的头顶（图4）；在该房址的西南角，另有一成年女性也是面向门口，双手紧紧护卫着身边的4个儿童。相邻的H7房址，在靠近房屋入口的

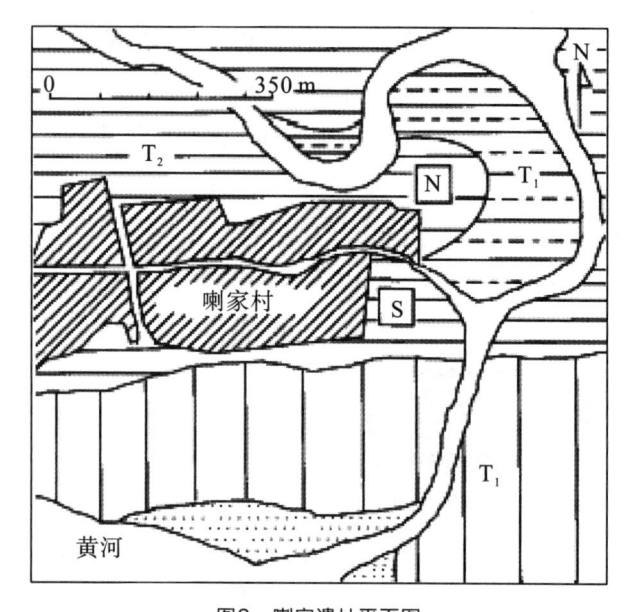

图3 喇家遗址平面图
N: 遗址北区，S: 遗址南区

地面上，俯卧着一个成年女性的遗骸，她头朝向房门，身躯下搂抱着一个婴儿，而在她身后，还有一个背朝大门匍匐在地的儿童（图5）。房址中姿态不同、神态各异的人类遗骸表明，当时可能有一场巨大的灾难突然降临到先民的头上。

三、史前灾难事件的原因分析

为查明发生在喇家遗址的这场史前灾难的起因，我们在遗址及其周边地区进行了野外实地调查，结果表明，这场灾难可能起因于当时发生的一场群发性的灾害事件。

（一）古代洪水事件的地质记录

喇家遗址目前所揭露的房址都开挖在早期阶地的阶地面上，并被上覆的棕红色黏土充填，房址中所发现的人类遗骸，都埋葬在充填的棕红色黏土之中。在H4号房址的中央发现一具古人的遗骸，他足部紧挨着地面，而躯干却呈30°斜卧在棕红色黏土之中。显然，这些人的死亡及埋葬，与充填在房址中的棕红色黏土有直接的关系。现场观察发现，这些棕红色黏土中夹有较多细小的波状沙质条带，表明它们与流水作用有关。粒度分析表明，棕红色黏土的概率累积曲线缺乏跃移总体，悬浮总体占90%左右，具有漫洪沉积的粒度特征[18~20]。充填在房址中的棕红色黏土，与晚期阶地上的漫洪相棕红色黏土堆积性状基本相同，说明它们也是河流泛滥时洪水带来的漫洪堆积。由于这套棕红色黏土堆积不仅见于喇家遗址和官亭盆地黄河两岸的二级阶地，而且在官亭盆地上游的循化盆地、黄河二级阶地上也有广泛分布，这说明它们不是来自支沟的洪流堆积，而是黄河泛滥的产物，黄河的异常洪水事件是造成喇家遗址毁灭的主要原因。

遗址上覆的棕红色黏土层中还夹有多层富含有机质的灰黑色黏土，这些灰黑色黏土层是洪水退却之后泛滥

图4　H4房址中的母亲与孩子

图5　H7房址中的母亲与孩子

平原上残留湖沼的堆积，漫洪相的棕红色黏土和湖沼相的灰黑色黏土在剖面上交替出现，反映了当时黄河洪水泛滥相当频繁，属于洪水多发的时期。根据棕红色黏土之下掩埋有齐家文化遗址（3800-3650aB.P.），中、上部夹有辛店时期的灰坑（2775aB.P.），推测洪水多发期从齐家文化晚期一直延续到辛店时期早期，大致年代在3650-2750aB.P.之间[21]。

（二）山洪暴发的地质证据

除了来自黄河的洪水泛滥堆积之外，喇家遗址区还可以见到埋藏的古山洪堆积物。

这些古山洪堆积主要见于地势较低的遗址南区，在这一地区的考古探方中，在早期阶地顶部的棕黄色细—粉砂层与上覆的棕红色黏土层之间，往往夹有多个灰白色的砂质透镜体。透镜体下凹上平，宽3米~5米，厚度0.5米~1米，呈宽浅的沟谷状，主要由磨圆和分选都很差的粗砂或中粗砂组成，局部夹有大砾石、具斜交层理和槽状层理，其性状与遗址北侧的现代沟谷堆积物十分相近，应属于水流急湍、搬运距离不大的古山洪堆积[21]。

在上述透镜体中还包含有齐家文化的器物，包括陶片、骨器和玉器等。由于古山洪堆积夹在泛洪相的棕红色黏土层和早期阶地顶部的棕黄色细—粉砂层之间，且堆积物中含有齐家文化的器物，表明山洪发生在齐家文化晚期，是黄河洪水到来之前遗址附近山谷中暴雨过程的产物，是大河洪水来临的前兆。被裹卷在山洪堆积物之中的文化遗物，说明山洪的暴发曾冲毁了部分遗址，给喇家遗址带来一定的破坏。

(三)地震事件的地质记录

在喇家遗址及其周围地区,地裂缝、砂管和地面形变等古地震遗迹十分发育。

目前在遗址及其周围地区已发现有地裂缝数十处,地裂缝的走向大体有北东向和近南北向两组。多数地裂缝一般宽4厘米~15厘米,深50厘米~200厘米。最大的地裂缝见于H4房址南侧,宽20厘米~50厘米,深150厘米~200厘米,长约40米,它开口在棕黄色细—粉砂层顶部,亦即早期阶地的阶地面上,断面呈不规则的楔状,上宽下窄,向下逐渐闭合,其上被棕红色漫洪堆积或灰白色山洪堆积掩埋。在探方中,可以见到地裂缝两侧的古地面发生明显的断裂、错落和翘起,垂直断距有5厘米~10厘米,翘起的角度可达10°~25°。根据地裂缝没有进入上覆地层,且裂缝中普遍充填有洪水带来的棕红色黏土或山洪带来的灰白色中粗砂,而且裂缝还造成了遗址古地面的形变,推测其发生在齐家文化的晚期,早于山洪暴发和洪水泛滥,大致在3650aB.P.左右(图6)。

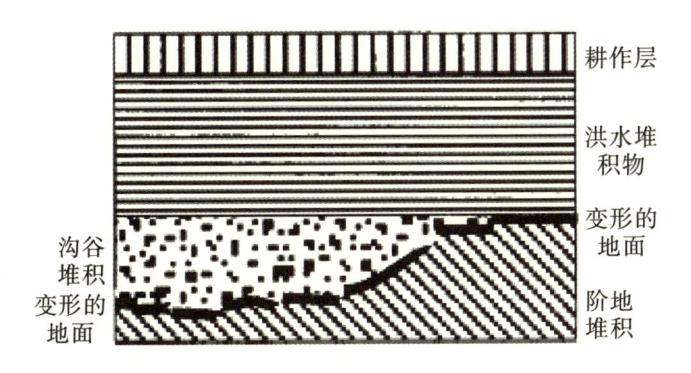

图6 喇家遗址南区中所见洪水堆积、山洪堆积和地震形变地面关系

在早期阶地上部棕黄色细—粉砂层的沉积断面上，还发现有一些近乎直立的砂管，砂管宽2厘米~4厘米，高60厘米~120厘米，主要由紫灰色粗砂组成。其下部与阶地堆积物中部的紫灰色粗砂夹层相通，上部或尖灭于棕黄色细—粉砂层之中，或整个贯穿粉砂层，并在阶地顶面喷出，形成小型的砂堆，砂管和砂堆都是地震活动诱发的液化—喷砂过程的产物[22、23]。由于发现的砂管都没有贯入上覆的灰白色山洪堆积或棕红色漫洪堆积之中，且喷砂形成的砂堆又直接覆盖在棕黄色细粉砂层顶面上，推断砂管和砂堆的形成也应在山洪和洪水到来之前，与地裂缝属于同一次地震活动的产物。

古地震及其造成的地面断裂和变形，给喇家遗址及其周边地区带来严重的破坏，在充填房址的棕红色黏土中，有时还夹杂有一些大小不等的棕黄色粉砂团块，这些团块可能与当时地震造成的房屋倒塌有关。

四、初步结论

喇家遗址史前灾难现场的初步研究表明，位于我国黄河中、上游的青海官亭盆地，在3650—2750aB.P.前后的齐家文化晚期至辛店文化早期，曾经发生过一起包括洪水、山洪和地震在内的大规模群发性灾害事件，这场灾害导致喇家遗址的毁灭，给当时的人类文明带来了极大的破坏。根据不同灾害记录分布的层位以及它们之间的相互关系，我们初步判断地震发生在先，它造成了喇家遗址地面的破坏和房屋的倒塌；山洪和大河洪水发生在地震之后，其中山洪暴发是主河洪水来临的前奏，随之而来的黄河大洪水则彻底摧毁了整个遗址。这些灾害事件集中出现在3650aB.P.前后的齐家文化晚期，给喇家遗址的先民带来了灭顶之灾。在遗址被毁之后的数百年内，黄河进入一个多洪水期，整个官亭盆地一直处于洪水的威胁之下，直到2750aB.P.前后多洪水期结束，人类才再次回到这里生活。由于4-3kaB.P.前后是全新世大暖期濒临结束，全球进入一个气候波动加剧的时期[24-30]，我们推测黄河多洪水期的出现可能与当时气候的急剧变化有密切的关系，目前，我们正在这一方面做进一步的探讨。

注释

［1］Kerr, R.A. A Victim of the Black Sea Flood Found. *Science*, no. 289 (2000), pp. 2021~2022.

［2］Riehard S. Researchers Ready for the Plunge into Deep Water. *Science*, no. 283 (1999), p. 929.

［3］Kerr, R.A. Black Sea Deluge may Have Helped Spread Farming. *Science*, no. 279 (1998), p. 1132.

［4］Sandweiss D.H., Maasech K.A., Anderson D.G.. Transitions in the Mid-Holocene. *Science*, no. 283 (1999), p. 499.

［5］O'connor J E, Ely L L, Wohl E E, et al. 4500-Year Record of Large Floods on the Colorado River in the Grand Canyon, Arizona. *Jour Geology*, no. 102 (1994), pp. 1~9.

［6］Ely L L, Enzel Y, Baker V R, et al. A 5000-Year Record of Extreme Floods and Climate Change in the Southwestern United States. *Science*, no. 262 (1993), pp. 410~412.

［7］袁广阔：关于孟庄龙山城址毁因的思考，考古，2000（3），39~44。

［8］朱诚、于世永、卢春成：长江三峡及江汉平原地区全新世环境考古与异常洪涝灾害研究，地理学报，1997（3），268~276。

［9］陈中原、洪雪晴、李山等：太湖地区环境考古，地理学报，1997（2），131~137。

［10］朱诚、宋健、尤坤元等：上海马桥遗址文化断层成因研究，科学通报，1996（2），48~152。

［11］许靖华：太阳、气候、饥荒与民族大迁移，中国科学（D辑），1998（4），366~384。

［12］夏正楷等：北京大学校园内埋藏古树的发现及其意义，北京大学学报（自然科学版），2002（2），225~229。

［13］俞伟超：良渚文化与龙山文化衰变的奥秘，文物天地，1992（3），9~11。

［14］Weiss H, Courty M A, Wetterstrom W, et al. The Genesis and Collapse of Third Millennium North Mesopotamian Civilization. *Science,* vol. 261, no.20 (1993), pp. 995~1004.

［15］中国社会科学院考古研究所、青海省文物考古研究所：青海民和喇家史前遗址的发掘，考古，2002（7），579~581。

［16］夏鼐：碳-14测定年代和中国史前考古学，考古，1977（4），217~232。

［17］中国社会科学院考古研究所：新中国的考古发现和研究，北京：文物出版社，1984年，118~125。

［18］Reading H G. *Sedimentary Environments and Facies*, Oxford London Edinburgh Melbourne: Blackwell Scientific Publications, 1978, pp.

15~60.

［19］Yang Dayuan, Yu Ge, Xie Yubo, et al. Sedimentary Records of Large Holocene Floods from the Middle Reaches of Yellow River, China. *Geomorphology*, no. 3 (2000), pp. 73~85.

［20］Reineck H E, Singh I B. *Depositional Sedimentary Environments*. New York: Springer-Verlag, 1980, pp. 257~314.

［21］国家文物局：中国文物地图集（青海分册），北京：中国地图出版社，1996年，18~23。

［22］王景明：地裂缝及其灾害的理论与应用，西安：陕西科学技术出版社，2000年，66~84。

［23］〔美〕C.R.艾伦等著，四川省地震局译：活动构造学，成都：四川科学技术出版社，1989年，174~180。

［24］施雅风、孔昭宸、王苏民等：中国全新世大暖期气候与环境的基本特征，见施雅风主编：中国全新世大暖期气候与环境，北京：海洋出版社，1992年，1~18。

［25］竺可桢：中国近五千年来气候变迁的初步研究，考古学报，1972（1），5~38。

［26］姚檀栋，L.G. Thompson：敦德冰芯记录与过去5ka温度变化，中国科学（B辑），1992（10），1089~1093。

［27］洪业汤、姜洪波、陶发祥等：近5ka温度的金川泥炭$\delta^{18}O$记录，中国科学（D辑），1997（6），525~530。

［28］王守春：黄河流域气候环境变化的考古文化与文字记录，见施雅风主编：中国全新世大暖期气候与环境，北京：海洋出版社，1992年，175~184。

［29］靳桂云、刘东生：华北北部中全新世降温气候事件与古文化

变迁，科学通报，2001（20），1725~1730。

［30］侯甬坚、祝一志：历史记录提取的近5-2.7ka黄河中下游平原重要气候事件及其环境意义，海洋地质与第四纪地质，2000（4），23~29。

原载：科学通报，2003，48（11）：1200~1204

我国中原地区3500aB.P.前后的异常洪水事件及其气候背景

◎ 夏正楷　王赞红　赵青春

史前异常洪水事件的研究一直是地质学、地理学和考古学共同关心的热点问题。大量的研究表明，在全球范围内，5000-3000aB.P.是一个异常洪水事件多发的时期。例如，北美发生了异常洪水事件；欧洲的黑海和地中海海水突然上升，淹没了海边的城市[1~6]；在我国的河南、山东、长江中游以及太湖等地，也发现有史前异常洪水事件的记录[7~13]。本文试通过对河南新寨遗址新寨期异常洪水事件的分析和气候演变过程的研究，探讨中原地区3550-3400aB.P.期间环境突变事件发生的气候背景。

一、新寨遗址的地貌部位

新寨遗址位于淮河上游主要支流双洎河的北岸，西北距河南省新密县约22.5千米（34°26.5'N，113°32.5'E）。此地双洎河发育有四级阶地，分别高于河床2米、5米、10米和25米。遗址分布在高于河床25米的第四级阶地上。该阶地沉积物主要由黄土组成，属黄土堆积阶

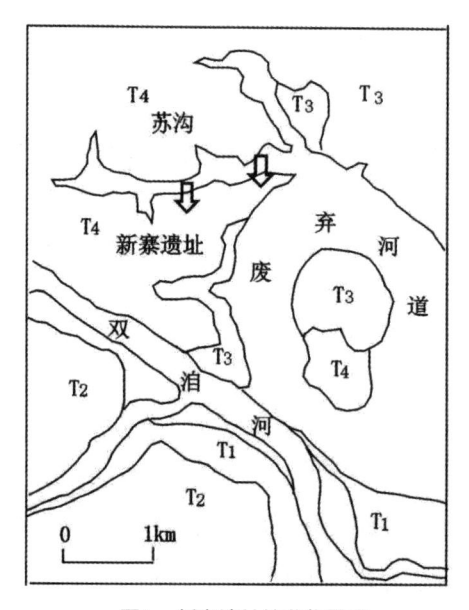

图1 新寨遗址地貌位置图
⇩埋藏古河道位置　T1: 阶地及其级数

地。阶地前缘为高达15米的黄土陡崖，阶地面平坦宽阔，海拔140米左右。阶地上覆盖有龙山、新寨和二里头等不同时期的文化层[14]。根据古代先民在龙山时期就已经生活在这一级阶地面上，推测阶地的形成应早于龙山时期（图1）。

二、异常洪水事件的地貌学和沉积学证据

2000年在新寨遗址的考古发掘中，在遗址东部的发掘区发现了埋藏的古河道，古河道呈NNE—SSW方向穿过遗址，其南北两端均被现代沟谷切断。据初步勘察，古河道在横断面上呈顶平下凹的透

镜状,其底面最大埋深4.69米,顶面埋深1.45米。河道窄处只有15米左右,开阔处最大宽度可达68米。在新寨遗址的其他地方,一些探方中也可以见到规模较小的古河道堆积体,可能是一些分支河道的堆积(图2)。

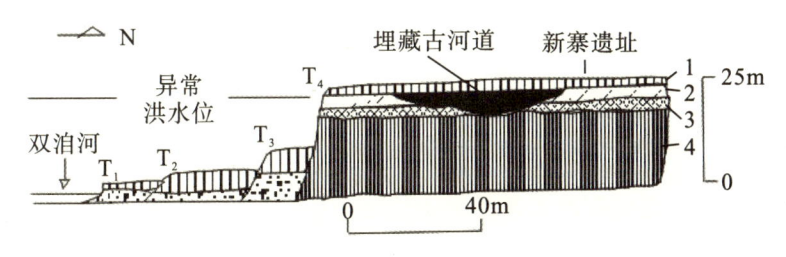

1 二里头文化层　2 新寨文化层　3 龙山文化层　4 阶地堆积

图2　古河道位置图

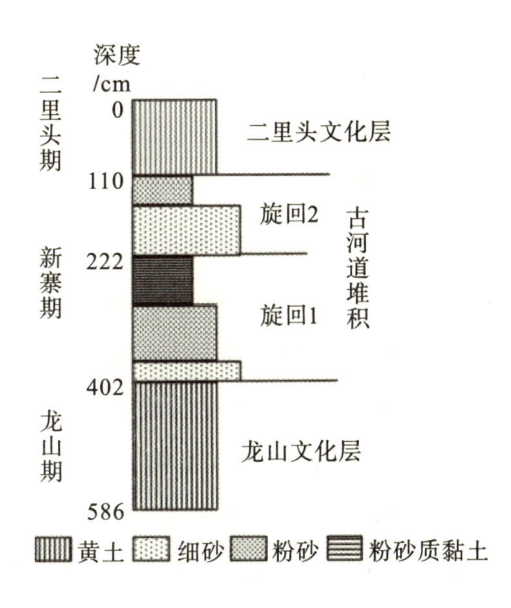

该河道堆积物的上覆地层为厚1.10米的棕褐色黏土质粉砂层,其中含有较多二里头时期的器物,属于二里头文化层。下伏地层为棕褐色黏土质粉砂和棕黄色粉砂,厚1.84米,其中含有炭屑、红烧土碎块和少量龙山时期的陶片,属于龙山文化层。在龙山文化层之下为含有较多钙质小结核的棕红黄色

图3　古河道堆积的沉积剖面

粉砂，质地均一，属于组成阶地的黄土状堆积物，其岩性特征与马兰黄土相似，推测为马兰期堆积。

古河道堆积以棕褐色黏土质粉砂和棕黄色粉砂频繁交互为特征，厚2.92米。根据岩性特征，可以将古河道剖面划分上下部分（图3）：

上部

1. 棕褐色黏土质粉砂与棕黄色粉砂频繁交互，前者多水平状，厚0.5厘米~2.5厘米，后者呈水平状或小透镜体状产出，水平层一般厚1厘米~2厘米，透镜体厚2厘米~4厘米，延伸10厘米~100厘米。反映了河流泛滥时期水流紊乱多变的动力特征。层内含有少量新寨期的陶片。厚40厘米。

2. 浅灰—灰褐色黏土质粉砂与棕黄色粉砂互层，呈明显的条带状，条带厚3厘米~5厘米，延伸10厘米~20厘米，水平状或微波状。本层下部夹有多个细砂透镜体，透镜体顶凸底平，长1米~2米，高30厘米~50厘米，两翼不对称，属于河流底床上的沙波堆积。厚72厘米。

下部

3. 棕褐色—棕黄色黏土质粉砂，具细微的水平层理。反映洪泛后期比较平静的流态环境。厚70厘米。

4. 棕褐色黏土质粉砂与棕黄色粉砂互层，呈明显的条带状。条带宽1厘米~10厘米，水平状或微波状，也反映河流泛滥时期水流紊乱多变的动力特征。厚80厘米。

5. 棕黄色粉砂，比较均一。本层下部夹细砂透镜体，透镜体上凸下平，其中有零星的小砾石，高20厘米，长100厘米，属于河流底床上的沙波堆积。厚30厘米。

沉积剖面的上述特征表明，古河道堆积主要由两个沉积旋回组成（图3），每个旋回下部为河床相堆积，沙体发育；中部以黏土质粉砂与粉砂频繁交层为特征，多条带状或透镜状沙条，属于水动力状况比较紊乱多变的泛洪沉积；上部为具细微的水平层理的黏土质粉砂，属于漫洪后期的静水沉积[15、16]。

我们对古河道堆积进行了粒度分析（图4），结果表明，采自沉积旋回下部沙波堆积的样品，粒度变粗，均值（Mz）一般在4.8~4.87ϕ；分选差、标准偏差（δ_1）在1.48~1.74；其粒度频率曲线显示，峰值在4.5ϕ，含量也仅6%，曲线呈正偏态（Sk_1 0.285~0.352），尖度尖锐，Kg在1.1~1.56；粒度概率曲线显示，样品中悬浮组分占优势，一般在60%左右，跃移组分30%~40%，滚动组分1%。反映了洪水漫槽初期水动力条件较强、且流态变化急骤的沉积特征。采自沉积旋回中部泛洪堆积的样品，粒度稍粗，均值（Mz）一般在5.57~5.83ϕ；分选差、标准偏差（δ_1）在1.39~1.56；其粒度频率曲线显示，峰值在4.5ϕ，含量仅4%，曲线呈正偏态（Sk_1 0.143~0.237），尖度中等，Kg在0.931~1.070；粒度概率曲线显示，样品中悬浮组分占优势，一般在90%以上，跃移组分10%，与悬浮组分之间在4ϕ附近有一个混合带。反映了漫洪水流携带的大量细粒悬浮物快速堆积的特征。采自沉积旋回上部漫洪后期的静水沉积的样品，粒度较细，均值（Mz）一般在5.65~6.21ϕ；分选差、标准偏差（δ_1）在1.23~1.44；其粒度频率曲线显示，峰值在5~6ϕ，含量仅4%~5%，曲线呈对称或正偏态（Sk_1 0.083~0.171），尖度中等，Kg在0.963~0.995；粒度概率曲线显示，样品中悬浮组分占绝对优势，一般在99%以上，几乎囊括了所有的颗粒。跃移组分极少，与悬浮组分的截点在2.5ϕ附近，反映了洪水后期悬浮物质静水堆积的特征。

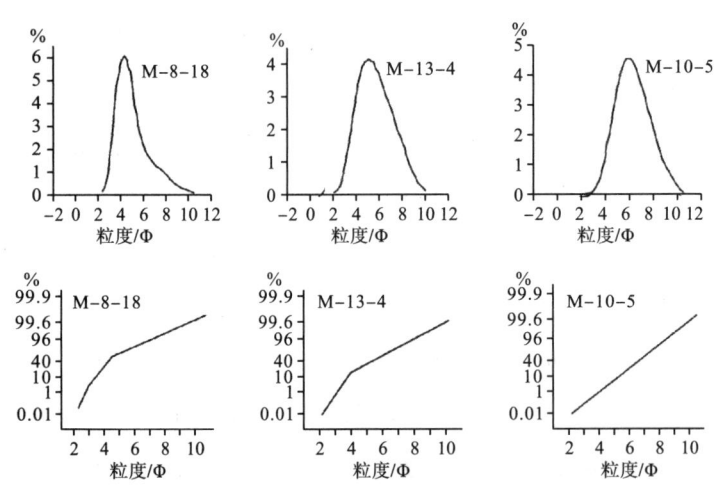

图4 代表性样品的粒度频率曲线（上）与粒度累积概率曲线（下）

靠近古河道的边缘部位，堆积物中所含新寨期的陶片逐渐增多，并与新寨期文化层呈犬牙交错状水平过渡。根据古河道堆积位于二里头文化层与龙山文化层之间，在横向上与新寨期的文化层水平过渡，且自身又含有新寨期的文化遗物，推断古河道堆积与新寨文化层应属于同一时期。进而根据遗址中新寨期文化层的测年数据，推断古河道的年龄大致在3550-3400aB.P.（拟合日历年代1830-1680aBC之间）（表1）。

表1 新寨文化层中木炭的测年数据*

测试材料	测年数据 /aB.P.	拟合后日历年代 / aBC	采样探方
木炭	3384 ± 42	1744–1680	H45
木炭	3403 ± 31	1719–1682（41.35%） 1670–1675（17.45%） 1652–1624（41.20%）	H31

续表

测试材料	测年数据 /aB.P.	拟合后日历年代 / aBC	采样探方
木炭	3404 ± 35	1740–1683（82.99%） 1668–1661（8.06%） 1648–1640（8.94%）	H26
木炭	3405 ± 37	1724–1682（80.79%） 1669–1659（10.99%） 1648–1640（8.21%）	H30
木炭	3501 ± 27	1786–1744	H40
木炭	3530 ± 35	1832–1809（41.64%） 1808–1776（58.35%）	H115
木炭	3538 ± 27	1835–1811（42.38%） 1800–1777（57.62%）	H61

*经年轮校正，^{14}C半衰期采用5730a。

考古学的大量资料证明，出于汲水方便和安全的考虑，史前的先民一般都选择靠近河边的高地（阶地或高河漫滩）作为自己的栖息地。本区四级阶地有新寨期的人类遗址分布表明，早在新寨时期这里就已经是适宜于人类居住的河边高地（阶地或高河漫滩）。目前阶地上与遗址同期存在的埋藏古河道，具有河面宽度变化大、沉积物韵律变化频繁、夹有众多的波状细砂质条带和泥质条带、沙波堆积发育等特征，说明它属于洪水时期的泛洪河道。泛洪河道所以能出现在河边高地上，显然与河水水位的上涨有关，表明在3550-3400aB.P.的新寨期间，本区出现了异常洪水事件，它给当时的人类生存环境带来严重的破坏和威胁。

三、环境突变事件出现的气候背景

为了探讨新寨晚期洪水事件出现的气候背景，我们在探方东壁沉积剖面上按样长2厘米，采样间距8厘米，个别6厘米，共系统采集样品60个，其中上覆的二里头期堆积层12个，新寨期的古河道沉积样品29个，下伏的龙山期堆积层19个（顶部汉唐文化层及表土层共27厘米未取样），分别进行了孢粉分析和氧碳同位素分析。

（一）孢粉分析

根据孢粉分析结果，可以将该沉积剖面由上而下划分为3个孢粉带和3个亚带（图5）：

孢粉带1（2厘米~110厘米，属二里头时期堆积）

本带以草本植物占绝对优势为特征。根据孢粉的组合情况，本带孢粉浓度21.1~29.7粒/克。草本植物占90.9%~100%，以蒿属（Artemisia）为主，禾本科（Gramineae）和藜属（Chenopodium）次之，藜/蒿（L/H）较低，仅0.38~0.07，顶部上升到1.41~0.64，还有毛茛科（Ranunculaceae）、蓼属（Polygonum）、蔷薇科（Rosaceae）、木樨科（Oleaceae）等温带草原常见的种属；木本植物仅占0%~8.8%，种属单调，针叶树有松属（Pinus）和柏科（Cupressaceae），落叶阔叶树主要为桑科（Moraceae），还有栎属（Quercus）、鹅耳枥属（Carpinus）、榆属（Ulmus）、漆属（Rhus）等；蕨类植物可见少数的铁线蕨属（Adiantum）。代表温和较干燥气候条件下生长有稀疏松柏和落叶阔叶树的暖温带草原植被。

孢粉带2（110厘米~402厘米，属新寨期堆积）

本带以草本植物减少，木本植物增多为特征。根据孢粉组合的情况，可以再细分为三个亚带：

（1）亚带2a（110厘米~150厘米，属新寨期第1层堆积）

本带孢粉浓度17.5~38.9粒/克。草本植物占84.7%~97.5%，以蒿属为主，禾本科和藜属次之，藜/蒿（L/H）较低，仅0.65~0.05，还有毛茛科、蓼属、蔷薇科、木樨科等；湿生水生草本植物有莎草科；木本植物占2.5%~15.3%，以针叶树松属为主，落叶阔叶树有鹅耳枥属、栎属、桑科等。代表比较温暖湿润气候条件下生长有稀疏松树和落叶阔叶树的暖温带森林草原植被。

（2）亚带2b（150厘米~372厘米，属新寨期第2~4层堆积）

本亚带孢粉浓度16.9~69.8粒/克。草本植物占78.8%~91.1%，以蒿属为主，禾本科和藜属次之，藜/蒿（L/H）较低，仅0.63~0.00，还有毛茛科、蓼属、大蓟科、唐松草属等；湿生水生草本植物增多，有香蒲属（*Typha*）、莎草科（Cyperaceae）、石松科（Lycopodium）；木本植物占8.9%~19.5%，针叶树主要为松属，落叶阔叶树种属比较丰富，有桦属（*Betula*）、栎属、鹅耳枥属、枫杨属（*Pterocarya*）、胡桃属（*Juglans*）、榆属、漆树属、柳属（*Salix*）、桑科和槭属（*Acer*）等；蕨类植物较多，有水龙骨科（Polypodiaceae）和铁线蕨属。代表温暖湿润—较湿润气候条件下生长有较多松树和落叶阔叶树的暖温带森林草原植被。

（3）亚带2c（372厘米~402厘米，属新寨期下部第5层堆积）

本亚带孢粉浓度17.8~19.5粒/克。草本植物占92.3%~94.6%，以蒿属为主，禾本科和藜属次之，藜/蒿（L/H）较低，仅0.13~0.04，还有毛茛科、唐松草属（*Thalictrum*）、蓼属、茄科（Solanaceae）等；木本植物占5.4%~7.7%，主要为针叶树松属，落叶阔叶树仅有个别的桑科。代表比较温和干燥气候条件下生长有稀疏松树和落叶阔叶树的暖温带草原植被。

孢粉带3（402厘米~586厘米，属龙山期堆积）

本带孢粉浓度18.5~84.0粒/克。草本植物占86.8%~100%，以蒿属为主，禾本科和藜属次之，藜/蒿（L/H）较低，可达0.57~0.02，还有毛茛科、蓼属、唐松草属、蔷薇科等；木本植物占0%~6.7%，以针叶树松属为主，落叶阔叶树仅有少数漆属、柳属和桑科等；蕨类植物仅有零星铁线蕨属。代表温和较干燥气候条件下生长有稀疏松树和落叶阔叶树的暖温带草原植被。

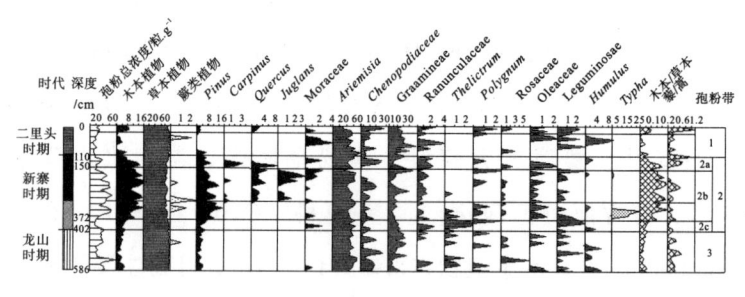

图5 新寨剖面主要孢粉种属百分含量图示（%）

上述孢粉分析结果表明，龙山期和二里头期都属于气候温和干燥—较干燥的暖温带草原环境，而处于它们之间的新寨期，落叶阔叶树明显增多，反映当时气候发生明显的变化，雨量增多，区内出现温暖湿润—较湿润的暖温带森林草原环境。

（二）氧碳同位素

与孢粉分析同步，还进行了样品的全岩氧碳同位素分析。结果表明，$\delta^{18}O$值变动在-8.901‰~-13.448‰之间，$\delta^{13}C$值变动在-5.086‰~-13.907‰之间。沿剖面两者的变化几乎完全同步，呈现明显的正相关关系。

根据 $\delta^{18}O$ 值和 $\delta^{13}C$ 值沿剖面的变化，可以将龙山—二里头时期划分为3个氧碳同位素阶段（图6）：

A阶段：深度0~110厘米，属于二里头时期。该阶段以 $\delta^{18}O$ 和 $\delta^{13}C$ 均出现稳定的高值为特征，对应于孢粉带1。

B阶段：深度110厘米~402厘米，属于新寨时期，对应于孢粉带2，可再细分为早、中、晚三期：

（1）晚期（110厘米~222厘米），对应于新寨时期堆积的1~2层，该阶段以 $\delta^{18}O$ 和 $\delta^{13}C$ 同步出现急剧的上升为特征。

（2）中期（222厘米~292厘米），对应于新寨期堆积的第3层，该阶段以 $\delta^{18}O$ 和 $\delta^{13}C$ 同步出现急剧的下降为特征。

（3）早期（292厘米~402厘米），对应于新寨期堆积下部的第4~5层，该阶段以 $\delta^{18}O$ 和 $\delta^{13}C$ 同步出现逐步下降为特征。

C阶段：深度402厘米~586厘米，属于龙山时期，该阶段以 $\delta^{18}O$ 和 $\delta^{13}C$ 均出现稳定的高值为特征，对应于孢粉带3。

前人的研究表明，在中国东部的季风区，$\delta^{18}O$ 值的高低主要取决于大气降水的 $\delta^{18}O$ 值，而后者又与季风的活动有关，夏季风盛行的年份大气降水的 $\delta^{18}O$ 值偏低，而冬季风盛行的年份大气降水的 $\delta^{18}O$ 偏高[17、18]。据此，我们推断氧碳同位素A和C阶段属夏季风比较弱的时期，气候比较温凉干燥，分别与孢粉带1和3相当；而B阶段属夏季风相对盛行的时期，气候比较温暖湿润，其中早期夏季风开始加强，中期夏季风急剧增强，后期气候夏季风又急剧减弱，分别相当于孢粉带2c、2b和2a。

$\delta^{13}C$ 则主要与当地植被中C_3植物和C_4植物的组分有关。C_3植物具有较低的 $\delta^{13}C$ 值，C_4植物具有较高的 $\delta^{13}C$ 值。因此，根据沉积物中δ^{13}C值的高低，可以推测C$_3$和C$_4$植物的相对生产量[19~21]。氧碳同位素A和C阶段具有较高的δ^{13}C值，反映当时植被中有较多的C$_4$植物；而B阶段具有较低的δ^{13}C值，反映当时植被中有较多的C$_3$植物，相当于孢粉带2。由于C$_4$植物比C$_3$植物更能适应恶劣的生态环境，氧碳同位素A和C阶段C$_4$植物较多，意味着当时气候环境较差，分别相当于孢粉带1和3；而氧碳同位素B阶段C$_3$植物较多，意味着当时气候环境较好，相当于孢粉带2。

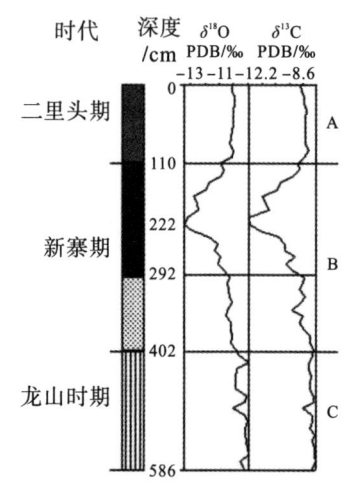

图6 新寨剖面的氧碳同位素变化曲线

氧碳同位素分析与孢粉分析所反映的气候演变过程基本相同，两者可以相互印证。

四、结论与讨论

5000-3000aB.P.是全球异常洪水事件多发的时期，也是全新世大暖期濒临结束，全球进入气候波动加剧的时期[22~24]。在西欧、西亚、北非、两河流域和印度河流域等地都有气候发生突变的记录[25~27]。我国祁连山敦德冰芯记录中，4900-2900aB.P.虽然整体偏暖，但期间出现5次冷暖的交替；吉林金川泥炭沉积中，4000aB.P.前后出现一次明显的降温变湿事件；我国北方农牧交错带，在3500aB.P.也出现降水突变事件，等等[28~30]。由于气候波动的加剧与异常洪水事件的发生几乎同时出现，使人们不禁联想到气候的异常变化可能是当时引发异常洪水事件的主要原因，对当时人类文明的兴衰带来极大的影响[31~34]。

对河南新寨遗址古代人类生存环境的研究表明，在3550-3400aB.P.的新寨期，我国中原地区进入一个异常洪水时期，相对于龙山时期干燥—较干燥的气候环境，新寨时期气候的急剧变湿是引发这次异常洪水事件的主要原因。发生在我国历史上第一个王朝——夏朝出现前夕的异常气候——洪水事件，势必对华夏文明的诞生产生重大的影响。一方面，频繁出现的洪水给当时人类的生产和生活带来严重的威胁和破坏；另一方面，通过与洪水的抗争，华夏文明得以形成与发展。当然，这还需要更进一步的深入研究。

致谢　对李伯谦教授、童国榜教授和张松林教授的支持和帮助，作者深表谢意。本文得到国家自然科学基金项目（批准号：40171096）、科技部十五重大攻关研究项目（批准号：2001BA805B05）资助。

注释

[1] Kerr, R. A. A Victim of the Black Sea Flood Found. *Science*, no. 289 (2000), pp. 2021~2022.

[2] Richard S. Researchers Ready for the Plunge into Deep Water. *Science*, no.283 (1999), p. 920.

[3] Kerr, R. A. Black Sea Deluge may Have Helped Spread Farming. *Science*, no.279 (1998), p. 1132.

[4] Sandweiss, D. H., Maasch, K. A., Anderson, D. G.. Transitions in the Mid-Holocene. *Science*, no.283 (1999), p. 499 .

[5] Ely L L, Enzel Y, Baker, V R, et al. A 5000-Year Record of Extreme Floods and Climate Change in the Southwestern United States. *Science*, no.262 (1993), pp. 410~412.

[6] O'Connor, J E, Ely, L L, Wohl, E E, et al. 4500-Year Record of Large Floods on the Colorado River in the Grand Canyon, Arizona, *Jour Geology*, no.102 (1994), pp. 1~9.

[7] 袁广阔：关于孟庄龙山城址毁因的思考，考古，2000（3），39~44。

[8] 殷春敏、邱维理、李容全：全新世华北平原古洪水，北京师范大学学报（自然科学版），2001（2），280~284。

[9] 朱诚、于世永、卢春成：长江三峡及江汉平原地区全新世环境考古与异常洪涝灾害研究，地理学报，1997（3），268~276。

[10] 陈中原、洪雪晴、李山：太湖地区环境考古，地理学报，1997（2），131~137。

[11] 朱诚、宋健、尤坤元等：上海马桥遗址文化断层成因研究，科学通报，1996（2），148~152。

[12] Yang dayuan, Yu Ge, Xie Yubo, et al. Sedimentary Records of Large Holocene Floods from the Middle Reaches of Yellow River, China. *Geomorphology*, no.33 (2000), pp.73~88.

[13] 夏正楷等：北京大学校园内埋藏古树的发现及其意义，北京大学学报（自然科学版），2002（2），225~229。

[14] 中国社科院考古研究所：河南密县新寨遗址的试掘，考古，1981（5），398~408。

［15］杨达源、谢悦波：古洪水平流沉积，沉积学报，1997(3)，29~32。

［16］Reading H G. *Sedimentary Environments and Facies,* Oxford London Edinburgh Melbourne: Blackwell Scientific Publications, 1978, pp. 15~60.

［17］郑淑蕙、侯发高、倪葆龄：我国大气降水的氢氧稳定同位素研究，科学通报，1983（13），801~806。

［18］卫克勤、林瑞芬：论季风气候对我国雨水同位素组成的影响，地球化学，1994（1），33~41。

［19］Wang Y, Zheng S. Paleosol Nodules as Pleistocene Paleoclimatic Indicator, Luochuan P.R.China. *Palaeogeography, Palaeoclimatology, Palaeoecology.* no. 76 (1989), pp. 39~44.

［20］韩家懋、姜文英、吕厚远等：黄土中钙结核的碳氧同位素研究（二）：碳同位素及其古环境意义，第四纪研究，1995（4），367~377。

［21］姜文英、韩家懋、刘东生：干旱化对成土碳酸盐碳同位素组成的影响，第四纪研究，2001（5），427~435。

［22］侯甬坚、祝一志：历史记录提取的近5-2.7ka黄河中下游平原重要气候事件及其环境意义，海洋地质与第四纪地质，2000（4），23~29。

［23］施雅风、孔昭宸、王苏民等：中国全新世大暖期气候与环境的基本特征，见施雅风主编：中国全新世大暖期气候与环境，北京：海洋出版社，1992年，1~18。

［24］竺可桢：中国近五千年来气候变迁的初步研究，考古学报，1972（1），15~38。

[25] Kenneth J Hsu. Sun, Climate, Hunger, and Mass Migration, *Science in China (Series D)*, vol.41, no.5 (1998), pp. 449~472.

[26] Weiss H, Courty M A, Wetterstrom W, et al. The Genesis and Collapse of Third Millennium North Mesopotamian Civilization. *Science*, vol.261, no.20 (1993), pp. 995~1004.

[27] Cullen H M, deMenocal P B, Hemming S, et al. Climate Change and the Collapse of the Akkadian Empire: Evidence from the Deep Sea. *Geology*, vol.288, no.4 (2000), pp. 379~382.

[28] 姚檀栋、L.G.Thompson：敦德冰芯记录与过去5ka温度变化，中国科学（B辑），1992（10），1089~1093。

[29] 方修琦、张兰生：我国北方农牧交错带3500aB.P.的降水突变事件研究，北京师范大学学报（自然科学版），1998（增刊），18~23。

[30] 洪业汤、姜洪波、陶发祥等：近5ka温度的金川泥炭δ^{18}O记录，中国科学（D辑），1997（6），525~530。

[31] 王守春：黄河流域气候环境变化的考古文化与文字记录，见施雅风主编：中国全新世大暖期气候与环境，北京：海洋出版社，1992年，175~184。

[32] 〔日〕铃木秀夫：3500年前的气候变迁与古文明，李中菊译，地理译报，1988（4），37~44。

[33] 俞伟超：良渚文化与龙山文化衰变的奥秘，文物天地，1992（3），9~11。

[34] Jin Guiyun, Liu Tongsheng. Mid-Holocene Climatic Change in North China and the Effect on Cultural Development, *Chinese Science Bulletin*, vol.47, no.5 (2002), pp. 408~413.

原载：中国科学（D），2003，33（9）：881~888

北京大学校园内埋藏古树的发现及其意义

◎ 夏正楷　陈福友　岳升阳

北京地区的第四纪沉积层中，近年来不断有古树发现。古树被埋藏可能有各种不同的原因。1998年在北京大学校园地下5米深处发现的埋藏古树和同时出土的新石器时期文化遗存，根据埋藏学的研究，发现它们与古代洪水有密切的关系。经年代学测定，这次洪水发生在5000aB.P.前后，它不仅改变了地貌、摧毁了树木，而且也给人类带来了灾难。

一、埋藏古树的产出层位

埋藏古树发现于北京大学理科教学楼地下5米深处的古河道沉积物之中。现场观察和钻孔资料表明，该古河道宽10米~20米，最宽处可达40米，由西南向东北方向横穿北京大学校园所在的海淀台地，埋深一般为5米~6米（图1）。海淀台地是北京西山山前古永定河洪积扇的一部分，台地顶面的年龄据热释光测定为10220±1120aB.P.（表1）。在理科教学楼建筑工地的地基剖面上，可以清楚地看到古河道呈上平下凹的透镜状切穿台地的沉积物，并出

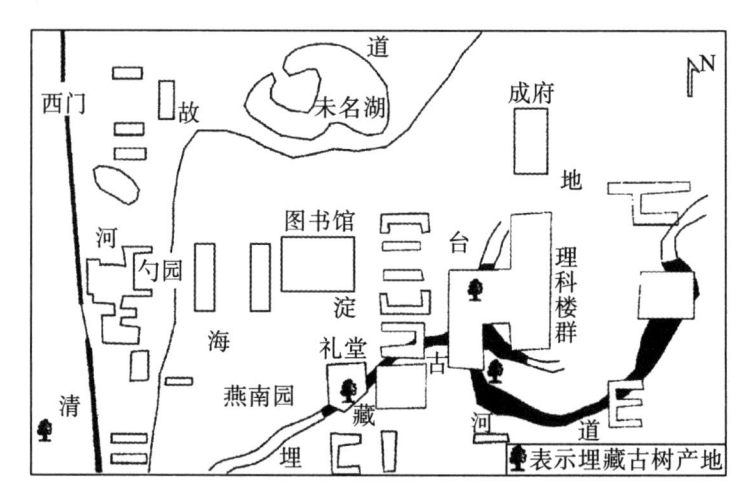

图1　北京大学校园内埋藏古河道及古树位置图

现有多个古河道透镜体相互叠置和切割的现象。古河道沉积物主要由细砂和粉砂组成，其下部为灰黑色与灰白色相间的中细砂层，层理较明显，夹有灰黑色粉砂质黏土团块，厚1米左右；上部为黑色—灰黑色黏土质粉砂，富含有机物，厚1米~2米，顶面覆盖有厚1米~2米的近代人工堆积。埋藏古树主要见于古河道的下部，上部较少。

沿此古河道，除校园东部理科教学楼地下发现有埋藏古树之外，在其他地方，如校园中心的电教大楼和大讲堂地下，在同一条古河道的沉积物中，也发现有埋藏古树（图1）。

二、古树的埋藏状况

这次在北大理科教学楼地下发现的埋藏古树，形体完整，大都呈平卧状或斜卧状产出，分布在古河道下部的细砂层中，部分树干也可伸入到上部的灰黑色黏土质粉砂层。在古树周围的沉积物中，还有许多树枝散布，树枝长短不一，直径一般在5厘米~10厘米之间，树皮保存完好。它们可以单个出现，也可交叉叠置分布。古树形体的完整性和产出状况表明它们没有经过流水的远距离搬运，属就地埋藏[1]（图2）。

古河道下部埋藏有古树的砂层，主要由黑白相间的薄层中细砂组成，砂层的层理扰曲非常强烈（图3）。在树干或树枝周围，层理常环绕树木形成不规则的眼球状构造（图2）。砂层中还夹有大量的黑灰色粉砂质泥岩角砾，角砾直径大者有30厘米，小者仅5厘米，大小混杂，常与树木残体一起堆积在漏斗状的侵蚀洼槽中（图4）。砂层的这些特征说明当时水流流速快，变化大，流场紊乱，具有洪流的特征[2]。古树与洪流沉积物共存，说明古树的埋藏和洪水过程有密切的关系，在洪流的强烈冲击和掏蚀下，古树被连根拔起，并倒卧在河沟中，随后被洪水带来的泥砂迅速掩埋。

三、古树的年龄

选取砂层中的树木做 ^{14}C 的年龄测定，其年龄数据为 4400±100aB.P.，经树木年轮校正为4855±100aB.P.。砂层中石英砂的热释光年龄为5290±310aB.P.（表1）。根据树木的 ^{14}C 年龄和石英砂的热释光年龄，可以推断洪水的出现和树木的掩埋大致发生在距今5000年左右。

表1　热释光年龄测试数据

样号	位置	$U/10^{-6}$	$TH/10^{-6}$	K/%	含水量/%	年测量/Gya^{-1}	等效测量/Gy	年龄/ka
BD302	台地顶面	5.4	10.5	2.03	9.37	4.66	47.58	10.22 ± 1.12
BD175	埋藏古河道	2.9	8.8	3.40	13.00	5.04	26.66	5.29 ± 0.31

四、洪水过程及其气候背景分析

在7000-5000aB.P.之间，永定河的前身——古清河曾由北京大学校园所在的海淀台地北侧流过[3、4]。前人的研究证明在5000aB.P.后，古清河洪泛相当频繁[5]。海淀台地上保存的埋藏古河道，是当时古清河在洪水期漫上海淀台地的产物。根据古河道底面的海拔高度在45米左右，比台地北侧古清河故道中同期沉积物底部的位置（海拔39米左右）高出6米，说明当时的洪水水位至少在6米以上。漫过台地的洪流冲毁了沿途的树木，并在台地上冲刷出新的沟道，埋藏有大量树木的古河道就是当时洪水切穿台地时遗留下来的。

沿古清河故道，在玉泉山、河南新里、清河、洼里、仓营地等地，在同时代的古河道沉积物中，也曾多次发现埋藏古树，它们的成因可能也与这次洪水有关。

在5000aB.P.前后、全新世大暖期中全球气候曾出现过一次明显的降温事件，在西北欧称"ELm Decline"[6]事件。北京地区在这一时期也现了大暖期中比较温凉的气候环境[7、8]。古河道沉积物的孢粉分析结果表明，当时的植被是以松为优势，混生有栎、桦、椴、鹅耳枥、胡桃、榛等落叶树种的针阔混交林，缺少本区大暖期孢粉谱中常见的榆树花粉，较远山区有寒温性暗针叶林云杉、冷杉等树

图2 在地基剖面上见到的埋藏古树靠近树根的断面

图3 砂层具有洪水造成的强烈扰曲的层理

图4 砂层中被灰黑色粉砂质泥岩角砾和树木充填的侵蚀洼槽

种存在，表明当时是大暖期中气候比较凉湿的时期。在古河道沉积物中还发现有大量的胡桃楸果核，胡桃楸属喜温凉的乔木树种，现今北京地区主要生长在海拔300米以上的低山区，此次在海拔50米的平原地区发现，也证明当时气候比较温凉。在大暖期中出现凉湿气候可能是引起当时洪水泛滥的主要原因[9]。

五、洪水与人类活动

形成于10kaB.P.以前的古永定河洪积台地，包括海淀台地在内，是新石器时期北京平原上史前人类的主要栖息地，目前发现的这一时期人类遗址，基本上都分布在这一级台地上。北京大学校园内古洪水遗迹的发现，表明在5000aB.P.前后，受凉湿气候的影响，北京地区多洪水泛滥，其中特大洪水发生时，洪水位可以达到甚至超过台地的高度，漫上台地的洪水不仅改变了地貌，冲毁了树木，而且也给人类的生存和文化带来极大的威胁。

在埋藏有古树的古河道中，同时出土的还有数十件古代人类的遗物，如磨制的石斧、石磨盘、石磨棒、陶片、有加工痕迹的木板以及兽类的骸骨等，属新石器中期文化遗存，大致与北京地区著名的雪山文化二期相当。遗物中大多数石制品破损严重，有人工长期使用的痕迹，陶片残缺不全，多块陶片上还带有修补的痕迹，作者推断这些文化遗物可能是洪水来临时被先民们遗弃的旧器物。在遗物中也混有个别制作精美、几乎没有使用痕迹的石刀和磨棒，以及数量较多的胡桃楸果核，这一现象似乎表明，在洪水来临时，生活在海淀台地上的先民们为了逃命，不仅抛弃了使用价值已经不大的残破石器和陶器，而且连一些还有使用价值的石制工具和珍惜的食物也被迫丢弃了。

中国历史上有过史前大洪水和大禹治水的传说。北京大学校园内的重要发现，可能是传说中的史前大洪水在北京留下的遗迹。它证明在北京地区，5000aB.P.前后确实发生过大洪水，它给史前人类的生存和文化带来了巨大的灾难。

参加工作的还有北大考古系赵朝红教授、城环系李有利教授和郑公望高级工程师等，年代测定由北大年代学实验室完成，孢粉分析由中科院植物所古植物室完成，在此一并致谢。

注释

[1] 尤玉柱：史前考古埋藏学概论，北京：文物出版社，1989年，8~44。

[2] 〔美〕柯林森、卢恩著，裘亦楠等译：现代和古代河流沉积体系，北京：石油工业出版社，1991年，133~143。

[3] 侯仁之：北京海淀附近的地形、水道与聚落，地理学报，1951，18（1~2）：1~20。

[4] 孙秀萍、赵希涛：北京平原永定河古河道，科学通报，1982（16）：1004~1007。

[5] 姚鲁烽：全新世以来永定河洪水的发生规律，地理研究，1991，10（3）：59~67。

[6] 黄春长：环境变迁，北京：科学出版社，1998年，138~145。

［7］李华章：北京地区第四纪古地理研究，北京：地质出版社，1995年，108～117。

［8］孔昭宸、杜乃秋、张子斌：北京地区10000年以来的植物群发展和气候变化，植物学报，1982，24（2）：172～181。

［9］洪业汤：气候变化与文明发展，见刘嘉麒、袁宝印主编：中国第四纪地质与环境，北京：海洋出版社，1997年，359～367。

原载：北京大学学报（自然科学版），2002（2），226～229

河南荥阳薛村商代前期（公元前1500—前1260年）埋藏古地震遗迹的发现及其意义

◎ 夏正楷　张小虎　楚小龙　张俊娜

地震给人类的生命财产造成巨大的损失，被视为威胁人类生存的重大自然灾害之一。史前地震作为地震研究的重要内容，一直为人们所关注[1]。我国属于地震多发国家之一，根据历史文献记载，自公元前843年以来，我国发生过有感地震数千次，丰富的文献资料为我国研究历史时期的古地震提供了丰富的素材[2]。但对于史前阶段，由于缺乏确切的文献资料，古地震的研究还处于起步阶段，尚有待进一步深入。国内外大量的工作证明，在史前地震的研究中，地震地质学和考古学可以发挥重要的作用[3~10]。2005—2006年，河南省文物考古研究所为配合南水北调工程建设，在河南省荥阳市薛村进行抢救性的考古发掘，在属于商代前期（二里岗文化时期）的薛村遗址揭露出大量被埋藏的古地震遗迹。为查清古地震的性质和年代，我们在考古发掘区进行了古地震的地质调查，并根据地震遗迹与人类文化遗迹之间的相互关系以及人类遗迹的测年数据，对古地震发生的时代进行了精确的定年。薛村古地震的发现不仅加深了我们对古地震的认识，而且也为南水北调这一国家重大水利工程的实施提供了重要的科学依据。

一、古地震遗迹的地理位置

古地震遗迹发现于薛村文化遗址的范围之内，该遗址位于河南荥阳市薛村北约1千米的邙山黄土塬南坡，地理坐标：34°52′N，113°13′E，北距黄河约1千米，东距郑州40千米。遗址面积约20000平方米，是一处从二里头文化晚期到二里岗文化上层时期的聚落遗址[11]。

遗址所在地黄土塬面平坦，由此向北，塬面明显翘起，形成一道NEE走向的黄土分水岭，黄河紧靠分水岭北侧坡脚流过，河岸陡立，高达100米左右，全部由黄土组成（图1）。

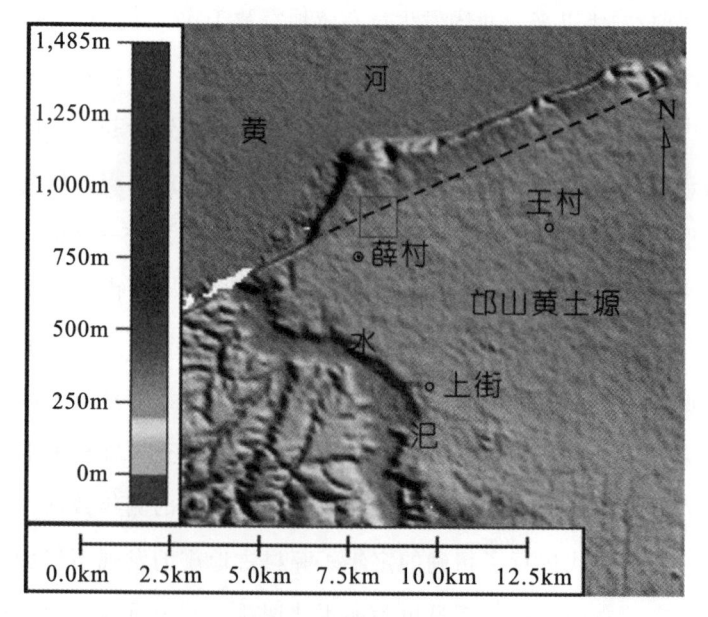

图1 薛村地理位置图
图中方框为研究区，虚线为推测断层

本次配合南水北调工程的考古发掘面积约20000平方米。在发掘过程中，在地面以下0.3米~3米处，出土了丰富的二里岗时期的文化遗存，同时还揭露出大量被埋藏的古地震遗迹，包括小型地堑、地裂缝等。

二、古地震遗迹分布的层位

由于长期的农业活动，遗址区的原始堆积遭到严重的破坏，大部分地区地层保存不全，仅在遗址区的西南部剖面比较完整，其基本层序如下：

上部：近现代及历史时期堆积

1. 耕土层，灰褐色，质地疏松，有植物根系。厚约12厘米~24厘米。

2. 灰黄色粉砂，质地杂乱，含有白灰粒、煤渣、碎砖块、瓷片等。厚约40厘米~75厘米。

3. 黄褐色粉砂，质地较硬，含有炭粒、砖块、碎瓦片、瓷片等。厚约35厘米~95厘米。

中部：二里岗时期上文化层

4. 灰褐色粉砂质黏土，质地较坚硬，杂有少量的黄土团块，含有零星的红烧土颗粒、炭屑及少量的石块。此层出土有二里岗上层时期的碎陶片、石器。厚约25厘米~80厘米。

5. 灰褐色粉砂，质地较疏松，杂有较多的灰褐色黏土和黄土团块，含有少量的红烧土颗粒、炭屑、石块、动物骨骼等。此层出土有少量二里岗上层时期的鬲、盆等陶器残片。厚约20厘米~43厘米。

6. 黄灰色粉砂质黏土，局部杂有青灰色—灰白色黏土，包含有零星的草木灰，少量的炭屑、红烧土粒、石块、动物骨骼等。此层出土有二里岗上层文化时期的鬲、深腹罐、小口瓮、大口尊、盆等陶器碎片。厚约0~60厘米。

下部：二里岗时期下文化层

7. 灰褐色粉砂质黏土，质地较坚硬，含少量的炭粒和红烧土粒。古地震遗迹集中分布在本层内。该层出土有二里岗下层文化时期的陶鬲、深腹罐、盆等器物残片。厚约0~60厘米。

底部：更新世晚期—全新世初黄土堆积

8. 黄色黏土质粉砂，为黄土堆积，其中夹有棕红色古土壤层，不含文化遗物，考古学上称生土层。出露厚度大于100厘米。

野外观察发现，古地震遗迹仅出现在第7层和下伏黄土层中，在第6层及其以上地层中均未发现古地震遗迹，说明古地震发生在第7层堆积之后，第6层堆积之前，大致在二里岗下层文化时期到二里岗上层文化时期之间。

三、古地震遗迹

薛村遗址考古发掘工地揭示的古地震遗迹主要有地堑、地裂缝和古代文化遗迹的错位等。至于薛村以北黄土塬的翘起是否指示这里存在有隐伏断裂，尚有待进一步的研究。

（一）地堑

在发掘工地近20000平方米的范围内发现有两个并列的近东西向

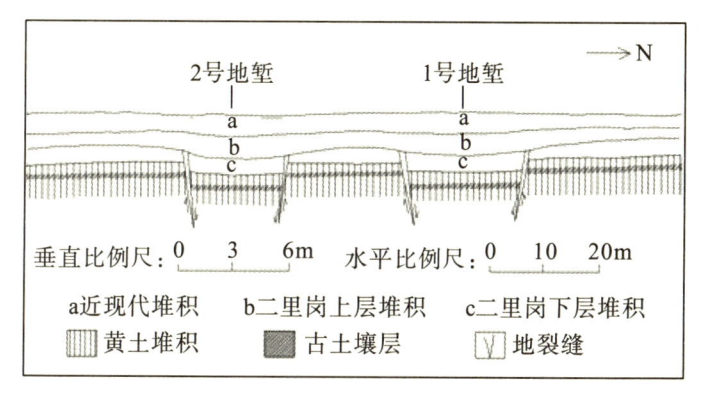

图2 薛村古地震遗址南北地质断面示意图

小型地堑，由于它们被厚2米~3米的后期堆积物所掩埋，因此地表没有显示，只是通过这次大面积的考古发掘才得以暴露，我们把它们分别称之为1号地堑和2号地堑（图2）。

1号地堑位于遗址发掘区北部，保存完整，宽20米~25米，大致呈50°~55°方向展布，延伸长度大于500米（图3）；2号地堑位于1号地堑以南约20米，地堑宽20米~30米，其走向与北地堑基本平行，大致在55°~73°之间，延伸长度也在500米以上（因地堑两端被黄土覆盖，两个地堑的实际长度目前尚无法追索）。由于后期的人为破坏，2号地堑不如1号地堑保存完整。

在地堑的边缘，控制地堑的断裂面十分清楚，根据断裂面的产状和地层的拖曳现象，可以确定断裂属于正断层。进而根据断层上盘文化层下伏黄土层中所夹棕红色古土壤层要比下盘同一层位高2.5米左右，推算地堑陷落的幅度大致为2米~3米。

（二）地裂缝

区内地裂缝数目众多，根据其分布的部位和规模可以分为大型

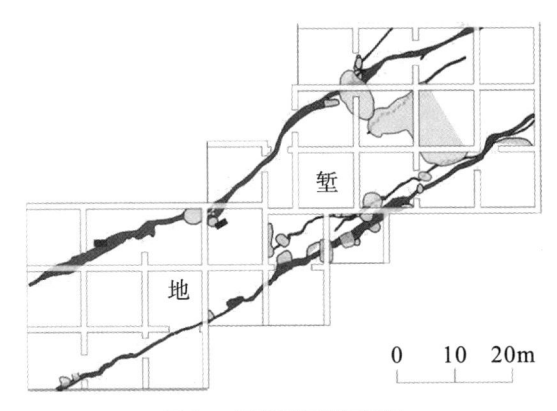

图3　1号地堑局部平面图
图中粗黑线为地堑两侧的地裂缝，灰色图斑为灰坑，方框为考古发掘的探方

地裂缝和小型地裂缝两类。

1. 大型地裂缝

分布在地堑的边缘部位，与地堑两侧的断层位置完全一致，从北到南共有四道，是地堑边缘断层拉张的产物（图4）。

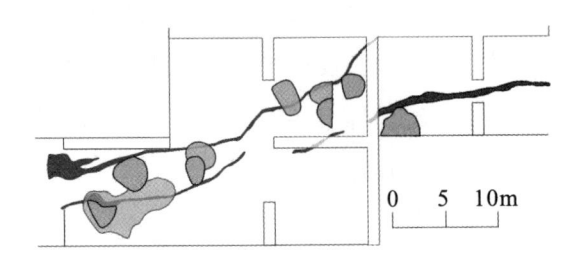

图4　2号地堑北侧地裂缝局部平面分布图
图中粗黑线为地堑北侧边缘断层，灰色图斑为灰坑，方框为考古发掘的探方

这些大型地裂缝宽0.2米~0.4米，最大宽度可达1米，在平面上呈条带状延伸，大致走向呈50°~55°，长度超过500米（图5）。在断面上，裂缝形态各异，有的呈楔状向下逐渐尖灭，有的时宽时窄，

有的底部还出现分叉现象（图6）。裂缝充填物主要为灰黑—灰褐色粉砂质黏土，其中混杂有大量的灰土、红烧土和其他文化遗物。

2. 小型地裂缝

在南北两个地堑的内部，地裂缝十分密集。据野外观察，这些地裂缝规模较小，一般开口宽3厘米~5厘米，个别开口较大，可达10厘米~20厘米，延伸长度1米~10米不等，裂缝方向大致有两组，一组走向为0°，另一组为35°，其中以35°这一组最为发育，两者在平面上往往彼此相交，形成之字形或X形交叉网格（图7）。在断面上地裂缝向下逐渐变细，深度可达1米~2米，最深可达4米~5米，其中充填有颜色较浅的棕黄色粉砂质黏土。

（三）文化遗迹错动

在遗址区分布有大量的文化遗迹，如房址、灰坑、水井、墓葬等，受地震影响，文化遗迹

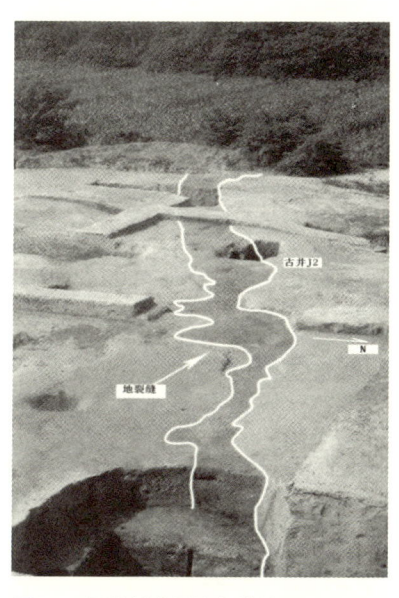

图5　1号地堑北侧被充填的大型地裂缝

图6　探方中所见的大型地裂缝断面

图7　两组小型地裂缝交叉形成的之字形

的错动十分普遍。

1. 灰坑错动

灰坑是古代人类活动遗留下来的重要遗迹，遗址区内灰坑众多，它们在平面上大多呈圆形或近圆形，直径大小不一，从1米到4米都有出现，断面上呈上平下凹的锅状，厚0.5米~1米。

在遗址范围内可以见到不少灰坑被地裂缝贯穿，其中有的灰坑只是沿裂缝裂开，灰坑本身没有发生错动，有的灰坑则沿裂缝发生水平错动和垂直错动，水平错动以右旋为主，错动距离一般为2厘米~10厘米，垂直错动距离一般为2厘米~5厘米。

2. 古水井错位

在发掘区还见到一口二里岗下层时期的古水井（J2）被一条近东西向的地裂缝切穿，古井边长2米，呈正方形，裂缝与古井南壁斜交，交角5°左右，裂缝北侧水井西移，南侧水井东移，呈右旋，平推距离约10厘米（图8）。

图8　被地裂缝错开的古水井

3. 人骨错位

在1号地堑南侧的大型地裂缝中，考古学家发掘出一具人类残骸和一具动物遗骸。其中人类残骸不完整，仅见到躯干，呈俯卧状，与地裂缝方向垂直，未见头骨和下肢骨（图9左）。但在裂缝北壁高于该残骸约150厘米的地方，在一个被同一地裂缝破坏的残缺灰坑（ⅡT1019H551）中，后来的考古发掘又发现了一具带有盆骨的人类下肢骨残骸（图9右）。根据人骨的部位以及产出的相对位置，可以推断两者属于一个个体,在地震发生之时,由于地裂缝的张开,以致原灰坑中的完整人类尸骨被分离,其中躯干部分坠落入地裂缝之中,而下肢骨残骸还保留在裂缝之外。动物遗骸则保存完好,呈侧卧状,躯体与断层裂缝方向基本保持一致(图10),推测可能与地震时家畜不慎坠入地裂缝有关,也有人认为可能与地震发生之后古人的祭祀活动有关。

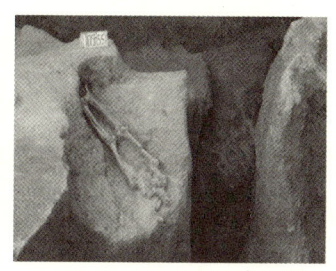

左:躯干部分(地裂缝内)　　右:下肢骨部分(地裂缝外)
图9　被地裂缝错断的人类骸骨

图10　地裂缝中的动物骸骨

四、古地震震级的估算

震级计算是古地震研究的一项重要内容，前人在这一方面已经做了大量的工作，并根据震级与地震地表破裂参数之间的关系，提出了各种不同的地震震级计算公式[12~18]。受客观条件的限制，薛村古地震遗迹揭露面积有限，地震地表破裂参数，尤其是破裂长度很难掌握，这给古地震震级的计算带来很大的困难。根据地表地震破裂情况，薛村古地震可能反映了以正断层错动为主的同震运动，有鉴于此，我们选择垂直错动量作为主要的地震地表破裂参数，并认为薛村古地震2米~3米的垂直错动量是由一次事件所完成，采用全球适用的、正断层的矩震级M与平均同震位错AD的经验公式（式1）或者矩震级M与最大同震位错MD的经验公式（式2）进行了薛村古地震震级的初步估算：

式1：矩震级M与平均同震位错AD的关系式

$M=6.78+0.65\log(AD)$

式2：矩震级M与最大同震位错MD的关系式

$M=6.61+0.71\log(MD)$

薛村古地震造成的垂直位移为2米~3米，由式1可估算出古地震的矩震级M在6.98~7.09之间（平均同震位错AD取2.5米），由式2可估算出古地震的矩震级M在6.82~6.95之间（最大同震位错MD取3.0米）。根据这一计算结果，我们初步确定薛村古地震的震级大致在6.8~7.1级之间。

五、古地震年代的确定

确定史前地震的年代是一个相当棘手的难题,在古地震研究中,一般依据错断地层、覆盖层以及崩积楔、充填楔的时代来确定地震发生的年代[16、17]。薛村古地震遗存与文化遗址共存,后者为史前地震年代的确定提供了一个更为可靠的考古学和年代学证据。

根据古地震遗迹分布的层位,前面已经说明古地震发生在商代前期二里岗上层文化与二里岗下层文化之间。进一步的考察发现,遗址区的灰坑与地裂缝之间存在有两种不同的关系(表1),一种是地裂缝贯穿灰坑,表明这一类灰坑应形成于地震之前;还有一种是灰坑覆盖在地裂缝之上,裂缝没有贯穿灰坑,说明这一类灰坑应形成于地震之后。考古资料证实,被断裂打破的灰坑,其时代属于二里岗下层晚期,而覆盖在断裂之上的灰坑,其时代属于二里岗上层。根据断裂与灰坑之间的相互关系,我们可以判断地震活动发生的时限应该在二里岗文化下层晚期(1518-1425aBC)—二里岗文化上层(1429-1260aBC)之间[19]。

表1 薛村遗址地裂缝与二里岗时期的灰坑相互关系统计

类型	1号地堑	2号地堑
覆盖在地裂缝之上的灰坑 (二里岗文化上层)	H4、H16、H19、H26、H38、H39、H53、H57、H58、H59、H60、H61、H213、H312、H486、H513、H523	H224、H287、H363、H375、H381、H407、H422、H423、H427、H517、H519、H521、H522、H534
被地裂缝贯穿的灰坑 (二里岗文化下层晚期)	H40、H508、H509、H510、H525、H527、H528、J2	H427、H534

注:表中H代表灰坑,J代表水井,阿拉伯字代表灰坑和水井编号。

为了进一步确定古地震的年代，我们选择开挖在1号地堑南侧断裂带上的探方（ⅥT1501），进行了相关的年代测定。在该探方第6层堆积（二里岗上层）之下，发现有两条地裂缝，一条规模较大，另一条规模较小，两者彼此相连，可视为同期裂缝。在探方南壁的断面上可以明显见到其中规模较大的裂缝被一个二里岗上层早期的灰坑（H39）所打破，说明裂缝早于二里岗上层早期，而规模较小的裂缝切穿一个二里岗下层晚期的灰坑（H40），说明裂缝晚于二里岗下层晚期（图11）。由于这两个裂缝属于同期裂缝，上述现象表明裂缝的形成时代应介于灰坑（H40）和灰坑（H39）之间，即二里岗下层晚期到二里岗上层早期之间。在两个灰坑中我们分别采集了三个木炭样品进行AMS^{14}C测年，结果表明，采自二里岗下层晚期灰坑（H40）的两个样品AMS^{14}C年龄分别为3165±35aB.P.，

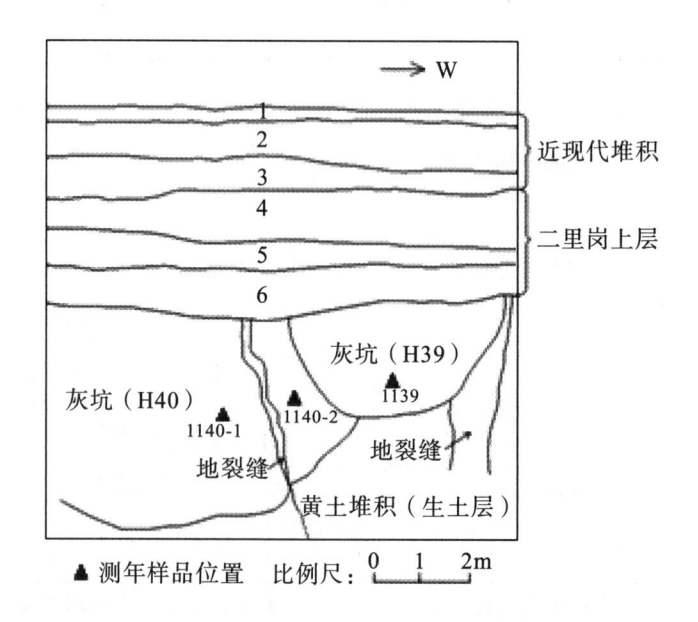

图11 探方ⅥT1501中所见地层、灰坑与地裂缝关系图

日历年龄1520BC（95.4%）1220aBC和3160±35aB.P.，日历年龄1510aBC（95.4%）1380aBC，推断该灰坑（H40）的年代在1520–1510aBC前后。采自二里岗上层灰坑（H39）的样品AMS^{14}C年龄为2910±35aB.P.，日历年龄1260aBC（92.1%），推断该灰坑（H39）形成的年代在1260aBC前后。据此，我们断定引发地裂缝的古地震的日历年龄大致在1520–1510aBC到1260aBC之间，测年数据与考古学证据完全相符。

六、讨论

至今为止，我国最早的古地震文字记录开始于公元前843年，更早的地震活动一直缺乏确实的文字记录，虽然在《竹书纪年》《国语》《墨子》《太平御览》等古书中也有过一些关于史前地震活动的描述[20、21]，如"帝发七年（1831aBC），泰山震"，"帝癸十年（1809aBC），五星错行，夜中陨星如雨，地震，伊洛竭"等，但这些古书的著书年代都比较晚，并非是当事人的现场记录，因此其可靠性一直受到人们的质疑。

河南荥阳薛村遗址的考古发掘揭示了一个被埋藏的古地震现场，由于地震遗迹与人类遗址共存，为我们研究古地震发生的时代以及地震对古代人类社会的危害提供了一个难得的机会。通过古地震遗迹与人类遗址相互之间的地层学研究、可靠的考古文化证据以及来自文化遗存的年龄数据，我们确认这是公元前1500—前1260年（商代前期）发生在我国中原地区的一次古地震，其震级可能达到7级左右。荥阳古地震的发现不仅填补了我国史前时期，尤其是夏商周三代古地震记录的空白，也为史前古地震的发现和定年开辟了一个新的途径。

由于黄土覆盖和人类后期的改造，目前我们还没有条件进一步追索这次地震活动的影响范围，但仅就考古发掘所揭示的古地震现场来看，这次地震所引发的地表破裂情况表明地震具有相当大的规模，而大量文化遗迹的错动说明地震给当地的人类居住环境造成了直接的破坏。由于这次古地震发生在我国华夏文明的发祥地——中原地区，而且发生的时代又恰恰处于华夏文明形成的早期——商代前期，因此它势必会给中原地区华夏文明的发展带来重大的影响。而覆盖在地裂缝之上的灰坑则进一步表明，在地震之后先民们又返回故土，在地震的废墟上重建自己的家园。

河南荥阳薛村古地震表明，这里在历史时期曾经是地震活跃地带，在公元前1500—前1260年的商代前期还发生过强烈的7级地震，这无疑给我们一个重要的警示：这里今天仍存在发生地震的潜在危险性。由于古地震位于郑州附近，而且建设中的南水北调中线总干渠将从薛村通过，干渠穿越黄河的隧道入口处就在古地震遗迹分布区的范围之内，因此，查清薛村古地震的性质和发震机制，对于确保郑州这一特大城市的安全，确保南水北调这一国家重大水利工程的顺利进行和将来的可持续利用，具有重要的意义。

致谢：本文中AMS^{14}C年龄由北京大学文博学院第四纪与考古学年代实验室完成，古地震的震级计算得到四川地震局闻学泽教授的指导，在此一并致谢。

注释

[1] 冉勇康、邓起东：古地震学研究的历史、现状和发展趋势，科学通报，1999（1），12~20。

[2] 中国科学院地震工作委员会历史组：中国地震资料年表，北京：科学出版社，1956年，1~1540。

[3] Marco S, et al. Recognition of Earthquake-Related Damage in Archaeological Sites: Examples from the Dead Sea Fault Zone. *Tectonophysics*. Vol.453, no.1~4 (2008), pp. 148~156.

[4] Caputo R, Helly B, et al. Archaeological Evidences of Past Earthquakes: A Contribution to the SHA of Thessaly, Central Greece. *J. Earthq. Eng.*, Vol.9, no.2 (2005), pp. 199~222.

[5] Marco S, Hartal M, Hazan N, et al. Archaeology, History and Geology of the 749 AD Earthquake, Dead Sea Transform. *Geology*, Vol.31, no.8 (2003), pp. 665~668.

[6] 师亚芹、李晋、冯希杰等：渭河断裂带古地震研究，地震地质，2007（3），607~616。

[7] 江娃利、侯治华、谢新生：北京平原南口—孙河断裂带昌平旧县探槽古地震事件研究，中国科学（D辑），2001（6），501~509。

[8] 冉勇康、王景钵、彭斯震、邓起东：河北宣化盆地南缘断裂的古地震遗迹，地震地质，1995（1），44~46。

[9] 李红：确定古地震时期的考古学方法，国际地震动态，1998（10），31~33。

[10] 许年金、江娃利：古人类遗址中的古地震研究，国际地震动态，1993（1），32~33。

[11] 孙新民、楚小龙：河南荥阳市薛村遗址2005年度发掘简报，华夏考古，2007（3），3~21。

[12] 邓起东、于贵华、叶文华：地震地表破裂参数与震级关系的研究，见活动断裂研究编委会：活动断裂研究（2）理论与应用，北京：地震出版社，1993年，247~264。

[13] 董瑞树、冉洪流、高铮：中国大陆地震震级和地震活动断层长度的关系讨论，地震地质，1993（4），395~400。

[14] Mark A, Hemphill-Haley, Ray J.Welodn.：根据地表破裂位移测量估计古地震的震级（摘要），地震地质，2000（1），96。

[15] 龙锋、闻学泽、徐锡伟：华北地区地震活断层的震级—破裂长度、破裂面积的经验关系，地震地质，2006（4），511~535。

[16] Wells D L, Coppersmith K J. New Empirical Relationships among Magnitude, Rupture Length, Rupture Width, Rupture Area and Surface Displacement. *Bull Seism Soc Am*, Vol84, no.4 (1994), pp. 974~1002.

[17] 邓起东、汪一鹏、廖玉华等：断层崖崩积楔及贺兰山山前断裂全新世活动历史，科学通报，1984（9），557~560。

[18] 胡道功、叶培盛、吴珍汉等：东昆仑断裂带西大滩段全新世古地震研究，第四纪研究，2006（6），1012~1019。

[19] 夏商周断代工程专家组：夏商周断代工程1996—2000年阶段成果报告（简本），北京：世界图书出版公司，2000年，62~73。

[20] 郭履灿、高建国、阎维彰：世界早期历史地震史料的比较研究（待续），山西地震，1992（2），15~28。

[21] 王嘉荫：中国地质史料，北京：科学出版社，1963年，18~46。

原载：科学通报，2009，54（12）：1742~1748